BE NOT AFRAID OF LOVE

BE NOT AFRAID OF LOVE
Copyright ⓒ 2022 by Mimi Zhu
Korean Translation Copyright ⓒ 2025 by Geulhangari Publishers
Korean edition is published by arrangement with Europa Content through Duran Kim Agency.

이 책의 한국어판 저작권은 듀란킴 에이전시를 통한 Europa Content 와의 독점계약으로 ㈜글항아리에 있습니다. 저작권법에 의하여 한국 내에서 보호를 받는 저작물이므로 무단전재와 무단복제를 금합니다.

BE NOT AFRAID OF LOVE
MIMI ZHU

사랑을 두려워하지 말기

미미 주 지음 류진오 옮김

글항아리

일러두기

1. 저자가 이텔릭체로 강조한 부분은 고딕으로 표기했다.
2. 본문 하단의 각주 중 옮긴이가 부연 설명한 것은 옮긴이 주라고 표기해두었다.

나의 생물학적 가족과 선택된 가족,
지구상의 모든 가족에게.
여러분 덕분에 사랑을 구현하는
삶의 의미를 알 수 있었어요.

서문

솔직히 말해야겠다. 나는 사랑이 두렵다.

오랜 시간 사랑에 움츠려 살았고, 사랑을 무서워했고, 사랑만은 무슨 수를 써서라도 피해 다녔기에, 내가 사랑이라는 수수께끼의 해결사라고 말할 수는 없다. 그러나 아무리 도망치려 애써봐도 내 삶 전체가 사랑의 불가항력에 붙들려 있다는 걸 인정해야 했다. 어쩌면 나는 사랑 자체가 아니라 그에 곁붙는 상실과 비통, 취약성, 죽음을 두려워하지 싶다. 공포에 가려졌던 모든 가능성을 파헤치기 위해 나는 글을 쓴다. 이 책에 내가 그동안 깨달은 바를 담을 것이고, 이는 내 이야기를 전해 받을 모든 이에 대한 사랑의 행위이자 나 자신에 대한 포용의 몸짓이기도 하다.

어려서부터 나는 사랑과 공포의 육감적인 매력에 이끌렸다. 사랑의 간지러움과 공포의 껄끄러움에 매혹됐다. 이 둘이 손

깍지를 낀 채로 애도, 친밀감, 불안, 외상 후 스트레스 장애PTSD, 연애, 우정, 그리고 교감의 무대를 휘어잡는 걸 지켜봤다. 사랑과 공포는 우리의 내적 풍경에 무수한 감정과 상像을 지으며 메아리친다. 그리고 현실세계에 인간관계와 공동체, 역사, 정치 운동, 폭력을 낳는다. 사랑과 공포를 마냥 한 몸이라고 부를 순 없겠으나 엄연히 한 스펙트럼상에 존재하며 그 양극에 사로잡힌 사람은 황홀한 최면에 빠지기 마련이다.

나는 연인 간 폭력 생존자다. 3년여 동안 불이 붙었다가 꺼지기를 반복하는 학대성 관계에 깊이 휘말려 있었다. 공포와 사랑을 번갈아 겪으며 심장이 쥐어뜯기길 반복했고 이 둘을 구분하기 힘들어했다. 이 중독적이고도 치명적인 관계의 수명이 다했을 즈음엔 나를 완전히 잃어버린 것만 같았다. 여전히 사랑은 나의 바깥에, 내 힘이 닿지 않는 곳에 있다고 믿었기에 사방팔방으로 답을 찾으러 다녔다. 여러 해가 걸려서야 사랑이 내 안에 둥지 틀고 있었다는 걸 깨달았다. 사랑을 알처럼 정성스레 품으면서 이것을 비로소 진정으로 이해했다.

지난 5년의 시간은 치유를 위한 절박한 원정에 쏟았고, 이 원정은 특정한 종착지 없이 여전히 진행되고 있다. 나는 삶의 많은 부분을 고통으로부터 도망치고 사람과 장소에서 위안을 찾는 데 썼다. 그 과정에서 뜻밖의 사랑을 자주 마주쳤다. 공포감에 짓눌린 나머지 어떤 날에는 사랑의 위력을 의심했지만, 대개는 사랑의 지구력과 인내심, 내가 살아남기를 바라는 그 의지를 온몸으로 느꼈다. 책을 쓴 덕분에 나는 살아갈 수 있었고, 그렇게 지속된 삶에 기대어 다시 책을 쓸 힘을 얻었다. 앞으로 펼쳐질 지면에 그 순간들을 공유할 것이다. 내 사랑이 당신의 사랑에 가닿기를 바란다. 또한 내가 가진 한계를 인정하고 존중하고 싶다. 내 글은 아동기와 성인기의 개인적인 경험을 다룰 뿐이다. 이러쿵저러쿵 감정을 논하며 권위자인 척할 생각은 없다. 나는 내 경험을 '나'라는 위치에서 발화할 것이다. 소중하고 다양한 방식으로 당신과 연결된 '나'로부터 말이다. 누구에게도 뭘 하라거나, 어떤 감정을 느끼라고 권하지 않을 것이며, 다만 내 이야기가 이를 필요로 하는 사람에게 잘 전달되기를 바랄 뿐이다.

내가 친밀한 파트너 폭력 생존자 집단 전체를 대변할 수 없다는 것을 강조하고 싶다. 작가이자 감옥폐지론자인 케이 아그베이이는 "생존자들은 획일적이지 않다"라고 말했다. 우리는 각기 다른 방식으로 치유하고 애도한다. 그러므로 나 또한 개인적인 경험을 토대로 생존자 중심의 지원에서 이루어지길 바라는 변화를 말할 것이다.

절친한 이론가 니마 기테레는 우리가 모두 적극적으로 인용하는 습관을 길러야 한다고 가르쳐주었다. 미리 말하건대, 실제로 내 글 중 많은 부분은 내가 속한 동료들과 나눈 대화에서 꽃을 피웠다. 친구, 선택한 가족, 지역인 들과 활발히 교류한 결과물이 바로 이 책이며 이곳에 내가 사랑하고 존경하는 사람들을 두루 인용하고 참조했다. 나는 모르는 것투성이며, 앎과 모름 사이, 지식을 습득하고 버리는 끝없는 과정에 있다는 것을 받아들인다.

호주에서 태어나고 이후 싱가포르에서 성장한 나는 중국

계 비장애인 퀴어 펨* 정체성을 가진 사람이다. 중하층 가정에서 자라다보니 윤택과 동떨어진 삶을 살았고, 우리 가족은 툭하면 생활고에 시달렸다. 하지만 의식주를 걱정할 만큼은 아니었다. 나는 상담 전문가가 아니며 심리학이나 사회복지학을 전문적으로 배운 사람도 아니다. 다만 친밀한 파트너 폭력과 학대 생존자로서 내 고유한 이야기를 써내려갈 뿐이며, 그에 앞서 내 정체성과 특권을 솔직하게 명시해둔다. 한 가지 덧붙이고 싶은 건, 이 책에서 주요하게 다룰 관계가 퀴어 비백인 시스젠더** 남성과의 관계라는 사실이다. 이를 밝히는 까닭은 이 관계가 공적으로는 이성애 중심주의적인 특권을 누렸으나, 사적으로는 관계의 흉포함과 가부장적인 폭력에 의해 파괴되고 물리적으로 지배받았으며 돌이킬 수 없는 피해를 입었다는 걸 명백히 하기 위해서다.

내 사유의 많은 부분은 불교적 가르침에 뿌리를 두고 있다. 나는 내 선조들과 승가 공동체의 지혜에서 영감을 얻고 독서와 명상, 의례 참석을 통해 불교를 수행한다. 생존자인 내가 고통으로부터 자유로워지려면 먼저 고통을 직면해야 한다고 불교가 가르쳐줬다. 불교는 내 모든 두려움을 발가벗기는 동시에 내가 여전히 세상을 아끼고, 살고자 하며, 사랑을 품고 경험하길 원한다는 걸 알려줬다. 감정을 온전히 느끼기 시작하자 감정에 대한 두려움이 차츰 사그라들었고, 두려움 역시 잠시 머물다 가는 시

* 페미닌feminine의 줄임말로 여성성이 주된 젠더 표현 방식인 사람을 가리킨다. —옮긴이
** 태어나면서 지정받은 성별과 성별 정체성이 동일하거나 일치하는 사람을 가리킨다. —옮긴이

절 인연임을 깨달았다.

이 책은 학대성 관계 이후 내가 겪었던 감정을 두루 탐색한다. 어떤 경험들은 때로 위엄 있는 사막, 만개한 꽃, 이중성을 띤 강어귀 등으로 빗대어지기도 한다. 이 책은 그레인저 웨스트버그가 제시한 애도 과정에 따른 상실의 10단계를 기반으로 삼지만, 나는 감정이나 삶을 산술적이거나 선형적으로 나열하는 방식에 대해서는 회의적이다. 인생에선 감정만이 아니라 그 무엇도 곧게 펼쳐지지 않는다. 회오리치고 빙글거리고 이글대고 삐죽거리고 술렁인다. 감정은 끊임없는 전진운동으로, 우리가 우리 자신을 따스한 시선과 새로운 통찰로 돌볼 수 있게 해준다. 그러니 각자 원하는 모험을 골라 떠나는 여행처럼, 이 책의 열 장 중 원하는 장을 먼저 살펴보아도 좋다.

『사랑을 두려워하지 말기』는 사랑, 신뢰, 연민이 서툴게 왈츠를 추는 자서전이다. 개인사를 회고하면서 수치심에 허우적거리거나 지난날의 아둔하고 자기파괴적인 행태를 다그치지 않기란 어려웠다. 이 책을 쓰면서 나는 핵심 과제 중 하나로 자책이나 채찍질 없이 실수를 뉘우치고, 내가 가해자에게 내주었던 동정의 손길을 나 자신에게도 뻗겠다고 약속했다.

이 책은 만남의 광장이다. 우리는 사랑과 공포의 관계를 뜯어보고 그로부터 다양한 파생 감정을 만날 것이다. 그리고 온갖 관계를 맞닥뜨릴 것이다. 우리가 서로와 지구와 우리를 규제하는 구조와 우리 자신과 맺는 관계 말이다. 우리는 언제나 관계 속에 놓여 있으며, 그 관계는 이미 시작되었다.

이 책은 친밀감의 여러 형태를 재발견하고 우리 내면의 가장 깊은 공포를 이해함으로써, 온 마음 다해 나와 당신이 사랑의 충만함을 누릴 자격이 있다고 말한다. 이 글이 당신 내면의 무엇을 밝혀낼지 두려워하지 마라. 당신이 두려워하는 것이 무엇이든 간에 사랑만큼은 두려워하지 마라.

차례

7 — **서문**

15 — **소개**
사랑과 공포의 서막

25 — **1장 멍함**
감정의 광활함에 관하여

45 — **2장 분노**
활력의 숨 불어넣기

65 — **3장 불안**
나를 잊는 과정

91 — **4장 애도**
모든 결말은 애도해 마땅하다

113 — **5장 불신**
변해가는 나를 믿기

147 — **6장 수치심**
망령들과 마주할 차례

177 — **7장 현존**
다시 만난 나의 세계

201 — **8장 공동체**
소속감이라는 합창곡

227 — **9장 기적**
존재의 경이로움

247 — **10장 사랑**
조건 없는 사랑의 품

273 — **감사의 말**
283 — **자원 목록**
287 — **추천**
289 — **옮긴이의 말**

사랑과 공포의 서막

소개

나의 생존기부터 이야기해보려 한다. 안타깝게도 이 이야기는 내가 처음 사랑에 빠졌던 경험과 얽혀 있다. 그건 진득한 학대의 과정, 사랑에 흠뻑 물든 이후 사랑이라 믿어 의심치 않았던 모든 게 문드러져가는 걸 두 눈으로 지켜보는 과정이었다. 초장부터 이렇게 경고를 다는 이유는 앞으로 펼쳐질 지면에 신체적, 성적, 정서적 폭력과 학대가 묘사된다고 당신에게 미리 알리기 위해서다. 나는 내 전 파트너이자 가해자를 'X'라는 문자로 바꿔 부를 예정이다. 그에겐 어떤 종류든 '나의'라는 수식어를 붙이고 싶지 않다. 사건은 우리가 만나고 헤어지길 반복하던 두 번째 해에 발생했다. 이 사건을 어떻게 소화해야 할지 지금도 매일같이 고민하고 고심하고 있기에 지나치게 선정적인 내용은 일부러 생략했다. 사실 책이라는 공적 장소에 내 전부를 드러낼 마음의 준비가 되어 있지 않기도 하다.

    이 이야기에는 명료한 시작도 끝도 없지만, 우선 캘리포니아 오클랜드*의 어둑한 밤에서 물꼬를 터보겠다.

    오클랜드는 작은 도시라서 지인들 대부분이 얼추 같은 파티와 사교장에 모습을 드러내곤 했다. 그날 밤 친구들과 나는 도시가 주관하는 최대 규모의 월례 행사, 퍼스트 프라이데이스First Fridays에 참석했다. 차량이 통제된 골목마다 술집을 찾는 사람들로 발 디딜 틈 없었고 길거리는 현지 소상공인들이 내놓은 물건으로 어수선했다. 사방에서 시끌벅적한 음악이 쏟아졌고 공기는 튀김 냄새로 끈적였다. 축제 기운이 흘러넘치는 곳에서 낯익은 얼굴들에 둘러싸이니 무척 행복했다. 나는 도착하자마자 친구들과 어울려 술잔을 부딪치며 웃고 떠들었다. 그렇게 희희낙락한 지 얼마 안 돼 X와 맞닥뜨렸다. 헤어진 지 몇 달이 지난 때였고, 그 후로 말을 섞는 건 이번이 처음이었다.

    우연히 마주친 그길로 우리 관계의 불길은 걷잡을 수 없이 번졌다. 우리는 즐거워했고 불안해했고 순식간에 다시 연결감을 느꼈다. 친구들과 나는 남은 밤을 함께 지새우기 위해 술집으로 자리를 옮기기로 했고, 나는 X와 그의 무리를 초대했다. 친구들의 반대를 무릅쓰고 나는 그와 춤췄다. 친구들은 어깨 너머로 그가 나를 함부로 대하지는 않는지 주시하며 나보다 더 나를 신경써주었다. 어느 정도 시간이 흐르자 긴장감은 흩어지고 X와 나

---

*   샌프란시스코만의 동쪽 연안에 위치하는 인구 40만 명 규모의 다민족 도시. 미국에서 성소수자 인구 비율이 가장 높은 편에 속한다. —옮긴이

는 언제 헤어졌냐는 듯이 서로를 훑어보며 몸을 더듬었다. 우리는 쉽게 헤어나올 수 없는 끈덕진 자극을 나눠 가진 사이였고, 이번에도 미끄러지듯 예전으로 되돌아갔다. 우린 치솟아오르는 한 쌍의 불기둥처럼 누구 하나가 시들해질라치면 다른 하나가 기름을 부어 끝없이 활활 타올랐다.

    X와 나의 관계는 꼬리에 꼬리를 무는 광기와 동경으로 어찔어찔했다. 스스로를 돌볼 줄 모르다보니 서로의 탐욕에만 불을 댕겼다. 상대방 없인 절대로 못 살아남을 것이라 단정했고, 머잖아 그런 삶은 우리의 생명력을 앗아갔다. 이런 중독을 낭만화하고 그것을 '정열'이라 포장하면서 우리는 유해한 동반의존codependency 관계*에 접어들었다. 관계 중독은 결핍, 고통, 방치에 대한 두려움을 먹어치우며 몸집을 불렸다. 혼돈에 길들여져 있던 우리는 서로에게만 시선을 고정한 채 정작 스스로를 돌아보는 과업은 부단히 회피했다. X와 춤을 계속 추면서 나는 흥분했고 나른해졌으며 동시에 양심의 가책도 느꼈다. 우리가 함께하기만 하면 나는 무아지경에 빠졌다.

    춤을 추다 말고 그는 거나하게 취해서 몸도 제대로 가누지 못한 채 비척비척 출구로 향했다. 고개를 떨구더니 멀리서 보기에도 확연하게 몸을 떨기 시작했다. 과음으로 공황 발작이 온 듯했다. 그의 이름을 외치는 내 목소리를 듣고 이쪽으로 오려나

---

*   (주로 마약, 알코올중독에서 벗어나기 위한) 도움이 필요한 사람에게 그 도움을 제공하는 이가 구원자적 입장에 도취하면서 결국 서로의 불건전을 부추기는 악순환의 관계. —옮긴이

싶었는데 곧 술로 번들거리는 바닥에 나동그라졌다. 그는 달려온 내게 헐떡이는 목소리로 욕지거리를 내뱉으며 몸을 일으켰고, 노여움과 거북함으로 얼굴이 붉으락푸르락했다. 그를 쫓아 밖으로 나서는 동안 두 발이 자꾸만 바닥에 쩍쩍 들러붙는 게 꼭 술집의 중력이 나를 붙잡아두려는 것만 같았다.

내가 그를 다 따라잡았을 즈음 X는 분노에 차 부들거리고 있었다. 우리는 거리 한복판에 멈춰 섰고 그는 등 뒤를 힐끔거리며 주변 동태를 파악했다. 방해꾼이 없다는 걸 확인하더니 내 팔을 잡고 어둑한 뒷골목으로 끌고 들어갔다. 악력이 거셌다. 이 영문 모를 무자비한 힘에 손목이 시퍼렇게 멍들고 있다는 걸 직감했다. 놓아달라고 간곡히 말했지만 그는 들은 체 만 체했다. 뒷골목은 진공상태 같았다. 빛도 소리도 없는 동굴 안처럼 깜깜했다. 나는 시력과 청력을 빼앗기기라도 한 듯 볼 수도 들을 수도, 무엇 하나 이해할 수도 없었다. 갑자기 세상의 소리가 다시 들려왔고, 그의 투덜거림은 이내 원색적인 고함으로 바뀌어 내 귓가에 꽂혔다.

"그동안 떡 치고 다닌 거 다 알아!"

"짱깨chink*랑 했냐?!"

"여자랑도 엄청 잤겠지, 이 다이크dyke** 새끼야!"

---

*   19세기 후반에 생겨난 단어로 본래 중국계 이민 노동자를 폄하하는 인종주의 욕설이었으나 현재는 북동 아시아인 전체에 쓰이는 경멸어다. —옮긴이

** 흔히 남성적인 레즈비언을 가리키는 '다이크'라는 표현은 사실 여성 동성애자를 두루 비난하는 표현으로도 쓰인다. 앞서 작가가 '퀴어 펨' 정체성을 가졌다고 밝힌 것을 고려하면, 전자보다는 후자의 의미로 사용되었을 것이다. —옮긴이

"그놈 좆이 내 거보다 크던?!"

"이 망할 갈보!"

그의 두서없는 욕설은 우리가 헤어져 있던 시간 동안 내가 여러 사람과 관계를 가졌을 거라는 추측에 기반했다. 내 존재는 그를 성가시게 했을 뿐 아니라 과대망상에 시달리게 했던 것이다. 더는 연인 사이가 아님에도 불구하고 그는 내가 우리 외의 관계를 만들어갈 수 있다는 가능성을 거북해했다. 나는 오로지 그의 소유였으며, 그의 통제를 벗어난 행동은 배신이나 마찬가지였다. 나는 차마 입도 뻥긋하지 못했고, 사실 뭐라 답해야 할지도 알 수 없었다. 겁났고 혼란스러웠지만 내가 그에게 잘못한 게 없다는 것만큼은 확실했다.

길어지는 침묵에 위기라도 느꼈는지 그는 내 얼굴을 움켜쥐고 손톱을 세워 뺨을 후벼 파기 시작했다. 곧바로 피부가 찢어지듯 아파왔다. 그의 손이 갈퀴처럼 피부 깊숙이 파고들었고 내 뺨 언저리는 그의 손톱에 낀 때로 지저분해졌다. X는 내 입을 우악스레 벌리더니 목구멍에서 대답을 끄집어내기라도 하려는 양 주먹을 집어넣었다. 그는 내 입안을 긁고 피부와 잇몸에서 피가 날 때까지 턱을 벌려 젖혔다. 이대로는 턱이 떨어져나가지 싶었다. 나는 있는 힘껏 그의 주먹을 물었고 손가락 관절마다 연분홍 초승달 자국이 박힐 때까지 놓지 않았다. 그제야 미각이 돌아왔다. 피와 땀에 절어 있는 살갗의 비릿함이 느껴졌다. 그다음은 후각이었다. 그의 밭은 숨에서 위스키 냄새가 끼쳐왔다. 그렇게 차츰 몸의 감각이 돌아오자 온몸이 화끈거렸고 온통 부어오르는 중이라는 걸 알 수 있었다. 채찍을 맞은 것처럼 따끔거리는 얼굴에 정신이 번쩍 들었다. 가방을 뒤져 휴대폰을 꺼냈지만 방전 상태였다.

그의 손아귀를 벗어날 수 없었다. 친구들이 어디에 있는지 몰랐고, 내가 어디로 가야 할지도 몰랐다. 그가 택시를 부르더니 이제 자기 집으로 갈 거라고 명령조로 말했다. 잠자코 있었지만 머릿속으로는 도주 계획을 세웠다. 곧이곧대로 따라갔다가는 된통 망가질 게 뻔했다. 머리를 굴리면서 뒷좌석에서 간신히 몸을 가누었다. 택시 기사와 농담을 나누는 X의 음색은 께름칙할 정도로 또렷하고 멀쩡했다. 웃음기 어린 그를 지켜보자니 곧 질식할 것만 같았다. 택시 기사에게 도와달라고 청할 용기가 없었고 그때까지도 목소리가 나오지 않았다.

집에 도착하자 그는 나를 침대로 질질 끌고 갔다. 이렇게 이 사람 손에 죽는구나. 모서리와 귀퉁이 하나하나를 비롯해 온갖 날카로운 물건을 보며 내가 목숨을 지키거나 또는 잃을지 모를 갖가지 방법을 모조리 떠올렸다. 내 멍든 몸이 얼마나 왜소하고 경직되어 있는지도 생생하게 느꼈다. 그가 침대 옆 조명을 켜고 내 몰골을 봤다. 피가 흐르고 있었고, X는 흐느끼기 시작했다.

그는 내 발치 앞에 앉아 자신이 한 짓을 두고 오열했다. 무릎을 꿇은 채 절망감에 차서는 내 허벅지를 눈물로 적셨다. 나는 허공을 응시하며 얼빠진 상태로 그의 머리칼을 쓸어내렸다. 피 흘리고 있는 사람이 뒤바뀌기라도 한 듯, 그를 달래주려는 충동에 곧 휩쓸릴 것만 같았다. 그때 시선 끝에 휴대폰 충전기가 들어왔다. 그는 어느새 슬픔에 넋이 나가 바닥에 널브러져 있었다. 나는 충전기를 낚아채 화장실로 도망쳤다. 충전기를 꽂고 화면이 켜지기를 초조하게 기다렸다.

　　차가운 화장실에서 나는 근방에 사는 친구에게 전화를 걸어 속삭였다. "나 폭행당했어. 좀 도와줄래?"

　　놀란 친구가 곧장 택시를 불러줬고 차를 기다리면서야 화장실 거울에 비친 내 모습을 확인했다. 얼굴은 통통 부어올랐고 상처는 시뻘겋게 익어 있었다. 뺨 주변이 온통 파여 있고 입안이 타들어갔다. 개수대에 피를 뱉고 입가 주변을 살살 씻었다. 충격이 가시질 않았다. 거울 속 두 눈을 직시하며 그 안에서 길어올릴 수 있는 힘이 조금이라도 남아 있는지 살폈다. 벽 건너편에서는 틀어막힌 울음소리가 계속 들려왔다.

　　몇 분 지나 택시가 도착했고 나는 아름답고 오래된 X의 집에서 서둘러 뛰쳐나왔다. 그의 어린 시절과 졸업식 사진, 그가 어떤 청소년기를 보냈는지 들려주는 잡동사니, 그리고 우리의 추억이 담긴 기념품들을 지나쳤다. 말린 사과와 고추 향이 오래된 목재 냄새와 뒤엉켰고, 입에서는 여전히 피 맛이 났다. 얼굴을 감추는 내게 택시 기사가 속이 안 좋냐며 걱정스레 물어왔지만 난 고개를 내젓고 친구 집에 도착할 때까지 그저 불안에 떨 수밖에 없었다. 친구는 이미 문을 열어두고 있었고 나를 보자마자 품 안 가득 안아주었다.

　　그날 밤이 X를 만나는 마지막 날이기를 바랐건만, 안타깝게도 이날로 끝이 아니었다.

폭행 후 1년 반 가까이 나는 비밀리에 X와 종종 만났다. 사건이 있고 며칠 지나 그가 전화를 걸어왔고 울면서 사죄했다. 해명의 기회를 달라고 간청하더니 술과 어렸을 적 트라우마를 들먹였다. 그는 달콤한 미사여구로 나를 치켜세웠고, 내가 특별하다며, 세상에서 자신이 유일하게 사랑했던, 그리고 유일하게 사랑할 단 한 사람이라고 말했다. 그의 말을 믿고 싶은 마음이 굴뚝같았기에 결국 나는 그에게 돌아갔고, 그 과정에서 나를 희생시켰다.

이 지옥 같은 시간을 거치며 나는 삶의 거의 모든 것에 대한 신뢰를 잃었다. 영혼이 갈가리 찢어져 직감을 무시하는 데 익숙해졌으며 수치심에 찌들었다. 아이러니하게도 내게 이 수치심을 견디게 해준 유일한 묘약은 그에게 '사랑받을' 것이라는 덧없고 뒤틀린 희망뿐이었다.

그는 계속해서 나를 업신여기고 함부로 다뤘고, 나는 어김없이 다시 그의 두 팔에 안겼다. 그를 돌보는 일에 헌신하며 그의 분노를 삭이는 걸 내 삶의 유일한 목적으로 삼았다. X에 대한 책임감에 매몰돼서 정작 내 영혼은 돌보지 못했다. 내적으로 공허감에 허덕이면서도 적어도 나는 사랑받고 있다고, 사랑받고 있다고, 적어도 난, 사랑받고 있다고 스스로 설득했다.

아니, 나는 사랑받지 못하고 있었다. 심지어 나 자신으로부터도.

제1장

감정의 광활함에 관하여

멍함 *numbness*

* 주로 '무감각' 또는 '저린감'으로 번역되나 여기서는 좀더 직감적인 표현으로 '멍함'을 택했다. 풀어서 쓰자면, 충격에 따른 신경계 교란이나 마비로 인해 사건 직후부터 불특정 기간 정보와 자극을 처리하지 못하는 상태다. ―옮긴이

신성하리만치 드넓은 사막을 떠올려보라. 연분홍과 보랏빛의 모래언덕 사이를 가로지를 때 암벽은 마치 선조처럼 우리를 굽어살핀다. 이곳에서 나는 둥근 지구, 우리를 지탱해주는 천체, 소용돌이치며 지평선 너머로 부랑하는 대기를 눈에 담는다. 할 게 아무것도 없다는 의미에서 사막은 "어딘지 모를 곳의 한가운데the middle of nowhere"라고 불리곤 하지만…… 내가 본 사막은 빽빽함 그 자체다. 시야를 가득 메우는 허허벌판, 이곳의 그늘과 그을음 속에서 메아리치는 불멸의 힘은 지금의 나로서는 상상할 수 없으나 끝내 벌어질 것이라 직감되는 미래로 길을 열어준다.

오클랜드에서 폭행을 당하고 1년이 흐른 뒤, 친구와 애리조나로 자동차 여행을 떠났다. 우리는 페트리파이드 포레스트 국립공원에 도착한 뒤 정해진 곳에서 다시 만나자 약속하고 각자

산책을 떠났다. 우리를 에워싼 연분홍과 보랏빛 협곡은 영겁의 시간을 반죽해 빚어졌고 앞으로도 그럴 것이었다. 이곳에서 길 잃기는 식은 죽 먹기만큼 쉬웠다. 사막은 정말이지 영원이란 아득함만이 설명할 수 있을 만큼 주욱 뻗어 있었다. 이 거룩하고 적요한 땅에 서 있는 동안 나는 그 규모에 입을 다물지 못했다. 놀랍게도 나는 사막의 울창한 개방감이 두렵지 않았다.

황무지 한복판에 이르자 감정의 고삐를 놓쳐버렸다. 지난 한 해 동안 멀리했던 모든 감정이 이 '텅 빈' 공간에 고개를 들이밀었고, 사막은 어째선지 이들을 하나하나 고스란히 느껴보라며 나를 부추겼다. 스산한 모래바람 소리는 감시당하는 느낌마저 들게 했는데, 귀 기울이자 아주 단순한 진실이 들려왔다. 네 안에 공간을 열어둬. 일단 모든 걸 느끼면, 다 놓아버릴 수 있을 테니까.

폭행 이후 1년 동안 나는 멍한 상태에 야금야금 갉아먹혔다. 더이상 살아 있지 않기라도 한 듯 속이 퀭했고 어딘가 문제가 생긴 건 아닐까 의심도 들었다. 그러다 이따금 감정이 폭발할라치면 혼신의 힘을 다해 억눌렀다. 한순간도 방심하지 않고 곧 닥쳐올 일들을 상상하며 긴장 상태를 유지했다. 이 같은 멍한 상태는 나조차 심히 당혹스러웠는데, 특히 애도의 초기 단계에서 그랬다. 어떤 어렴풋한 느낌이 폭행의 충격을 지워낸 듯했고 나는 칙칙한 정서적 '공허nothingness' 속에서 하루하루를 보냈다. 억압된 감정들에 마음이 혼란스러웠지만, 동시에 그 이상의 무언가를 느끼기가 두려웠다.

상처를 입고 나면 멍해지는 이유가 있다. 사막에 생명이 없는 게 아니듯, 멍함은 감정의 '부재'를 가리키는 게 아니다. 멍함은 그 자체로 탁월한 분별력이며, 곧 넘쳐흐를 감정을 품을 수 있도록 우리에게 넓은 그릇을 선물한다. 멍함은 심리적 장애가 아닐 수도 있다. 이 또한 우리 곁에 머물다 지나가는 것임을 이해하고 억지로 내치거나 붙잡아두려 하지 않는다면 말이다. 멍함의 터 안에는 수만 가지의 정서적 가능성이 꿈틀거리며, 멍함은 우리가 그것들을 받아들일 채비를 마칠 때까지 기다려준다. 멍함은 일종의 통과의례로서 감정들이 각기 고유하고 경이로운 일정에 따라 우리에게 오게끔 초대한다. 드넓은 사막이 그랬듯 멍함은 우리 앞에 펼쳐진 무궁함을 수용하게 하는 힘이다.

나는 내 멍함이 매정함, 소홀함, 내 사랑의 얄팍함을 보여주는 증거라고 생각했다. 하지만 사막은 다른 관점을 가르쳐줬다. 멍함은 얼마나 많이 또는 적게 관심을 기울였는지, 혹은 얼마나 깊게 또는 얕게 사랑했는지를 보여주는 증거가 아니었다. 상실감의 크기를 알려주는 것도 아니었고, 다만 말랑하고 푸근한 새출발을 약속했으며, 내게 내면의 사막에서 피어오르는 생명을 보살피라고, 그 감정들에 대비하라고 재촉했다. 곧 비가 내릴 터였다.

※

사건 직후, 내가 겪었던 그 폭력에 이름을 붙이려 해도 말이 나오질 않았다. 입안은 X가 손톱으로 긁어댄 상처들로 화끈거렸고, 끌려다니고 붙잡히고 밀쳐지는 과정에서 온몸은 피멍으로 불그죽죽했다. 시간이 지나며 피부는 퍼래졌다가 푸석해졌고 거울 속 나체를 보는 것만으로도 고통스러웠다. 그림자에 숨어서 몸을 씻었고, 어둠 속에서 옷을 벗었으며, 마주하기도 형언하기도 어려운 감정들로부터 도망쳤다.

    X의 집에서 달아나 친구 집에 도착하자마자 나는 곧장 침대로 뛰어들었다. 친구 4명이 부랴부랴 베개로 내 목을 받쳐주고 소독제와 반창고로 상처를 치료하기 시작했다. 무슨 일이 있었는지 물으며 울어도 괜찮다고 도닥여줬지만 눈물이 나오지 않았다. 그저 충격에 빠진 채 기계적으로 이야기를 읊었다. 어두운 뒷골목, 날카로운 손톱, X의 흐느낌……. 친구들은 분노와 혐오에 차서 혀를 내두르고 고개를 내저었다. 나를 위로했고 내가 깊이 잠들 수 있도록 끌어안아주었으며 이루 말할 수 없는 친절과 애정으로 보살펴줬다. 친구들은 내가 잠들 때까지 내 손발을 감싸 쥐고 쓰다듬었다. 그날 밤, 나는 꿈을 꾸지 않았다.

    이튿날 우리는 춤을 추러 나섰다. 파티에 가자고 조른 건 나였다. 외출하겠다며 한사코 고집을 피웠다. 친구들의 걱정이 눈에 선했다. 쉬는 게 좋지 않겠냐며, 많은 사람을 가까이해도 정말 괜찮겠느냐고 물었다. 나는 고개를 세차게 끄덕였고 갈 만한 파티들을 물색했다. 얼굴의 상처는 컨실러를 덕지덕지 발라 덮었고 깊이 팬 상처는 반창고로 가렸다. 핏자국도 채 마르지 않은 때였다. 곧 깨질 것만 같은 자아를 잊기 위해 가능한 한 많은 사람에게 둘러싸여 있고 싶었다. "다들 나 때문에 지루하게 있을 거야? 너희 주말을 망칠 생각은 없어."

나는 내가 멍든 짐짝만 같았고 피해자 신분에 놓이기 싫은 마음에 생존자로서 유약한 상태라는 사실마저 등한시했다. 따스한 몸들 속에서 나를 덜덜 떨게 만드는 차가운 공허감을 잊고 싶었다. 어젯밤의 경직된 기억을 떨쳐내려면 어떻게든 몸을 계속 움직여야 했다. 이렇게 있다가는 지난밤의 악귀들에 금세 붙잡힐 것만 같았다. 나는 내 목소리의 공허한 울림조차 내가 살아 있다는 증거라고 믿고 싶었고, 무엇보다 X를 그만 떠올리고 싶었다. 나는 나를 쪼그라뜨렸다. 내 고통이 몸집을 불릴 가치가 없다고 판단했다. 아픔도 공간을 차지할 자격이 있다는 건 전혀 몰랐다.

그날 밤 파티가 어땠는지는 잘 기억나지 않는다. 내 얼굴을 수놓은 반창고에 대해 이런저런 말이 오갔던 것 같다. 우리는 큰 야외 테라스가 딸린 술집에 앉아 있었는데, 몇 사람이 선의로 내 반창고를 "귀여운 장식품"이라고 불렀다. 누가 캐묻기라도 하면 주의를 분산시키거나 친구네 반려동물과 놀다가 생채기가 났다고 시시덕거리며 둘러댔다. 나 또한 진실을 마주할 수 없었기에 사람들에게도 거짓을 말할 수밖에 없었다.

다만 술집 스피커에서 아샨티의 「멍청이Foolish」 클럽 리믹스 버전이 흘러나왔던 때만큼은 선명하다. 흥겨운 선율도 가사에 밴 애달픈 마음을 숨기지 못했다. 쉽사리 멀어지지 못하는 혼란스럽고 해로운 관계에 관한 내용이었다. 가사가 들려오자 나는 점점 공황에 빠졌고 어지러워서 구토감까지 들었다. 자기파괴적인 충동이 턱 밑까지 부글부글 차올랐다. 이 근질거림이 뭔지 알고 있었다. 당장 X에게 전화해 그의 품에 안겨 울고만 싶은 불안정한 욕구였다. 왜 그랬는지 설명해달라고, 그가 낸 상처를 치료해달라고 빌고만 싶었다. 자리를 박차고 나갔다.

친구가 따라 나와서 괜찮냐고 물었고 나는 잠시 혼자 있고 싶다고 답했다. 친구 손에 이끌려 차가운 콘크리트 보도 가장자리에 앉아서 몇 차례 숨을 깊게 들이쉬자 마음이 차분해졌다. 몰래 가지고 나온 술을 단숨에 들이켰다. 구토감과 현기증, 공황 증세가 사르르 녹아 없어졌다. 다시금 멍해졌고, 그게 거북하고 거슬렸지만, 그편이 나았다.

잠시나마 나는 마치 신의 놀이를 하듯 내 감정과 몸 사이에 완충재를 세워두고 행복해했다. 텅 빈 순간을 만끽하며 이 덧없는 만족감을 어떻게 늘려볼 수 있을까 궁리하기도 했다. 폭행의 정신적 타격이 가라앉고 있음을 내심 알아차렸다. 소리, 감각, 날씨, 기억에 따라 감정들은 톱니바퀴처럼 뾰족하게 날을 세운 채 시나브로 다가오고 있었지만 영원히 멍하고만 싶었다.

그날 이후로 나는 멍함의 바짓가랑이를 붙잡았다. 파티를 닥치는 대로 쏘다니고 '쇼핑 요법'이 주는 하루살이 쾌락에 취했으며, 프로젝트를 동시에 여러 개 맡았다. 그중 무엇에도 집중하지 못했지만 말이다. 내게 관심을 보이는 모든 사람과 몸을 맞댔고, 그런 방식을 통해 내가 '고장 난' 모습으로도 사랑받을 만하다는 사실을 증명해냈다. '정상성'으로 복귀하고자 다분히 노력하다보니 나 자신을 '되찾은' 모습도 연기할 수 있게 됐다.

나는 얼굴 상처 사진을 SNS에 올리며 무슨 일이 벌어졌는지를 자세히 적었다. 어차피 누구나 다 내 얼굴을 볼 수 있었다.

상처에 대해 묻는 말들에서 벗어날 수도 없었고 무시할 수도 없었다. 나는 이 상황을 통제할 수 있는 사람처럼 보이고 싶었고, 그 누구의 동정도 원치 않았다. 그래서 '강한' 생존자의 탈을 쓰고 본심을 숨겼다. 내가 험한 일을 당하고도 꿈쩍없는 사람이란 사실과 X가 내게 어떤 영향도 끼치지 못한다는 사실을 보여주는 게 중요했다. 감정들이 수면 위로 드러나지 않도록 관리하며 일상이 흐트러지지 않게 했다. 감정의 민낯을 밝히기보다는 '정상성'을 유지하는 게 우선이었다. 나와 내 감정 사이에 거리를 두면 나를 지킬 수 있겠거니 생각했다. 그러나 감정들은 나의 적도 내가 멀리해야 할 대상도 아니었다.

나의 명함에는 그 나름대로 만나고 헤어지기를 반복하는 파트너가 있다. 바로 '부정'이다. 나는 부정을 무기로 휘둘러 내가 느낀 고통으로부터 항복을 받아냈고, 매끄럽게 스스로를 다듬으며 생존해갔다. 다른 사람들은 나보다 더한 일도 겪었다고 되뇌었다. '습격'과 '폭행'은 어감이 너무 세지 않나, 스스로 회유하면서 죄다 해프닝일 뿐이라고, 사랑하는 사이에서라면 충분히 일어날 법한 다툼이라고, 취기 어린 실수라고 정의했다. 이러한 변명들을 갑옷처럼 두르고 고통을 튕겨냈지만 아무리 억척스레 굴어도 아픈 감정들은 자리를 뜨지 않고 버텨 섰다. 그들은 가만히 잠복해 있다가 내가 준비됐는지 묻지도 않고 덤벼들었다. 부정은

멍함을 잡아 늘여줄 것같이 굴지만 실제론 내면의 풍경을 갈기갈기 찢어놓는다. 어떤 감정들을 적이라고 밀쳐내면서 부정은 우리의 총체를 거절한다. 부정은 파편화이며 발악하는 기도문이다.

      멍함을 존중하는 일과 그것을 붙들고 늘어지는 일 사이에는 큰 차이가 있다. 나는 멍함의 수명을 늘리기 위해 자멸적이고 중독적인 행동을 찾아다님으로써 그림자 속에 세 든 복잡한 감정들을 피했다. 멍함의 광활한 여백이 그랬듯 그림자 또한 결핍만을 뜻하지 않는다. 그늘 속에는 다양한 것이 존재한다. 적대시한 감정들이 금단의 구역으로 자취를 감춰버리면, 결국 나는 삶을 널리 조망할 수 있는 지혜를 잃는다. 멍함 또한 지혜 중 하나이며 이 같은 '비-감정'은 자연스러운 흐름에 맡겨둬야 한다. 멍함은 나를 빛과 그림자의 무도회로 이끌어주며 그곳에서부터 주의와 관심을 요하는 어떤 광활함이 시작된다. 따라서 멍함이 지속되는 동안 충만하게 경험하되 통제하려들어서는 안 된다.

      내게 정서적 마비 경험은 양날의 검과 같았다. 폭행 직후, 멍함은 나를 날것의 상처로부터 보호해주었다. 하지만 그 방어벽의 안락함에 의존하고부터 나는 내 의지대로 멍함을 이용하려들었다. 눈을 뜨고 있는 모든 순간을 멍한 채로 보내고 싶었고 불시에 밀려오는 감정들을 극도로 두려워했다. 하지만 멍함이 오랫동안 지속되자 나는 우울감에 시달렸고 자책하기 시작했다. 왜 아무것도 느낄 수 없는지, 내게 무슨 문제라도 생겼는지, 무엇보다 내가 앞으로 사랑을 비롯해 그 어떤 감정이라도 다시 경험할 수 있을지 모든 게 강렬하면서도 동시에 희미했다. 감정을 멀리 밀쳐내다 못해 지각 능력 자체를 잃은 것만 같았다. 얼어붙은 파도를 타는 기분이었다. 당시엔 그게 내가 할 줄 아는 전부였다.

　　나에게 명함은 광활한 사막이었고 그 그림자가 뻗어나가며 발아래 지구에 금이 가고 있었다. 사랑과 애정, 자기신뢰의 지반은 무너졌고, 그 틈으로 다른 감정들이 비집고 나타날 참이었다. 이 균열들로부터 대체 무슨 생명이 움틀 수 있을까? 공포에 맞서려면 비착취적인 방법과 지지 기반이 필요했다. 생존은 끈기만으로 성취되는 것이 아니다. 이 떨리고 껄끄러운 여정은 취약성을 동력으로 삼기도 한다. 나는 내 감정을 마주할 만큼 용감해져야 했다. 페트리파이드 포레스트 국립공원에서 멈춰 섰다. 내 안에 맺혀 있는 지혜에 찬찬히 귀 기울일 때였다.

　　국립공원에서 돌아온 뒤 도움을 요청하겠다고 결심했다. 지금 겪고 있는 마음의 정체기만이 아니라, 이후 찾아올 감정의 사태沙汰를 다스리기 위해서도 도움이 필요했다. 스스로를 다독이기 위해 도움을 구하는 것이 창피한 일이 아닌 줄은 알았지만, 동시에 대안적인 방법은 없는지 찾아봤다. 그간 내가 사용해왔던 방어기제들은 서구의 주류 매체로부터 익혔던 것들이고, 이렇다 할 효력은 딱히 없었다. 전력을 다해 심리상담가를 물색했고 그중에서도 친밀한 파트너 폭력의 당사자들과 관계 맺어온 전문가를 찾아다녔다. 기나긴 시행착오 끝에 나는 무료 상담을 지원하는 기관에 소속된 퀴어 아시아인 상담가와 만날 수 있었다. 그는 내게 의식의 흐름을 기록해보라고 권했고 나를 있는 그대로 수용해보라고 조언했다. 눈에 띄는 변화들이 찾아왔다.

우리는 감정의 무게를 지탱할 수 있는 대안을 마련해둬야 한다. 우리 모두 자기파괴적인 행동 없이, 주변인들의 눈초리 또는 핀잔 없이, 감정을 충만하게 느낄 자격이 있다. 고통을 홀로 버텨내라고 말하는 사회 통념은 바뀌어야 하며 정신건강을 장려하는 네트워크가 구축돼야 한다. 때론 감정들이 얼마나 위태롭고 충동적인지를 숙지해야 하고, 동시에 그런 감정들로부터 달아나는 삶이 얼마나 사람을 닳게 하는지도 이해해야 한다. 우리에겐 물리적·금전적으로 쉽게 접근할 수 있는 정신건강 지원이 필요하다. 도피주의와 소비주의에 근간을 두지 않은 다른 대처법을 꾸려가야 하기 때문이다. 우리가 자신과 타인에게 연민을 갖는다면 멍함을 인내할 수 있고 이후 찾아올 감정들에 대해서도 마음가짐을 정비할 수 있다. 한발 더 나아가서, 우리는 질문해야 한다. 정서적 마취 상태에서 차츰 깨어날 때, 우리에겐 어떤 자원과 도구가 필요할까? 왜 우리는 아직 아물지도 않은 상처를 다루려면 '생산적'이어야만 한다고 교육받아왔을까? 어떻게 해야 감정들이 몰려올 때에도 스스로와 서로를 돌볼 수 있을까?

신체를 마비시키는 몇 가지 약재가 있다. 마늘의 항균 성분은 구강과 잇몸의 통증을 낫게 해준다. 입안에서 으깨진 마늘이 침의 효소와 섞이면서 구강의 불쾌감을 없애준다. 산초는 화끈한 맛을 내고 열을 올리며 혀를 얼얼하게 만든다. 알로에는 인체의 가장 거대한 장기인 피부의 화상과 외상을 진정시킨다. 식물 동료들이 불러오는 이 같은 마비 상태는 멍함 또한 치유를 돕는 자연의 섭리임을 입증한다.

통증으로부터 자유로워질 수 있다는 건 큰 축복이 아닐 수 없다. 얼얼해지거나 차분해질 때면 불쾌한 신체 감각으로부터 일시적으로나마 주의를 돌릴 수 있다. 또한 이러한 약재는 상처가 덧나지 않게 돕고 몸을 재생시켜준다. 우리 몸은 마비 상태를 스스로 만들어낼 수도 있다. 혈액순환이 안 되거나 신경이 압박될 때 나타나는 저림 현상이 한 예다. 즉 멍함은 작위적으로만 만들어지는 것이 아니다. 이는 사람이 훼손되었을 때 나타나는 원초적 계시다.

그럼 심리적 훼손은 어떨까? 약재와 신체가 보여주는 지혜처럼, 정서적 상실을 겪으면 멍함이 소환될까? 알로에가 잎사귀를 죽 내뻗듯이 뇌 또한 우리를 어루만져주려고 손을 건넬까? 식물 동료들처럼 우리 마음 또한 멍함이라는 간질거리는 물살을 일으킨다. 마침내 이 멍함이 씻겨나가고 드러난 공터에서 우리는 아픔을 도닥이고 감정을 떠올릴 수 있다. 지구와 몸이 선물하는 일시적인 멍함의 상태는 태곳적부터 전해져온 작용이며 이 반짝이는 고요 뒤엔 폭풍이 찾아온다. 그렇다면 어떻게 이 찰나의 멍함을 남용하지 않고 감사히 겪어낼 수 있을까?

정서적 마비 상태는 이제 전 지구적으로 제조되고 양산된다. 폭행 이후, 나는 신경안정제를 처방받기 위해 온 동네를 뒤졌다. 멍해지고만 싶었다. 그러나 건강보험이 없어서 약을 타지 못했고, 무일푼은 치료받을 가치마저 없다는 것 같았다. 이때의 경험에서 나는 제약 회사들이 더 많은 수익을 내기 위해 지갑이 두둑한 사람에게만 약을 판다는 사실을 다시금 확인했다.

『불량 제약회사』는 미국의 자본주의적 약산 복합체pharmaceutical industrial complex*를 적발한다. 과거 의사였던 저자 벤 골드에이커에 따르면 "제약 산업 전반이 연구와 개발에 쏟는 비용의 2배 가까이를 마케팅과 선전에 사용하는 것으로 보인다"**라고 한다. 제조된 안정제 대부분은 치유가 아닌 부의 축적을 최우선으로 삼는 게 아닐까.

텔레비전과 소셜미디어 등의 소비주의적 안정제는 고통을 틀어막는 마개다. 이들은 사람들의 안녕을 바라고 만들어진 것이 아니며, 경제 부풀리기의 수단으로서 적극 활용될 뿐이다. 서구사회는 감정을 나약하거나 '비생산적'인 것으로 분류하기 때문에 감정 일체를 제거하는 것이야말로 자본주의적 의제다. 회사 측에 '무거운 감정'이란 업무를 방해하는 요인이며, 우리 다수가 마지못해 돌고 있는 일의 쳇바퀴에 걸리적거리는 불필요한 것이다. 따라서 우리가 명함을 연장하려 할 때, 무엇이 우리가 감정을 느끼지 않게끔 부추기는지 반드시 들여다봐야 한다. 자본주의는 '정상성'의 신속한 복귀를 도와줄 것처럼 말하며 상처를 돌보려는 지극히 자연스러운 욕구를 착취한다. 또한 치유를 위한 명함이 아닌, 고통이라는 비생산적인 감정을 외면하고 우리가 계속

---

* 제약 업체와 산업 규제 당국 등이 형성한 이해관계 네트워크. —옮긴이
** Ben Goldacre, *Bad Pharma*, 2013. 국내에는 『불량 제약회사』(공존, 2014)로 번역 출간됐다.

일하고 소비할 수 있도록 추동하는 명함을 만들어낸다.

조작된 명함은 블루스크린을 닮았다. 휴대폰은 일상 속에 침투해 소비 중독을 조장한다. 우리는 애플리케이션을 열어서 뉴스를 읽다가도 충격적인 정보를 마주치면 금세 외면하고 다른 애플리케이션으로 갈아탄다. 2018년 나는 니마 기테레와 풀뿌리 공동체인 '급진적 사랑 의식Radical Love Consciousness'이 주도하는 '#인스타그램매각하기divestfrominstagram' 수업을 들었다. 니마는 내가 인터넷을 사유하고 경험하는 방식을 완전히 뒤집어놓았고, 이에 관한 공동체 내부의 대화를 이끌어나갔다. 나는 소셜미디어와 내가 맺고 있는 해로운 관계에 어떤 이름을 붙여야 하는지, 도피성 욕구를 자극하는 알고리즘을 어떻게 비판적으로 분석할지 니마에게 배울 수 있었다.

폭력적인 뉴스와 오락성 정보를 단 몇 분 사이 수차례 오가며, 우리는 소셜미디어와 해로운 관계를 맺는다. 오늘날 소셜미디어는 그 어떤 약보다 접근성이 뛰어나다. 최고의 안정제라고 해도 과언이 아니다. 시시각각 달라지는 화면 속 세상은 우리를 정보의 홍수 속에 자빠뜨리고 사람들은 휴대폰을 내려놓으면 도무지 가만히 앉아 있질 못한다.

소셜미디어는 모든 것을 이상화하며, 너저분하거나 꺼림칙해서 찍어 올리기에 시원찮은 상태는 피하도록 만든다. 우리는 행복과 성공을 수행하는 사람들을 보며 대리 만족하는 것에 중독된다. 심지어 피해 수기에서조차 생존자들은 폭력을 이겨내고 사업을 성공시킨 '화려한' 우상처럼 묘사된다. '걸 보스girl boss'가 미화되면서 생존자들은 자신의 트라우마를 밥벌이 도구로 사용하게 되었다. 소셜미디어는 생존자로 살아간다는 것이 무엇을 뜻하는지, 그 복잡 미묘한 뉘앙스를 2차원 속 역할극으로 납작하게 포장해버린다. 물론 소셜미디어도 공동체와 자원을 찾는 수단으로는 긍정적으로 기능한다. 하지만 어디까지나 공동체와 자원을 찾는 시작점이어야 할 뿐 그 자체가 종착지여서는 안 된다. 화면 속 세계는 삶의 여러 차원 중 하나에 그친다. 우리는 자기 고통을 소비하라고 독려하는 이런 가상세계 안에서 선을 확실하게 그을 줄 알아야 한다.

자본주의는 우리가 사태를 자세히 들여다보기를 원치 않는다. 고통의 '소비주의적 치유'는 비자연적인 해결책이다. 이를 떠받치고 있는 구조들은 실상 대부분의 고통을 일으킨 주범이며, 식민화, 전쟁, 폭력으로 인해 짙은 상흔을 지닌 사람들은 몇 세대에 걸쳐 PTSD를 겪고 있다. 그러나 자본주의는 세대 간에 전해지는 아픔을 교묘한 술책으로 잠재우고 더 많은 중독의 회로를 설계한다. 기업들은 그 과정에서 자신들이 조장한 괴로움을 써먹으며 수익을 올린다.

미국에서 신체와 정신건강에 관한 알맞고 건전한 지원을 받기란 하늘의 별 따기다. 대안적인 자연 치유법은 찾기 어려운 데다 공교육에서 가르치는 내용도 아니다. 그러므로 자본주의와 멍함의 관계, 또 전 세계적으로 선전하고 유통되는 안정제의 개발 의도는 분명 탐색할 만한 가치가 있다. 이 같은 역학들은 우리와 멍함 간에 어떤 영향을 미칠까? 개인적인 트라우마로 발생한 신체적·정서적 고통뿐 아니라, 세대 간 구조적 가해를 통해 물려받은 고통을 어떤 대안적 방식으로 치유할 수 있을까?

많은 사람은 여전히 국가가 주도하는 의료 체계에 도움을 구한다. 약학 자원과 기술이 거기에 묶여 있으니 어쩔 도리가 없다. 그날그날을 이겨내기 위해 약국을 찾는 건 손가락질받을 일이 아니다. 하지만 그 구조 자체는 심문받고 비판받아야 한다. 이러한 구조는 우리를 번번이 저버리면서도, 마치 우리가 실패하고 있다는 인상을 심어주기 때문이다.

나는 풀뿌리 민중 단체에서 대안을 발견했다. 정부에 의존하지 않고, 중독적이지 않으며, 공동체의 힘을 빌리는 치유 방식들 말이다. 트라우마와 애도 상태에 잠긴 사람들을 돕는 상호부조mutual aid 네트워크는 전 세계적으로 조직되어 있다. 나는 퀴어 흑인, 원주민, 이민자, 비흑인 유색인 치유자 들이 자연산 약재가 담긴 선물 바구니를 주변화되고 어려움에 처한 사람들에게 전하는 모습을 본 적 있다. 전통 중의사들이 침술과 부항법을 써서 무료로 사람들을 치료해주는 모습도 봤다. 『가장 느린 정의』에서 논바이너리 작가이자 장애 정의 운동권 노동자 리아 락슈미 피엡즈나-사마라신하는 이렇게 말했다. "상호부조는 자원과 봉사를 자발적이고 호혜적으로 하여 공통의 이익을 진전시킨다. 적선과 달리, 상호부조는 기증자의 도덕적 우월성을 뜻하지 않는다."* 상호부조 치유 연락망은 명함이 가라앉은 이후를 대비하여 당사자

---

* Leah Lakshmi Piepzna-Samarasinha, *Care Work*, 2018. 국내에는 『가장 느린 정의』(오월의봄, 2024)로 번역 출간됐다.

들끼리 협력하는 시스템을 구축한다. 가부장제와 이윤의 자리를 대체하고 집단 치유의 가능성을 만들어감으로써 상호부조는 약산 복합체와 대비를 이룬다.

멍함은 마음의 수확기에 앞선 수습 기간이다. 멍함을 치유의 핵심 단계로 인식하는 게 중요한 만큼, 이 과정을 혼자 해내지 않아도 된다는 사실을 기억하는 것도 중요하다. 멍함은 지구가 낳은 열매에서도, 혈관에 흐르는 피에서도 발견된다. 멍함은 자기 보호의 장이며 진정한 치유의 길로 나아가는 푯말이다. 우리는 조작된 멍함을 걸러내는 한편, 자연적 멍함을 자신과 서로를 돌보라는 애틋한 신호로 받아들여야 한다.

페트리파이드 포레스트의 삭막한 광야를 내다보던 중 내게서 멍함이 스르륵 씻겨나갔다. 당황하거나 놀라서 몸을 들썩거리지 않았고 반사적으로 휴대폰을 찾지도 않았다. 발아래서 바삭거리는 마른 땅, 지구가 전해주는 광활함을 말없이 음미했다.

『먼지에 묻어난 비 냄새 The Smell of Rain on Dust』에서 마틴 프레히텔은 애도 과정에서 멍함의 역할을 묘사한다. "멍함은 사람의 탈피다. 이는 우리가 필요한 시간을 벌 수 있게끔 이성적 사고라는 갑옷을 충분히 오래 벗겨놓고 우리를 아직 열려 있고 경직되지 않은 상태에 머물게 한다. 그로부터 우리는 슬픔과 상실이라는 배의 방향키를 능숙히 다루는 애도의 손에 취약함을 뚫고

솟아난 새살을 맡기게 되는 것이다."*

지구에 난 틈새 하나하나로부터 멍함이 자성의 열쇠, 새로운 시작의 첫 단추임을 배운다. 정서적으로 마비될 수밖에 없는 일이 생길 때, 이 상태를 지속시켜 삶을 회피하다가는 더 큰 화를 부른다. 멍함은 언젠가 흩어질 것이기에, 조작된 공허감에 중독되는 것에 주의해야 한다. 멍함을 맞이하는 자세는 생존과 직결되어 있으며 멍함을 통해 우린 이보다 더 심오한 것에 대비할 공간을 마련하게 된다.

멍함 속에서 나는 내 안에 펼쳐진 사막을 보았고, 또 앞으로 헤쳐가야 할 먼 길에 무엇이 필요한지도 알 수 있었다. 나의 멍함은 난처한 감정들이 이후 사랑과 용서로 만발할 수 있도록 보금자리를 만들었고 곧 닥쳐올 폭풍우에 앞서 대피소를 지었다. 심연을 들여다보자 몸의 기억이 되살아났고 영혼은 해방될 각오를 다졌다. 비가 쏟아지기 전에 자리를 터놓아야 했던지도 모른다. 고통이 불어나며 내 안을 가득 메웠다. 존재 자체의 팽창을 느꼈고 내가 누구였는지를 기억해냈다.

목메어 울었다. 감정을 느낄 준비를 마친 것이다.

---

*　　Martín Prechtel, *The Smell of Rain on Dust*, 2015.

제2장

활력의 숨 불어넣기

분노

화를 뜻하는 중국어 생기生氣는 분노의 본질을 적절히 드러낸다. 고유한 존재, 성질, 감각을 대표하는 각각의 글자가 하나로 합쳐지면서 새롭고 시적인 몸짓, 감정, 의미가 나타난다. 생生은 '삶' 또는 '태어남'을, 기氣는 '활력의 숨' 또는 '공기'를 가리키는데, 이때 '기'는 신체 에너지와 호흡의 흐름을 다루는 중국의 명상 운동인 기공氣功에서도 쓰인다. 두 글자는 합쳐지면서 분노라는 의미를 만들어낼 뿐 아니라, 각 글자의 원래 뜻을 조합해 '활력의 숨을 탄생시킨다'는 시적 의미도 지닌다. 이 뜻풀이를 보고 나는 분노에도 고유한 생명력이 있다는 걸 이해할 수 있었다. 우리는 화를 삶으로, 삶을 화로 끌어당길 책임이 있다. 분노는 우리와 지구의 일부이며 성스럽고 불가결한 에너지다.

분노는 흔히 악역을 떠맡는다. 분노는 공포의 씨앗에서

피어오르고, 종종 당신의 사랑하는 대상들을 아끼고 지켜내려는 분투에서도 비롯된다. 분노는 다양한 감정과 교류하며 저항, 행동, 복수, 폭력, 보호의 형태로 발산되는 한편, 서글픔, 수치심, 불안정 같은 복잡한 감정들과도 역동적인 관계에 놓인다. 분노라는 거대하고 강력한 감정이 다른 감정들에 어떻게 밀접히 관여하는지 아는 건 대단히 유용하다. 이런 상호작용에 유의하지 않으면 분노는 충동적이고 지배적인 감정으로 바뀔 수 있다. 분노가 '활력의 숨'이라면 그 힘이 무엇을 출처로 삼는지, 그 숨을 내뱉는다는 게 무엇을 의미하는지 파악해야 한다.

분노에 애정이 있을까? 당신은 분노하고, 두려워하고, 아껴주고, 사랑한다. 이 모두는 동시에 진실로서 존재한다. 사랑에 기반한 분노 안에서 우리는 생존을 위해 투쟁한다. 사랑은 우리 자신을 지켜낼 뿐만 아니라 우리와 관계하는 모든 존재를 존중하도록 이끈다. 이 같은 사랑이 활력의 숨을 뒷받침한다는 사실을 간과하면 우리는 공포에 기반한 분노에 치밀어 적의, 원한, 수치심에 사로잡힌다. 라마 로드 오언스는 팟캐스트「포 더 와일드_For the Wild_」에서 "분노는 훼손된 심신의 경호원"이라고 설명했다. 명함과 마찬가지로 분노는 우리 삶의 성스러운 수호자다. 몸을 사리는 것, 가해에 저항하는 것, 자신에게 분노의 숨결을 허락하는 것 모두가 사랑의 몸짓이다. 모든 게 우리를 사랑으로 이끌어준다.

느끼지 않아도 되는 감정은 없다. 나는 특정 감정을 이겨내라고 말하기 위해 글을 쓰는 게 아니다. 당신이 감정 하나하나와 차분히 시간을 보내길 원한다. 어쩌면 더 진지하게 탐구해볼 수도 있다. 현대사회에는 분노, 불안, 우울증 등 부정적인 감정을 '초월'하라고 부추기는 소비형 임시방편이 차고 넘친다. 이런 해소법은 우리 자신의 감정들로부터, 또는 그런 감정들을 겪고 있는 타인으로부터 우리를 소외시킨다. 누군가 상처를 입었거나 배신감을 호소할 때 그 고통을 즉시 '극복'하라거나 '능가'하라는 조언은 독이 될 수 있다. 감정은 우리 내면에 흐르는 기가 응집하는 자연스러운 현상이지만 그 자체로 우리 존재를 대체하지는 않는다. 감정은 에너지이고, 에너지는 생명력의 필수 요소다.

나는 모든 감정의 발아가 오히려 내가 무엇을 등한시하도록 키워졌는지를 고유한 언어로 짚어주는 삶의 보호자이자 체화된 선조와 같다고 생각한다. 감정들은 우리 안에 거처를 만들어 놓았다. 그중 활력의 숨, 분노는 우리가 무엇을 제일 큰 가치로 여기는지에 관해 극명한 진실을 품고 있다. 그러므로 우리는 반드시 분노를 외부로 내뱉을 수 있어야 한다. 분노는 당신을 당신 자신과 한층 깊은 관계를 맺도록 초대하고, 당신이 무엇을 그토록 보호하려 했는지 묻는다. 이기심에 무언가를 통제하려고 발버둥 치고 있는가? 애타게 사랑하는 무언가를 지키려 하는가? 떠나보내도 괜찮은 것과 반드시 지켜야만 하는 것은 무엇인가? 분노는 가해의 폭력적인 구조를 해체하고, 동시에 창조의 따스한 가능성에 생명을 불어넣는다. 우리 자신에게 활력의 숨을 허락하자.

X와 내가 폭행에 관해 입을 연 것은 사건이 벌어지고 3개월이 지났을 때다. 당시 나는 오클랜드에서 수천 마일 떨어진 곳이자 내가 유년기를 보냈던 호주 집에 머무르며 가족들의 보살핌을 받고 있었다. 매일 꼭두새벽에 흐리멍덩한 악몽에서 깨어나면 온몸을 적신 땀과 요동치는 심장이 나를 괴롭혔다. 이게 PTSD라는 것은 나중에 알았다. X는 하루도 빠짐없이 악몽에 나타냈다. 꿈속에서 그를 직접 보거나 그에게 말을 걸 수는 없었지만, 그가 내 곁을 맴돌고 있음은 느낄 수 있었다.

어느 밤엔 천국에 가는 꿈을 꿨다. 로코코 양식의 낙원에서 자욱한 안개 사이로 눈부시게 청명한 햇살과 푸르른 하늘이 고개를 내밀었다. 나는 유달리 광채를 발하는 폭신한 구름 위에 발을 딛고 선 채, 사방에 펼쳐진 낭랑한 색들을 구경하느라 넋이 나가 있었다. 그 몽환적인 심연을 들여다보는데 먼발치에 누군가가 보였다. X였다. 몇 달 만에 처음으로 그의 얼굴을 봤다. 그는 혼자가 아니었다. 그를 둘러싼 사람 중에 그와 나의 공통 지인도 몇 있었는데 그의 폭행 사실을 알고 있는 친구들이기도 했다. 그들은 박수 세례와 함께 X를 축하하고 응원하더니 나를 향해서는 얼굴을 찌푸렸다. 그 순간 이 천국이 그의 안식처이고, 다름 아닌 내가 침입자임이 명백해졌다.

나는 충격과 배신감, 당혹감에 휩싸인 채 잠에서 깼다. 온몸이 식은땀으로 흥건했다. X의 얼굴이 얼마나 또렷했던지, 그

낯설고도 낯익은 모습에 겁에 질릴 지경이었다. X가 여전히 내 옆에 있는 것만 같았다. 뒤숭숭한 꿈자리에서 벗어나 현실로 넘어가고자 휴대폰을 켰더니 경악스럽게도 그의 이름이 떠 있었다. 부재중 전화 두 통, 문자 한 통. 내가 그의 천국에서 허우적거릴 때 온 전화였다. 문자는 고작 한 마디였다. "사랑해."

가슴이 섬찟하다 못해 속이 끓었다. 이 같은 분노는 나조차 놀라울 정도였다. 그간 억눌러왔던 울화통이 터진 것이다. 그에게 악을 쓰고 합당한 사과와 보상을 받아내고 싶었고, 그가 힘겨워하며 내 사랑을 구걸하는 목소리를 듣고 싶었다. 그에게 전화하기로 결심했다.

"어떻게 나한테 그럴 수 있어?!"

"날 사랑했다면 망가뜨리지 말았어야지!"

"무슨 말이 이렇게나 오래 걸려야 했던 거야?!"

정신이 아득해졌고 분한 마음에 눈물이 차올랐다. 고함을 지르는 동안 그가 수화기 건너편에 있다는 사실조차 까맣게 잊었다. 몇 달씩이나 감정의 골에 빠져 지내면서도 나는 분노에게 제 목소리를 낼 기회를 주지 않았다. 나는 분노와 거리가 먼 사람이라고 되뇌며, 화를 내는 건 '그의 수준으로 나를 깎아내리는 짓'이라고 치부했다. 이 모든 생각은 수치심의 구렁텅이에서 나 자신을 화풀이 대상으로 삼으면서 빚어졌다.

그는 맥없이 말했다. "그건 내가 아니었어…… 진짜 내가 아니야…… 대체 뭐에 씌었던 건지 나도 모르겠어." 그는 죄다 술김에 나온 짓거리였다면서 오리발을 내밀었다. 자기변명에 급급한 모습이었다. 모두 자기 내면의 노여움을 이해해보려 노력하지 않았기에 생긴 상황이었다. X의 분노는 그 자신에게조차 낯선 존재였다. X가 스스로 이 감정의 기원을 탐색하는 일을 두려워했기에 오히려 내가 내 인생을 모조리 걸고 그 퍼즐을 풀려고 했다.

"그럼 그건 대체 어떤 놈이었어? 인간 말종 가해자 새끼야, 지옥에나 떨어져!"

울렁이는 감정에 취해 속이 메스꺼웠다. 온갖 공격적인 생각이 마음의 쇠창살을 빠져나가고 있었다. 어지러웠고, 쾌락에 젖었고, 강력한 힘에 들떴다. 이 감정의 쓰나미 속에서 일순간이나마 나에게 괴물 같은 모습을 허락했다. 나는 그 또한 나만큼 다치길 간절히 바라고 있었다. 이제 상황이 완전히 역전되어서 그가 끽소리도 못 하는 것만 같았다. 나는 그 상황을 즐겼다. 분노는 격양된 언어를 타고 독소처럼 나에게서 빠져나갔고 결국 나도 그만 울고 말았다.

험상궂은 속마음을 쏟아붓고 나자 통화를 마치고도 한참이나 스스로가 끔찍하게 느껴졌다. 하지만 곧 이런 맹렬한 반응들이 실은 내 끈질긴 생명력의 한 부분에 지나지 않는다는 사실을 깨달았다. 이후에도 분노가 나를 대신하려들 때면, 나라는 존재가 분노 그 자체가 아니라는 걸 기억하려 했다. 나는 분노를 경험하는 주체다. 분노는 정서를 이루는 중요한 요소이고 건강한 방식으로 해소될 권리가 있다. 나는 나의 분노를 안전한 방식으로 표현해야 한다. 분노를 존중해준다면 화 역시 정화의 기운으로 가라앉고 변화를 이끌어줄 것이다.

나는 진심으로 우리 사이가 바뀌기를 원했고, 사랑이 부활할 날을 손꼽아 기다렸다. 그러나 무엇보다 내 안전이 최우선임을 이해하기까지는 오랜 시간이 걸렸다. 상황을 바꾸려거든 X와의 안전한 거리를 유지하고 튼튼한 장벽을 세워서 내 신변을 보호하는 것이 먼저여야 했다. X의 분노는 나와 일절 관계없는 것이고, 특히나 내 안전이 위협받는 상황에서 내게 그 분노를 치유할 의무는 없었다. X는 분노를 건강하게 해소할 줄 몰랐기에 분노는 그 안에 똬리를 틀었다. 그는 그 분노를 억누르거나 타인에게 전가했다. 이건 학대다.

분노를 존중하는 것은 중요하나, 그렇다고 그것이 가해의 변명이 될 수는 없다. 분노를 안전하게 존중하는 방법으로는 혼자 일기를 휘갈기거나 사람들을 만나 춤을 추거나 허공에 속마음을 외치는 일 등이 있다. 사랑하는 관계 안에서 치민 분노를 존중하려거든, 일단 상대방을 향한 분노를 가라앉힌 다음 불만 사항을 전해야 한다. 활력의 숨을 내지르기 전에 먼저 들이쉬어야 한다.

폭행이 벌어지던 중, 나는 X가 내게 오조준한 총알 같은 분노를 지켜볼 수밖에 없었다. 분노가 폭력으로 표출된 시점에 그는 이미 사랑으로부터 멀어져 공포에 뒤엉킨 지 오래였다. X가 상처투성이인 유년기와 배신당한 경험들로부터 생긴 분노를 스스로 처리하지 못했기에, 내가 그 모든 걸 받아내야 했다. 분노 또한 하나의 감정이고, 그것이 성스러운 방식으로 표현되면 마땅히 존중해야 한다. 단, 분노를 폭력적으로 굴거나 타인을 위협해도 괜찮은 주문으로 오해하지 않아야 한다. 우리가 시간을 들여 이것을 알아가지 않는다면 분노의 조종석에는 공포와 혐오가 들어서고 만다. 자기방어를 제외하고, 폭력적으로 분노를 터뜨리는 것은 이전의 고통을 재현하려는 서러운 욕구에 뿌리박혀 있을 뿐이다.

고통을 겪은 뒤 가장 먼저 나타나는 반응은 상처를 재생산하려는 욕구다. 우린 내가 겪은 것과 똑같은 고통을 자신이나 가까운 사람에게 가하며 처벌의 굴레로 들어선다. 이는 폭력의 악순환으로 이어진다. 사람마다 고통을 치유하는 방식은 다르지만, 살면서 겪는 모든 마음의 생채기는 서로 긴밀히 관계하고 결국 뼈아프게 엉키고 만다. 고통을 오래 부정할수록 원한은 깊어진다. 이 일련의 작용은 여러 세대에 걸쳐 영향을 미치며, 누군가 끊어내지 않는 한 영원히 이어진다.

내 분노는 나를 불편하게 만드는데, 특히 이해관계가 대립될 때 불편함은 극에 다다른다. 나는 커가면서 분노가 엉뚱한 과녁에 잘못 꽂히는 순간을 자주 목격했다. 내 이민자 부모님은 공공장소에서는 굴욕을 조용히 견딘 후, 집에 와서 핏대를 세우고 서로에게 삿대질했다. 어린 나는 그 분노가 무서운 나머지 그로부터 아예 숨어버렸다. 그후 나는 분노를 직접 말하는 대신 공격성을 수동적으로 표출하는 방법을 터득했다. 혹자는 수동적 공격성이 분노보다 낫다고 말하지만, 이건 분노를 억제하기 위한 회피성 전략과 다르지 않았다. 성장하는 내내 이맛살 한번 찌푸려보지 않았던 나는 싸움이 격해지면 간부터 졸아들어서 분노란 무력한 것이라고 믿게 됐다. 분노가 사라지길 바란다면 일단 고스란히 겪어봐야 한다는 사실을 알지 못했다.

수동 공격으로는 사람의 영혼을 지켜낼 수 없다. 쓰임새라고 해봐야, 직접적인 분노보다 '상위'에 있다고 뻗대거나 이를 회피하는 용도가 전부다. 수동적 공격은 내가 유지하고 싶은 자아상을 지키는 데 쓰이고 이건 나를 다치게 한 사람들만이 아니라 나 자신에게도 정직하지 못한 방법이다. 삐뚤빼뚤한 분노보다 제어하기 쉬운 우아한 표현법이라 믿기 쉽지만, 사실 수동적 공격성은 멀쩡한 상태에서 분노의 정당성을 침묵시키라는 내적 주문이다. 본인을 '좋은' 사람으로 분류해서 '나쁜' 감정과는 연이 없다고 단정하면, 내면의 중요한 부분들은 소통과 표현의 창구를 잃고 억눌러진다. 상대방을 벌하거나 고통을 주려는 것이 아니라 자기 의사를 투명하게 전달하는 데 집중한다면, 내가 당신에게 배신감을 느꼈다고 직접 알리는 것도 사랑의 행위일 수 있다. 분노와 슬픔, 죽음이 없는 세상을 이상적이거나 완벽한 것이라고 믿는 순간, 우리는 자연스레 발생하는 경험과 감정들로부터 얻는 교훈에서 뒷걸음치게 된다.

분노가 우리의 경호원임을 기억하자. 그러나 친밀한 관계 안에서 자기를 방어하고 보호하는 방법으로서의 분노와 유해하고 교묘하면서 폭력적인, 특히 학대로 이어지는 분노는 분명히 구별해야 한다. 집처럼 사적인 공간에 돌아가서 서로에게 폭력의 총구를 겨누지 않으려면 비폭력적인 방식으로 분노를 표현할 수 있는 공간들을 적극적으로 만들어야 한다. 분노가 제아무리 성스럽고 깊은 마음에서 우러나온다고 할지라도 학대를 용인해선 안 된다.

어쩌면 X는 이별이라는 방치로부터 자기 내면의 어린아이를 보호한 것이라고, 지금의 그가 아니라 과거의 상처들이 분노의 도화선에 불을 댕겼다고 믿는지도 모른다. 정황이야 어떻든 그는 해서는 안 될 행동을 했고 그 폭력은 사랑에서 움튼 게 아니었다. 가해자의 가장 흔한 속임수가 사랑 때문이라는 말이다. 실상은 정반대다. 그가 폭력을 휘두른 것은 자기 자신을 두려워하기 때문이며, 본인조차 제 행동이나 정서적 폭발을 이해하지 못하기 때문이다. X에게는 자신의 상처를 아끼거나 보듬을 동정심이 부족했다. 그런 건 어떻게 하는지 배워본 적도 없었을 터다. 누군가는 그를 올바른 길로 이끌어주는 것이 생존자의 몫이라고 생각할지 모르지만 결코 그렇지 않다. 그 누구도 타인의 자기혐오에 희생양이 되어서는 안 된다.

※

분노를 표출할 권리는 누구에게 주어지는가? 설령 비폭력적인 방식이라고 할지라도, 누가 공적인 장소에서 거리낌 없이 분노를 전시할 수 있는가? 어려운 감정을 버젓이 표현하는 능력이 특권임을 인정하지 않는 이상, 누구에게나 분노를 표출해도 괜찮다고 권하는 건 무책임하다. 학대성 관계를 헤쳐나가는 생존자들은 심지어 자기방어가 필요할 때조차 분노를 표출해도 될 만큼 안전하다고 느끼지 못한다. 만일 그렇게 한다면 생존자들은 정부로부터 처벌을 받는 등 더 큰 위험에 노출되기도 한다.* 나는 화가 머리끝까지 치솟고 살점이 떨어져나가고 눈앞이 아찔한 상황에서도 X에게 분노하기를 주저했다.

내가 호주에서 자라던 시기에 나의 중국인 부모는 내게 입 다물고 화를 삭이라고, 절대 남들 앞에서 눈을 치켜뜨지 말라고, 분노는 집에나 가서 해결하라고 강조했다. 입을 굳게 다무는 것이 나를 지키는 방법이며, 특히 백인 인종주의자들 앞에서 더 철석같이 지켜야 할 원칙이라고 말했다. 결코 저들에게 원한을 사선 안 된다는 이 지혜는 방호복처럼 부모의 생존에 일조했고 내게도 대물림됐다. 그 결과 그림자 속에 숨어버린 나의 분노는 내가 폭행을 당할 때조차 침묵의 테두리를 벗어나지 못했다. 채 표현하지 못한 분노는 짊어져야 할 짐이었고, 결국 화살이 되어 내게 돌아왔다. 억눌린 분노는 우리가 아무리 아껴줘도 부족할 사람들에게 잘못 겨눠졌고 그 때문에 폭력은 주로 닫힌 문 뒤에서 발산됐다.

백인(과 백인처럼 보이는 사람들)은 정부의 눈총에서 자유로

---

* 여기서 말하는 '처벌'은 가정폭력 생존자들이 자기방어 차원에서 가해자에게 물리적인 힘을 행사했다가 범죄화되거나 투옥당하는 일을 가리킨다. —옮긴이

울 수 있는 특권을 누린다. 그들의 분노는 폭력적이든 선하든 오조준되든 간에, 대체로 공적으로 드러내도 큰 지장이 없다. 백인 무정부주의자들이 안전 수칙을 정해두지 않고 상가들을 순식간에 잿더미로 만드는 등 시위를 시작하면 정작 경찰이 손보는 대상은 평소부터 표적으로 봐뒀던 소수자들이다. 백인 인종주의자 살인마들이 단단히 뒤틀린 내면으로 분노에 휘말려 만천하에 난폭한 성명을 공표한대도 그들은 하나도 책임지지 않는다. 가령 흑인 중에서도 피부색이 짙은 흑인들은 이들처럼 안전을 보장받으며 분노를 드러낼 특권이 없다. 미국의 색차별주의적 감금 제도는 감정을 표출하는 흑인을 싸잡아 "우악스럽다"라거나 "폭력적"이라고 매도한다.

분노는 고정된 틀에 가둬둘 수도, 존재의 한 가지 차원만으로 축소될 수도 없다. 『사랑과 분노Love and Rage』에서 라마 로드 오언스는 인종적 불의와 트라우마에 시달리는 미국 흑인들의 사례를 비롯해, 사람들이 정의 실현만을 요구하는 것을 넘어서 애도를 지속하며 분노를 지혜롭고 생산적인 감정으로 활용하는 방식을 그린다.

> 우리는 분노를 경험할 수 있어야 한다. 나는 분노에 서린 상처를 치유하는 첫 단계로 '분노를 느껴야 한다'고 계속해서 말해왔다. 내가 가진 분노를 이야기했고, 그 분노를 들여다보면서 그 뒤에 고통이 가려져 있었음을 깨달았다. 분노를 정면으로 다루지 않고선 비통함에 다가설 수 없다. 그리고 비통함을 마주하지 않는

이상 우리는 치유를 시작할 수 없다.*

생존자의 분노를 비난하거나 뻔하다고 치부하는 대신, 이를 변화와 책임에 대한 간청으로 인식해보자. 오언스의 글이 보여주듯 분노는 취약성, 기쁨, 치유의 의지를 밝히는 횃불이다. 이 감정은 애도의 고통과 연민의 포근함을 들려준다. 분노가 과격하다거나 비이성적이라고 깎아내리는 일은 당사자의 주체성을 빼앗고 그를 더 깊은 고립으로 몰아넣는다. 비폭력적인 방식으로 분노하는 사람들의 고뇌를 귀담아듣고 정서적 지지로써 비통함의 깊이를 헤아려주면 그들에게 큰 도움이 된다. 생존자들에게는 눈치보지 않고 수치심 없이 분노를 말할 안전한 공간이 필요하다. 그래야 분노가 박동하는 중심으로부터 뻗어나가 변혁적인 사랑의 힘으로 거듭날 수 있다. 해방을 향한 움직임으로서의 분노는 마냥 때려 부수겠다는 의도에서 벗어나며 비옥한 거름이 되고 새로운 사고, 감정, 존재 방식이라는 열매를 맺는다.

통념과 달리 혐오와 분노는 필연한 관계가 아니다. 분노는 사랑의 반대라는 식으로 구박받곤 하는데, 나는 분노를 질병 취급하는 자기계발 서적에 종종 언짢아진다. 우리는 분노를 뛰어넘거나 피할 수 없으며, 분노를 이해하고 혐오와 혼동하지 않는 일은 매우 유용하다. 분노와 사랑이 아니라, 분노와 혐오의 혼합물이 바로 폭력이다. 에세이 「분노 사용법 The Uses of Anger」에서 흑

---

*   Lama Rod Owens, *Love and Rage*, 2020.

인 페미니스트 시인 오드리 로드는 이렇게 적는다. "저들의 혐오와 우리의 분노는 결을 달리한다. 혐오는 우리와 목표를 공유하지 않는 사람들이 보이는 광포이고, 죽음과 파괴를 목표 삼는다. 분노는 찌그러진 인간관계를 안타까워하고 변화를 갈망한다."*

급진적이고 비폭력적인 변화를 촉구할 때 분노는 사랑으로 충만하다. 나는 "분노는 훼손된 심신의 경호원"이라는 오언스의 인용문을 접할 때마다 몸이 한결 가벼워진다. 거북이의 말랑말랑한 몸체와 딱딱한 등껍질이 떠오른다. 순록과 코뿔소의 뿔, 장미와 선인장의 가시, 이 모든 것이 자기방어란 생존을 향한 몸짓임을 선명히 한다. 살아가면서 우리는 우리를 표현하고 해방시키는 방식을 찾아야 한다. 분노는 삶의 성스러운 수호자이고, 가련하면서도 강력한 영혼의 일부다. 우리는 분노와 함께 살아가야 한다.

잘못 표출하거나 제때 처리하지 않은 분노는 폭력의 주범이 되고 만다. 우리는 때로 분노를 이해하는 것이 두려워서 상처를 살피거나 다스리지 않는다. 그러다가 무의식적으로 제일 가까운 사람에게 똑같은 상처를 입힌다. 우리 자신이 훼손되었음을 모른 체하면, 분노의 에너지는 보복을 좇는 탐욕으로 변질된다.

---

*   Audre Lorde, *The Uses of Anger*, 1981.

마틴 프레히텔은 『먼지에 묻어난 비 냄새』에서 이렇게 말했다. "살인자는 자신이 무너뜨린 존재의 망령과 영원히 뒤얽힌다. 따라서 파괴력을 휘두르고 죽이는 일이 '해결책'이 되면 장례식을 치르지 않는 승리란 불가능해진다."* 카르마의 단적인 예다.

라마 로드 오언스는 불교를 수행하며 얻은 가르침을 바탕으로 카르마를 묘사했다. 그가 팟캐스트 「포 더 와일드」에서 한 말에 따르면, 서구의 카르마 개념은 카르마적 에너지 교환의 복합성을 다 포착해내지 못한다. 카르마는 초월적인 존재가 앙갚음을 대리 행사하는 것이 아니며, 단순히 나쁜 일을 저질렀다고 벌을 받는 식의 삶의 이치도 아니다. 카르마에는 영적인 깊이가 깃든다. 남을 해하는 건 결국 자해의 일종이므로 가해자는 그 행위가 낳은 고통과 상실 속에 살게 된다. 속죄하고 과오를 만회하지 않는 한 그 또한 피해자와 마찬가지로 영혼이 산산조각난다. 고통은 다양한 경로로 유전되고 폭력은 회오리처럼 퍼진다. 타인을 학대하는 건 자아를 학대하는 것과 다름없다.

사건 이후, 나는 X에게 똑같이 상처 주고 싶어서 안달이 났다. 모진 충동에 휩싸일 때마다 진짜로 복수하면 내 속이 편해질까 자문했다. 과연 내 영혼이 치유된다거나 내가 완전해졌다고 느낄까? 그의 괴로움이 내 상처를 낫게 할까? 복수심을 채우려고 그를 벌할 방법을 궁리한다면 정작 나를 아껴줄 시간은 줄어든다. 더 많은 고통을 낳으려다가 정작 내 상처를 포근하게 감싸

---

*   Martín Prechtel, 같은 책.

줄 치유로부터 나를 떼어놓는다. 나는 내면을 들여다봐야 했다. 욱하는 날엔 일기장에 투덜거리거나 폐가 닳을 때까지 노래를 부르며 마음을 달랬다. X에게 내 분노를 폭력적으로 발산한다면 나 역시 다칠 것임을 잘 알고 있었다.

가해자들은 타인을 괴롭히는 동시에 자기 자신을 괴롭힌다. 폭력은 가해자의 분열된 정신에 각인된다. 타인에게 무슨 짓을 하건, 사람은 무의식적으로 그 행위를 내면화해서 자신을 똑같이 대한다. X의 안타까운 개인사가 분노의 원천일지라도, 이를 폭력으로 표출함으로써 그는 분노를 파괴적인 혐오로 바꿔놓았다. 그는 변화의 실마리를 찾는 과정에서 분노한 게 아니었다. 아동기와 이전의 관계들에서 받은 마음의 상처를 파악하려고 애쓰지 않은 결과, X는 상처를 되풀이하는 일에 집착했다. 그에게 나는 애정과 혐오의 대상이었고, 그 간극에 혼란스러운 나머지 자기 상처를 내게 쏟아내는 길을 택했다. 그 길로 그는 스스로를 갈기갈기 찢어놓았고 자기 안을 도려내 더 깊은 상처를 새겼다.

많은 가해자가 생존 당사자이기도 하다. 이들이 폭력의 고리를 끊으려면 주변의 도움이 필요하겠지만, 그렇다고 그들로부터 학대받고 있는 사람이 상처까지 보듬어줄 수는 없는 노릇이다. 내가 X를 그토록 애착했던 이유 중 하나는 내가 그의 조력자 역할을 자처했기 때문이다. 나는 그가 폭력으로 망가지는 것을 봐왔고, 그를 구원하는 사람이 되고 싶었다. 그 과정에서 나는 정서적, 육체적, 성적 학대에 시달렸고 그의 자기혐오와 채 아물지 않은 상처들의 먹잇감으로 전락했다. 나는 나의 자기 보호와 생존을 우선순위에 두는 법을 익혀야 했다. 그에게 도움이 필요한 만큼 나 역시 도움이 필요했다. 동정심을 발휘해 X가 겪은 고통을 가늠했지만 이제 그 동정심을 나에게도 쏟는 연습을 할 차례였다. 포용의 힘을 스스로에게 선물해야 했으며, 즉 조력자를 자처할 것이 아니라, 나 역시 도움을 요청해야 했다.

분노를 존중하려면 먼저 분노의 정체를 드러내야 한다. 분노는 깊은 한숨처럼 우리 육신의 요새에서 도망쳐 그림자 밖으로 나설 수 있다. 분노는 배신, 슬픔, 동경에 대한 반응이며 우리 몸은 이런 반응을 기억하고 뼛속들이 새긴다. 분노를 폭력의 창구를 통해 표출하는 대신 돌봄의 시선 속에서 가꿔야 하며, 억압하거나 회피하지 말고 따스하게 지켜봐야 한다. 이 분노는 어디에서 왔을까? 이 분노가 보호하려고 애쓰는 상처는 무엇일까? 안전하게, 책임을 다해 이 기운을 배출하려면 어떻게 해야 할까?

우리가 만들 세상은 모두가 비폭력적 분노를 안전하게 표출할 수 있는 곳이어야 한다. 복수하고 처벌하고 상처를 덧내는 것이 정의 실현이라는 생각을 멈춰야 한다. 기공 명상의 대가들에게 잠재적인 화의 기운을 밖으로 빼내는 방식을 배울 수 있다. 분노라는 활력의 숨에 삶을 불어넣어 그 숨이 우리 존재 구석구석, 온화한 보살핌이 필요한 상처들에까지 깊숙이 닿게 해야 한다.

이제 나는 화가 나면 분노를 일시적인 반응 이상으로 대하려고 노력한다. 탁 트인 곳에서 고함을 지르거나, 치밀어오르는 감정을 소리 내어 말하거나, 신들린 듯 춤을 추며 분노의 정체를 끄집어내고, 또 일기장이라는 나만의 밀실에 악다구니를 휘갈겨 쓴다. 건강하게 해소한 분노는 온몸을 타고 번진다. 묵은 배신감과 쓰라린 감각들이 앞다퉈 터져나오면 나는 옹졸한 마음이나 복수심이 차차 사라질 때까지 기다린다. 분노는 내가 진저리치면서 울 수 있게 도와줬고, 맞서 싸워 살아남겠다는 동기를 부여해줬다. 분노는 경계를 설정하고 공간을 확보하며 불편한 진실을 규명한다. 분노는 활력의 숨을 쉬게 할 뿐만 아니라 내 호흡이 얼마나 성스러운지를 명확하게 해준다. 분노는 비이성적인 공포가 아니며 우리를 사랑으로 이끄는 반짝이는 통로다. 내가 X를 떠나 나에게로 오는 길 또한 분노가 터준 것이다.

이 글을 쓰는 지금, 나는 분노에 차 있다. 성난 단어 하나하나에서 깊은 내면의 연민과 말랑한 상처들, 시급하고 묵직한 변화에 대한 욕구가 흘러나온다.

제3장

나를 잇는 과정

불안

불안의 다른 이름은 시간 여행이다. 불안은 우리를 현재에서 도려내 정신없이 요동치는 상태로 데려간다. 불안해지면 나는 환상적인 미래나 허튼 시나리오에 나를 끊임없이 내던진다. 또는 인생이 예전과 똑같이 흘러갈 거라고 맹신하면서 육중한 과거로 뛰어든다. 나도 언젠가 숨이 멎을 것이라는 끔찍한 상상을 부추기는 과거 앞에서 나는 내가 들이쉬는 매 숨의 고결함을 잊어버린다. 불안 상태에서 사람은 최악을 우려하거나 최선을 희망하지만 결코 현재에 집중하지는 못한다.

불안해하다보면 우리는 상태의 변동성을 극히 꺼리게 되어 주변 모든 것을 통제하려고 득달같이 달려든다. 타인의 행동처럼 예측하거나 관리할 수 없는 것들이 있다는 자명한 사실을 불안 상태에서는 망각해버린다. 인생에서 무엇을 통제할 수 없는

지 헤아려내는 순간, 불안은 사라지고 우리는 집착에서 자유로워지며 삶의 해상도 또한 높아진다. 불안은 우리가 통제와 맺은 관계를 어지럽힌다.

생존자로서 나는 그간 겪어왔던 고통이 내 탓이 아님을 안다. 그러나 때로는 내가 방어기제나 대처 능력을 제대로 통제하지 못했던 것은 아닐까 생각한다. 지독한 불안은 나를 혼돈의 바다에 빠뜨렸고 나는 미지의 세계에 입수하는 것, 내 직감을 믿는 것, 새로운 현실에 적응하는 것을 두려워했다. 호흡을 조절하고 밭은 숨을 깊은숨으로 바꿈으로써 나는 초심자의 자세로 돌아가야 했다. 미지의 세계로 나아가는 것은 신뢰를 연습하는 것이었고, 나는 유해한 애착을 한 꺼풀씩 벗겨내며 신뢰의 힘을 되찾았다. 고장난 마음을 원상태로 복구시킬 수는 없었으나, 나를 보듬는 방식을 천천히 배워나갔다.

불안은 뾰족뾰족하게 돋아나 온몸을 뒤덮는다. 불안이라는 활주로 위에서 시간 여행을 떠나고 공황의 물보라 속을 헤엄칠 때, 나는 지금 이 순간에 뿌리내리는 연습을 반복했다. 모든 게 예상을 빗나가고 두려움이 밀려오면 내가 지금 이곳에 있다는 불변의 진실을 되새겨야 한다. 당신은 여기에 있다. 걱정에 사로잡히는 걸 손쓸 도리는 없지만, 이 또한 지나가리라는 신념으로 그 따끔한 감각을 잠재울 순 있다. 불안이라는 회오리는 불안을 경험하는 나라는 존재에서 시작한다. 절망 자체가 아니라 그 절망을 품고 끝내 극복하려는 사람에게서 시작한다. 나는 불안 그 자체가 아니며 그걸 경험하는 의식이다. 불안을 통제하지 못할지라도 그 의식의 주체는 될 수 있다. 나는 바다처럼 강인하며 내 불안은 밀려들어오고 흘러나가는 파도를 닮았다.

7시 45분.

폭행 이후 반년 동안 아침 7시 45분이면 갑작스러운 공황이 끼쳐왔고 나는 질식해 죽을 것같이 요동치는 심장을 움켜쥐며 하루를 시작했다. 악몽 때문이라기엔 어떤 내용도 기억하지 못했다. 불안은 간밤 새 펼쳐진 풍경이 아니라 현실로 복귀해야 한다는 두려움에서 시작했다. 온종일 공포감에 짓눌려 있었고, 아침과 야밤이면 증상이 최고조에 달했다. 공황이 내 혼을 집어삼켰지만 나는 내가 정확히 무엇을 그리도 무서워하는지 알아내지 못했다. 고향인 호주로 돌아와서 지내고 있었고 X와 나 사이에는 태평양이라는 방어막이 펼쳐져 있었다. 그가 가까이 있을 리 없는데도 어쩐지 지척에서 그가 느껴졌다. 매일 아침 심장이 갈비뼈를 뚫고 나갈 기세로 요동쳤고, 오감이 지나치게 곤두서며 금세 지쳐버렸다. 매순간 현현하게 살아 있자니 차라리 콱 죽고만 싶었다. 매일매일 나를 괴롭혔던 불안에 가득 찬 질문들을 일기장에서 다시 살펴봤다.

X가 딴 사람과 함께라면 어쩌지? 그 사람을 가해하고 있다면?
왜 날 사랑하지 않는 걸까? 왜 날 사랑해줄 수 없는 걸까? 같이 만나던 친구들은 걔를 아직도 아껴줄까? 걔랑 계속 가까이 지낼까? 왜 난 아직도 걔를 사랑할까?

나는 이런 두려움과 낯섦이 무서웠다. 이렇게나 짙고 질긴 사랑과 섞인 외상 후 공포는 처음이었다. 통제 불가능하고 이질적인 감정이었던 터라 내 나약한 마음에는 그 정반대의 것이 필요했다. 상황을 통제하고 싶었고 친숙한 환경이 그리웠다. 그의 학대는 고문이나 다름없었지만 내겐 평범한 일과였다. 내 몸은 친숙한 폭력에 대한 금단증상으로 이른 아침부터 불안 발작을 겪었다. X로부터 멀어진다는 것은 곧 사랑과 친밀함을 다시 배워야 한다는 뜻이었고, 나는 내가 다시 사랑을 경험하리라 (혹은 그럴 가치가 있는 사람임을) 믿지 못했기에 더 불안해했다. 새출발을 해야 한다니, 그 생각에 오싹해졌다.

예전에는 나의 이면을 제대로 탐구하지 않았기에 시선을 오로지 밖으로 돌렸고, 자연히 내가 통제할 수 있는 대상으로서 X에 집착했다. 나는 그가 어떻게 사는지 시시콜콜한 세목까지 다 알고 싶어했다. 그와 거리를 두려고 최선을 다하던 중에야, 경악스러운 현실을 마주해야 했다. 연인이자 가해자였던 X가 없는 삶을 나는 몰랐다. 나는 X의 행패와 분노를 두려워하는 한편, 난데없고도 불가피하게 끝나버린 우리 관계에 침울해하며 그와 분리된 상태를 불안해했다. 이 이중성은 마주하기에 너무 난감한 미지의 공간을 열어젖혔다.

의례처럼 매일 아침 찾아오는 공황 발작은 시간이 지나

도 나아지질 않았다. 휴대폰에서 X를 차단해놓고는 7시 45분만 되면 그에게서 연락이 왔는지 습관처럼 확인했다. 아무것도 없었다. 안도의 한숨에는 실망이 섞여 있었다. 그의 학대는 내겐 일상이어서 그것 없이 어떻게 살아야 할지를 몰랐다. X 없는 나를 발견하기가 무서웠고 그가 예전처럼 내게 연락할 방법을 재깍 찾아내길 손꼽아 기다렸다. 연락이 없다는 건 더는 날 신경쓰지 않는다는 증거일까? 사실 그가 해왔듯 걸핏하면 딴지를 걸거나 상대방의 경고를 무시하는 건 애정 표현이 아니라는 걸, 나는 달력을 몇 장이나 넘긴 뒤에야 받아들일 수 있었다.

  우리가 사귀는 동안 X는 눈을 치뜨고 나를 사사건건 감시했다. 그건 내 인간성을 저울질당하는 일이었다. 매사에 그의 존재, 그의 고통, 그의 치유를 제일로 여겨왔다보니 돌연 나만을 위한 결정을 내리는 게 꼭 위선자가 된 느낌이었다. 어떤 날은 그가 찾아와 나를 해할지도 모른다는 생각에 새우잠을 잤고, 또 어떤 날은 그를 그리워하며 그가 다른 사람과 시간을 보내고 있지는 않을까 전전긍긍했다. 내 사랑과 공포는 광란의 춤사위로 뒤얽혔고, 잠시라도 X에 대한 두려움이 사그라들 참이면 이런 스스로에게 아연실색하고 수치심에 몸 둘 바를 몰랐다.

  나는 다른 사람의 시간표에 맞춰 살고 있었다. 내 과거를 돌아보고 싶지 않았기에 X의 미래에 집중했다. 나는 '망가지고' 정서적으로 피폐해졌으니 다시는 건강한 애정관계를 가질 수 없으리라 확신했다. 나보다는 그의 삶을 수놓을 가능성들이 좀더 선명하게 다가왔다. 비행기를 타고 대륙을 건너온 이후에도 내 삶을 되찾았다거나 자유로워졌다고 느끼지 못했다. 그가 더는 나를 통제하지 않자 내 삶의 기둥이라도 뽑혀나간 듯 마음이 휑했다. 방향을 완전히 잃어버렸다. 헤어진 직후, 나는 해방감에 기뻐하기보다 현실을 받아들이지 못하게 가로막는 혼란, 멍함, 공포, 불안이 드리운 그림자 속을 방황했다. 이전의 관계를 등지려면 그간 둘이 함께 쌓아온 친숙한 삶에 대한 집착을 놓아버리고 나만의 고유한 삶을 시작해야 했다.

연인 간 폭력과 학대를 여느 가해들과 구분해야 하는 이유는 이것이 당신이 사랑했고 당신을 사랑할 것이라고 생각했던 사람으로부터 당한 폭력이기 때문이다. 그들이 해친 것은 당신만이 아니라 그 관계의 성스러움까지다. 관계의 기본은 안전, 즉 상대방이라는 존재의 고귀함을 축복하고, 세상에 도사리는 위협으로부터 서로를 지켜내겠다는 다짐이다. 연인은 존재의 순수함을 함께 나누고 마법 같은 기억을 공유하는 사이다. 안전하고 안정적인 관계란 완벽함 또는 실수, 오해, 상처의 부재를 뜻하지 않는다. 다만 서로에 대한 마음이 식는다고 할지라도 상대방을 해하지 않겠다는 상호 약속을 근거로 한다. 친밀한 관계 내 폭력은 안전감을 송두리째 빼앗고 신뢰를 해친다. 따라서 언젠가 맞이할지도 모를 안전한 관계란 생존자의 눈에는 신기루일 뿐이다.

내 경험을 바탕으로 친밀한 관계 내 폭력을 정의해보고자 한다. 나는 X와의 친밀하고 로맨틱한 관계에서 성적, 정서적, 육체적 학대 등 여러 종류의 폭력을 겪었다. 연인 간 폭력이 다양한 방식으로 벌어질 수 있다고 적시하는 것은 중요하며, 나는 모든 가해를 포괄적으로 설명할 수 있다고 생각하지 않는다. 이를테면 정서적 학대의 영향은 신체적 또는 성적 학대의 영향과 다르다. 생존자들은 저마다 다른 수위의 폭력을 겪고 불안, PTSD, 자해 그리고 중독 행위를 수반한 자기방어기제 등 다양한 트라우마 반응을 보인다. 폭력마다 성격이 다르고 사람마다 이를 달리 경험하기에 하나로 뭉뚱그려 설명할 수는 없지만, 분명한 것은 그 어떤 피해자도 당할 만해서 당한 것이 아니며 치유와 보살핌을 받을 가치가 있다는 것이다.

피해 생존 경험에 대한 담론은 주로 이분법 논리를 따른다. 생존자는 안전하거나 안전하지 않다. 그 뜻인즉슨, 생존자가 관계를 떠나기만 하면 안전해진다는 것이다. 관계에서 멀어짐으로써 자유를 되찾을 것이라는 가정은 흔하다.

상황은 훨씬 더 복잡하다. 생존자가 물리적으로 가해자와 떨어지는 것만으로 저절로 공공장소, 새로운 관계, 하물며 자기 몸을 안전하게 느끼지는 않는다. 학대의 고리를 끊어내고 거기서 벗어나는 건 분명 치유의 기점이다. 그로써 목숨을 구할 수도 있다. 그러나 생존자가 진짜로 자기 몸이 안전하고 자유롭다고 느끼기까지는 시간이 꽤 걸린다. 정서적 거리두기와 분리에 수년이 걸리기도 한다. X와의 관계가 끝난 지 한참이 지나서도 나는 불안과 PTSD로 고생했고, 특히 남자들과의 대인관계를 극도로 불신했다. 그를 떠나고서 몇 년이 지나서야 나는 내 몸을 정서적으로나 정신적으로 안전하게 누릴 수 있었다. 진정으로 홀가분해지기까지 긴 시간이 필요했다.

대부분의 대중매체는 가해자와 물리적 폭행에 초점을 맞춰 학대를 논하고, 생존자가 장시간 격렬히 맞서야 하는 정서적, 영적, 심리적 고통은 심도 있게 다루지 않는다. 친밀한 관계 내 폭력을 주제로 삼는 다큐멘터리들도 가해자를 선정적으로 묘사하기 급급해서 생존자가 시청하기는 곤욕스러울 따름이다. 생존자들은 그릇된 선택으로 난처한 상황에 빠진 피해자로 그려지거나 돈이라는 악어의 눈물을 쥐어짜내는 대범한 자본가로 그려진다. 학대 이후의 미묘한 여파들은 판매 전망이 불투명하다거나 내용이 '비극적'이지 않다는 이유로 서사에서 누락된다. 매체가 무시하거나 때로 괄시하기까지 하는 생존자들은 사실 완전하고 복잡하며, 상처받은 존재이자 치유가 필요한 사람들이다. 떠날 용기를 냈을 때만 사랑받을 자격을 얻고 인질로 붙잡혀 있을 때는 손가락질당하는 생존자, 이런 진부한 묘사에 나는 몹시 지쳐 있다.

생존자의 경험과 그 서사를 치밀하게 다루는 뛰어난 작품들도 있다. 영국 작가 미카엘라 코엘의 드라마 「너를 파괴할지도 몰라I May Destroy You」와 미국 소설가 카먼 마리아 마차도의 회고록 『꿈의 집에서In the Dream House』가 대표적인 예다. 이 두 작업은 학대의 굴레에서 벗어나는 과정과 소비로 자기실현을 이룰 수 없음을 깨우치는 과정이 얼마나 지난한지 여실히 보여준다. 학대로부터의 회복은 내면으로부터의 사랑을 다시 배워야 하는 거칠고 불안한 여정이다. 코엘과 마차도는 사랑의 폐허가 된 광활한 공백에서 솟아오르는 복잡한 감정들을 그려낸다.

※

X를 차단하겠노라 결심하면서 나는 조금 더 안전해졌고, 그만큼 불안해졌다. 적어도 서로 연락을 주고받을 때는 그가 어디에 있는지 알 수 있었으므로 피해 다녀야 할 곳을 확실히 할 수 있었다. 폭행 이후 연락을 차단하고부터, 나는 안전한 동선을 짜기 위해 X가 어디에 있는지를 항상 알고 싶어했다. 나는 PTSD에 시달리느라 피골이 상접할 지경인데, 그가 어디선가 자기 인생을 실컷 즐기고 있을 걸 생각하니 퍽 괘씸했다. X의 위치를 모른다는 건 내가 통제할 수 있는 게 거의 없다는 뜻이었다. 아니, 사실 이건 이 지리멸렬한 관계가 마침내 끝났고 이제 나 자신의 정신적·육체적 안전에 집중해야 한다는 뜻이었지만, 그런 걸 어떻게 하는지 나는 까마득히 잊고 지내왔다.

나에게로의 회귀는 달성 불가능한 도전 같았다. 나는 내 주체성이라든가 영혼을 알아보지 못했다. 앞뒤가 안 맞더라도 폭력의 논리를 수용하는 편이 차라리 쉬울 것 같았다. X가 나를 해칠 만한 이유를 정당화하고 그가 겪은 고통의 기원을 이해하려 애쓰는 나를 보며 나는 정작 나 자신의 고통을 들여다보는 게 아직도 무섭다는 걸 깨달았다. 나는 나를 폭력을 당해 고장나버린 피해자라고, 사랑을 모르고 사랑받을 자격도 없다고 낙인 찍었다. 무지는 나의 적이었으므로 이를 무찌르려고 발버둥질치는 동안 나는 내 주변의 모든 걸 통제하며 경계를 늦추지 않았다. 앎은 곧 통제를 의미했고 내 무기가 되었다. 하지만 모든 것을 강박적으로 이론화하고 관리하려다가 나는 도리어 불안의 궁지에 몰리고 말았다.

머지않아 불안은 광기로 변했다. 나는 한시도 가만히 있지 못했고 내가 나를 모른다는 사실에 쫓겨다니며 하루하루 두려워했다. 얇은 도화지에 떨어진 잉크 한 방울처럼 불안은 거무스름한 그림자가 되어 번져나갔다. 본능적으로 달아나고만 싶었고, 나는 그 어떤 종류의 확실성이라도 담보해줄 모종의 결승선을 향해 쏜살같이 달려나갔다. 내가 선뜻 무지 속에서 헤맬 기회를 잡지 않았던 건 그 그림자에 최악이 가려져 있을 거라는 공포가 한몫했다. 나는 파티에 참석하고, 마약을 복용하고, 일에 찌들어 살고, 육욕에 들뜬 가벼운 관계들을 전전하면서 몸을 소진시켰다. 매일 잠에서 깰 때나 침대에 들기 전이면 침울한 마음이 스멀스멀 올라와서 이 악취 같은 생각들로부터 벗어나려고 더 눈코 뜰 새 없이 빽빽하게 하루를 채웠다. 결국 탈진해버렸다. 내 방어기제들을 비난할 생각은 없다. 단지 그것들을 알아차리기까지 수개월이 걸렸으므로 이름을 붙여주려는 것이다. 그 과정을 호명함으로써 당시 내가 무엇을 외면했는지, 어쩌면 그리도 생존 방식들을 모를 수 있었는지 더듬어본다. 그때는 몰랐지만 지금은 알 수 있다.

그 누구도 모든 것을 늘 꿰뚫어 볼 수는 없다. 알고 있는 정보의 양과 질이 수시로 달라지기에 우리는 자연히 익숙한 것에 매달린다. 학대 관계에 있는 생존자는 학대를 가장 일상적이고 규칙적인 요소로 받아들일 만큼 인식이 완전히 왜곡될 수 있다. 학대는 그 영향을 서서히 드러낸다. 우리가 알고 있는 전부가 차츰 변해가고 자아존중감 역시 갉아 먹힌다. 우리는 학대 패턴에 길들여지며 더는 자신을 인식할 수 없는 지경에 이른다. 이런 해로운 굴레를 끊어내기 위해서는 우리를 기다리고 있는 미지의 시간에 대비해야 한다. 이 시기에 생존자들은 서로의 파괴적인 행동을 부추기지 않고 상대의 술렁이는 마음에 귀 기울이며 같은 편에 서주어야 한다. 세상은 우리가 알 수 없는 것들로 가득하나, 한 가지 확실한 것이라면 우리는 사랑받을 자격이 있고, 학대는 사랑이 아니라는 사실이다.

※

벨 훅스는 『올 어바웃 러브』에서 사랑을 동사로 개념화하면서 M. 스콧 펙이 『아직도 가야 할 길』에서 제시한 사랑의 정의를 인용한다. "사랑은 자아를 확장하여 자기 자신이나 타인의 영적 성장을 도모하고자 하는 의지다 (…) 사랑은 행동으로 드러난다. 사랑은 의지의 발현이다. 구체적으론 의도이자 행위이다."* 이 정의를 곱씹으며 나는 연인, 친구, 가족 등 사랑하는 어느 관계서건 영적 성장의 거름을 주고받아야 한다는 걸 배웠다. X와 나

---

* Bell Hooks, *All about Love*, 1999. 국내에는 『올 어바웃 러브』(책읽는수요일, 2012)로 번역 출간됐다.

사이에 호혜와 존중이 없었다고 인정하면서도 나는 그를 그리워하고 또 그리워했다. 이제 스스로에게 물어야 했다. 완전하고 건강한 사랑도 아니었는데 나는 왜 그렇게나 그의 사랑을 갈구했던 걸까? 그가 없는 삶을 모른다는 것이 왜 그토록 두려웠을까? 그리고 우리가 참된 사랑을 나누지 못했다면 나는 여전히 무엇에 애착하는 걸까?

  탈착은 하룻밤 사이에 이뤄질 수 없다. 많은 시간과 노력을 요한다. 나는 우리 둘의 애착 형태를 분석하고 학습하면서 점차 나를 X로부터 떼어놓을 수 있었다. 그는 우리가 떨어져 있을 때면 강렬한 불안에 휩싸인 채 나를 의심했다. 나는 덩달아 불안했고 동시에 회피하고 싶었다. 그의 애착이 불편하면서도 그에게 내 요구 사항을 말하려거나 그에게서 떨어질라치면 사시나무처럼 떨었다. 우리는 불안을 부채질하는 유해한 관계에 몰입해 있었고, 우리 중 어느 한 사람도 쉽사리 이별을 입에 올리지 못했다. 어느 순간 우리 바깥의 세계는 닫혀버렸다.

  『그들이 그렇게 연애하는 까닭』에서 정신과 의사이자 뇌과학자인 아미르 레빈과 심리학자 레이철 헬러는 성인 애착의 서구 심리학을 연구한 메리 에인즈워스와 존 볼비가 주창한 애착 유형을 분석한다.* 애착 유형은 크게 안정형, 불안형, 회피형으로 나뉜다. 훗날 메리 메인과 주디스 솔로몬이 네 번째 유형을 제시했는데, 불안과 회피를 오가는 공포-회피형이다. 애착 유형은 인생

---

* Amir Levine, Rachel S. F. Heller, *Attached*, 2010. 국내에는 『그들이 그렇게 연애하는 까닭』(랜덤하우스코리아, 2011)로 번역 출간됐다.

에 걸쳐 바뀔 수 있으며, 한 유형에 멈춰 있기보다 스펙트럼상에서 유동적으로 기능한다.

만약 관계 내에서 상호의존할 수 있고, 상대방을 정서적으로 보살필 수 있으며, 자기 요구 사항을 등한시하지 않으면서도 연인을 충족시킬 준비가 되어 있다면 안정형 애착을 가진 사람이다. 파트너십과 친밀감을 바라며, 홀로 남겨지기 무서워 연인에게 과한 친절을 베풀거나 논쟁이라도 벌어지면 죄다 제 탓을 하는 유형은 불안형 애착으로 분류될 수 있다. 이 애착 유형은 지나친 망상이나 자기비하, 통제욕 등 다양한 방식으로 드러난다. 반대로 회피형 애착 유형을 가졌다면 연인을 정서적으로 보살피는 데 인색하고 애정을 공공연히 드러내지 않으며, 연인 관계가 자신의 자급자족 능력을 갉아먹지는 않을까 두려워한다. 그런 유형의 인물이 연인을 만들려는 이유는, 공포와 불안을 억누르고서라도 자신의 마음을 알아줄 사람을 간절하게 원하기 때문이다.

나는 애착 형태를 학습하면서 각 유형을 통해 내 마음을 조금씩 다른 각도에서 볼 수 있었다. 하지만 이론은 전반적인 안내서일 뿐 내 운명을 결정짓는 것은 아니다. 유형별로 사람이 관계에 어떤 식으로 적응하는지 읽으며 나는 공포와 사랑 앞에 내가 나를 어떻게 꿰맞춰왔는지 서서히 감을 잡았다. 애착 유형은 개인이 가족, 친구, 국가와 갖는 관계에서도 고스란히 나타난다. 관계 속 행동을 곱씹어보면 우리 자아의 일부가 공포, 아동기 트라우마, 불안에 잠식돼 있다는 걸 확인할 수 있다.

불안형 애착 유형을 가진 사람 대부분은 일생 동안 어딘가에 방치된 경험이 있다. 이들은 외로움과 괴로움에 익숙한 나머지 자신을 남 좋은 데 가져다 쓰는 도구로 생각하는 경향이 짙다. 자신이 사랑스러운 건 타인에게 사랑받을 때뿐이라고 학습해왔기 때문에 스스로가 애정을 쏟을 만한 가치가 있다는 것을 낯설어한다. 이들은 잘 모르는 상황을 두려워하고 불안정하다는 느낌이 들면 벌컥 화를 내기도 한다. 연인이 자신의 안전을 책임져줄 거라 믿고 떼를 쓰거나 요구 사항을 한 바구니 늘어놓기도 한다. 연인이 내게서 등지려는 낌새가 나면 눈에 쌍심지를 켠 채로 통제하고 집착하고 조종하려들 수도 있다. 이 유형의 사람들은 두려움에 뿌리박힌 결핍에 시달려 타인을 해치기도 한다.

회피형 애착 유형의 사람들도 사정은 마찬가지다. 이들이 친밀감을 느끼거나 거리를 두는 이유 또한 외로움과 괴로움 때문이다. 홀로 남겨지지 않으려 선수를 치고 관계를 떠나며 애정의 구두쇠가 되어 마음 다칠 일을 차단한다. 이런 사람들도 사실은 친밀감을 동경하지만 본인도 사랑받을 자격이 있음을 납득하지 못할 뿐이다. 이유 없이 연락을 끊거나 이별을 통보하는 등 상대방에게 상처를 줄 수 있고 타인과 깊이 연결되는 것을 나약하고 의존적인 태도를 키우는 지름길이라 치부한다. 그리고 극한의 개인주의를 만병통치약으로 신봉하며 상호의존을 미신 보듯이 한다. 이들은 자신이 그 모습 그대로 사랑받을 가치가 있다는 걸 대번에 수용하지 못한다.

나는 『그들이 그렇게 연애하는 까닭』을 읽으면서 내가 불안형과 회피형 성질을 두루 띠고 있다는 걸 알게 됐다. 이후 제시카 편의 『폴리시큐어Polysecure』에서는 공포-회피형 애착 유형을 접할 수 있었다. 작가는 이 유형을 "상대방을 밀어내면서 집착하는 유형으로, 친밀과 연결에 대한 의지는 확실하나 자신이 사랑했거나 믿었던 사람으로부터 배신당한 경험 때문에 타인에게 기대기를 불편해한다. 심한 경우, 감정과 욕구를 털어놓으면 위험에 빠지거나 상황이 더 나빠질 거라는 공포에 질려서 아무것도 못 하고 만다"*라고 소개한다. 이 개념은 여러 관계에서 반복적으로 드러난 내 습성을 정확히 짚었다. 나는 누군가의 눈길을 끌려고 혼자서 별짓을 다 하다가도 막상 관심을 받을 참이면 내겐 그럴 자격이 없다는 듯 돌아서기 십상이었다. 이 유형에서 벗어나려거든 스스로를 애정하는 방법부터 익혀야 했다.

      X와 나의 관계는 각자의 애착 형태에 불쏘시개나 다름없었다. 나는 툭하면 내가 말실수했다거나 미련한 모습을 보였다고 자책하며 스스로를 미덥잖은 연인으로 취급했고, 따라서 이 정도 홀대는 거뜬히 버텨야 한다고 믿기 시작했다. 그가 어떻게 반응할까 전전긍긍하며 내가 원하는 것과 바라는 것은 모조리 마음속에 담아둘 뿐이었다. X의 정서적 허기를 달래주느라 많은 시간을 할애하다보니 어느샌가 나는 돌봄이 구실이나 하고 있었고, 그러면서도 그 역할을 통해 희열을 느꼈다. 그의 마음에 들려고 동분서주하면서도 불안에 힘입어 돌봄이 역할과 관계 지속에 애착을 더했고 점점 더 발길을 돌려세울 수가 없었다. 나는 남아 있느라 불

---

*   Jessica Fern, *Polysecure*, 2020.

안해했고 그는 내가 떠나갈까봐 불안해했다. 그는 내 위치를 모를 때마다 즉시 휴대폰에 불이 날 정도로 문자를 보냈다. 그와 나의 이민자 부모도 서로를 이런 식으로 추궁하곤 했는데, 우리 역시 그들의 관계를 답습했던 것이다. 이 정도 캐묻기야 예삿일처럼 여겨졌고, 집착을 '정열'이라고 부르기까지 했다. 우리는 못다 아문 어릴 적 상처를 상대방을 통해 치유받으려 애썼으며, 그게 사랑인 줄 알고 자랐기에 서로를 붙잡을 수밖에 없었다.

　　나를 잃기 싫었던 X는 온갖 방법을 동원해 통제에 열을 올렸다. 그와 함께할 때면 내가 한낱 상품, 페티시, 물건처럼 느껴졌다. 바닥에 질질 끌고다니다가 밤이 되면 끌어안고 잠을 청할 수 있는 가장 아끼는 인형처럼 말이다. X의 인생은 다방면으로 덜커덩거렸고 그는 나를 쥐락펴락하며 불안을 해소했다. 나는 X의 인생에 유일한 상수, 곁을 떠나지 않는 물건이었다.

　　우리는 '사랑'이라는 불안하고 절박한 꿈을 찾아 헤매며 쳇바퀴를 돌고 돌았다. 나는 X만이 아니라 그의 지속적인 학대에도 불안정한 애착을 갖게 됐다. 그의 혀나 주먹이 언제 어디서 돌변할지 귀띔해주는 일정표는 없었대도 가해에는 리듬이랄 게 있었다. X는 혼자 조마조마해져 연락을 뚝 끊더니 느닷없이 나를 원망하며 달려들었다. 그러더니 장황하게 사과를 하곤, 언제 털끝 한번 건드렸냐는 듯이 좋아한다, 사랑한다, 애걸복걸하면서 나를 징그러울 만큼 애지중지했다. 이 흐름은 이골이 날 정도로 반복됐다. 하지만 이건 내가 자라면서 지켜봤던 경향을 빼닮았고, 사랑에 다른 무늬도 있는 줄 몰랐던 나는 텁텁한 쓴맛을 느끼면서도 그저 잘 맞는 약이려니 하고 넘겨짚었다.

모든 결말과 변화는 불확실성이라는 자욱한 안개를 남긴다. 익숙함과의 결별, 우리 관계가 끝날 때마다 내 앞엔 낯선 세상이 펼쳐졌다. 학대 관계를 떠나는 건 치유라는 미지의 여정에 오르는 것과 같다. 관계로부터 물리적으로 빠져나왔다면, 그다음에는 심리적으로 스스로를 분리해야 하는 어려운 단계에 들어선다. 우리 둘을 잇는 마음과 영혼의 속박을 끊어내는 것은 정신적, 영적, 육체적 독립의 시발점이었다. 어두운 터널을 비집고 나올 수 있다는 걸, 이 과정을 알아서 혼자 헤쳐나와야 하는 건 아니라는 걸 나는 확인하고 싶었다.

안정형 애착은 호혜와 지지를 바탕으로 이뤄진다. 이 유형에서는 양방 모두 자신의 가치를 이해하며 상대방과 함께 삶을 나눌 기대에 가슴이 부풀어 있다. 이들은 상대방의 일거수일투족을 지배하거나 통제하기보다 밀물과 썰물처럼 자연스러운 흐름으로 함께한다. "안정형 사람은 친밀감을 편안해하며 마음씨가 곱고 애정이 많다"라고 『그들이 그렇게 연애하는 까닭』은 설명한다. 물론 연인 간 폭력을 겪은 사람이 이 묘사처럼 따뜻해지기는 쉽지 않지만 말이다. 우리가 낯선 세계의 문턱을 넘기 위해서는 마음 여는 법을 새로 배울 수 있도록 이 모험을 응원해주는 사람들이 필요하다. 또한 유해한 애착 습관을 벗어나려면 물질적 자원, 상담, 진솔한 길잡이도 필수다. 무엇보다 우리는 우리 자신과 먼저 안정된 관계를 꾸려나가야 한다. 새로운 유형으로 거듭나기는 지난한 과정을 수반하지만, 누구나 사랑하는 관계에서 안정감을 느낄 자격이 있다는 걸 깨닫는 것만으로도 과정의 반은 온다.

노동운동가 아이-젠 푸는 스타시 K. 헤인스의 『트라우마의 정치학The Politics of Trauma』 서문에서 이렇게 말한다. "삶에는 우리가 통제 가능한 것과 우리의 통제 바깥에 있는 것이 정해져 있습니다 (…) 우리는 타인의 행동을 어떻게 하지 못합니다. 다만 그에 어떻게 반응할지를 결정해야 합니다."* 생존자로서 이미 겪은 고통은 어쩔 수 없대도 이를 어떻게 치유하고 앞으로의 관계를 꾸려나갈지는 내 손에 달려 있다. 내가 알던 세계가 와르르 무너지는 듯했지만, 그 빈자리를 건강, 돌봄, 안전으로 새로 채워나갈 수 있으리라는 희망을 찾았다. 다른 건 몰라도 나도 사랑받을 수 있다는 확신만큼은 생기고 있었다.

🌀

의식주를 해결하고 생필품을 마련하느라 정신없는 일상에도 걱정이 줄줄 따라온다. 대개 기초 자원은 정작 사람보다 사유재산을 보호하는 체계들에 독점되고 있다. 극소수 집단만 부의 혜택을 누리는 후기 자본주의 시대에 막대한 상속금을 물려받지 못한 사람들은 서로가 아닌 경제체제를 지탱하기 위해 현란한 경합에 참여한다. 먹이사슬의 상층부에는 자산 안정성에 눈독 들이는 사람들이 모여 있다. 그들의 충혈된 흰자위를 보면 그들도 초

---

* Ai-Jen Poo, Foreword, *The Politics of Trauma*, by Staci K. Haines, 2019.

조해하고 있을 테고, 아무렴 하루가 다르게 현실이 바뀌니 다들 불안한 것이야 자연스러운 결과다. 겨우 얕은 숨만 허락된 상황에선 누구든지 긴장하기 마련이다.

  X와의 관계를 끝내면서부터 나는 유해한 사회적 관계들도 분석해보기 시작했다. 사람들은 정부, 식민화, 자본주의 등과 얽혀, 찝찝하면서도 쉽게 박차고 나오지 못하는 관계를 맺는다. 우리를 무기력하게 만드는 이 시스템에 어떻게 반응해야 할까? 우리의 생존에 깊이 관여하는 이 관계들과 과연 헤어질 수 있을까?

  형편이 넉넉지 않았던 우리 집은 항상 돈 문제로 골머리를 앓았고 나는 저절로 이민자 가정의 결핍을 느끼며 자랐다. 우리는 작은 종잣돈이라도 생기면 행여나 도둑맞지 않을까 마음을 졸였다. 소비문화는 불안을 증식시키고 대중은 일상적인 결핍에 허덕인다. 사람들은 점차 일에 목숨을 걸 수밖에 없고, 안정감과 풍요는 쟁취해야만 누릴 수 있는 것으로 굳어진다. 그렇게 모든 걸 제치고 오로지 돈이 인생 제일의 목표라는 믿음 속에서 살아간다. 또한 통제할 수 없는 것투성이인 사회에서 사람들은 물건을 쟁이거나 사치성 소비를 하며 '통제'를 행사한 사소한 순간들에서 잠깐이나마 보상감을 얻는다. 하지만 알다시피 우리가 물건을 사거나 모은다고 해서 그것을 정말로 사랑하는 것은 아니다. 물건은 사도 사도 충분하다고 느껴지는 법이 결코 없다. 다만, 통제 불가능한 상황에서 물건이 주는 통제감에 달게 취할 뿐이다.

  안정성에 대한 목마름은 우리가 현실에 얼마나 불만족하는지를 반증한다. 우리는 정부에 휘둘리지 않는 안정성을 원한다. 돈, 물건, 사람 등 무엇으로 지구에 닻을 내리고 살건, 사람들은 예단하기 어려운 상황에서 통제력을 잃지 않으려고 안달한다. 따라서 지배층의 손에만 운명을 맡겨둘 수는 없다. 사람들이 집단적으로 안절부절못하는 모습에선 자유를 향한 몸부림이 느껴진다. 일단, 우리를 옥죄는 정부라는 족쇄에서 벗어나자. 물론 이후에는 또다른 불안정성을 견뎌야 하겠지만, 그때의 우리는 새로운 자세를 취할 수 있다. 우선 안정을 찾아 허둥지둥 헤매는 와중에도 삶이 지속된다는 그 자체로 우리가 가장 강력하고 아름다운 과정에 있음을 기억해야 한다. 그리고 급진적인 변화의 소용돌이 속에서도 우리를 이 땅에 발붙이는 가장 강력한 힘은 우리의 숨에 있음을 명심해야 한다.

불안은 앞서 말한 명함과 분노처럼 우리가 살면서 진정으로 신경쓰고 싶은 것에 대한 분별력을 키워준다. 전 지구적인 위기에 신경쓰지 않을 방도는 없다. 우리가 이로부터 영향을 받아 불안해지기 때문이다. 지구는 반反토착민 폭력과 반복되는 식민화로 으스러지고 있다. 아이들의 자존감은 부모와의 상호작용으로 형성되기는커녕 온라인 매장에서 구매되고, 사람들은 아직도 실상 일찍감치 이룩해야 했을 정의를 실현하기 위해 목 놓아 부르짖고 있다. 이 모든 현상은 서로 긴밀히 연결되어 있으며 도미노 효과를 부른다. 우리는 집단 PTSD를 겪고 있지만 트라우마는 끝날 기미가 없고 이에 대한 치료법 또한 감감무소식이다. 세상엔 우리가 통제할 수 있는 것과 없는 것이 있다. 인류의 행보가 빚어낼 무지막지한 결과를 제어하지는 못할지라도, 의식을 제고하고 지구를 더 잘 수호할 수 있는 방법을 찾는 것만큼은 우리 뜻대로 할 수 있다.

  불안은 그 나름의 독특한 방식으로 우리가 돌봄에 한 발짝 다가서게 한다. 마음을 불안하게 하는 여러 문제 가운데 행동으로 변환할 수 있는 사안을 골라내보자. 내가 '이번 생은 망했다'는 식의 푸념에 혹하지 않는 건, 집단적 불안이야말로 우리가 더는 통제받고 싶지 않아 한다는 것을 뜻하기 때문이다. 그 불안은 더이상 시키는 대로 따르지 않겠다는 저항의 징표다. 그러므로 나는 절망하지 않는다. 연대와 집단행동이 우리를 더 밝은 곳으로 데려다주리라 확신한다. 감정을 판단하기보다 있는 그대로 인식하는 과정에서 뻔한 미래를 그렸던 성급한 마음도 누그러질 것이다. 우리가 알 수 있는 건 우리가 무엇을 아끼며, 어떤 사랑으로 그것들을 보살필 것인지뿐이다.

  치유 과정에서 나는 반폭력 프로젝트Anti-Violence Project가 제공하는 무료 침술 과정에 등록했다. 여전히 불안, 회상, 해리 등 PTSD에 시달리고 있었고, 트라우마가 내 몸에 기생하고 있었다. 도움이 간절했지만 차마 친구들에게 내 지팡이가 되어달라고 부탁할 용기는 없었다. 그때 이곳을 만났고 평생 다 못 갚을 은혜를 입었다. 상담사는 사정을 듣더니 보름간 무료로 침술을 받을 수 있는 과정에 이름을 올려줬다.

침술은 신체의 특정한 압점壓點에 작은 바늘을 꽂는 중국 전통 의학 요법이다. 침술은 만기 통증, PTSD, 불안을 겪는 사람들을 이완시켜준다. 서구의학은 중의학을 조상에게 주먹구구로 물려받은 '터무니없고' '원시적인' 풍습으로 취급해왔다. 서구에서는 통증을 적으로 간주하고 '적'과 주변 무리를 죽이는 데 주력하는 반면, 중의학은 몸의 각 부분을 서로의 친구로 여기며 연결된 부분들을 두루 낫게 하는 데 힘쓴다. 즉 몸의 한 기관을 치료하면 다른 곳도 자연히 선한 영향을 받는다는 철학에 기반한다. 우리의 몸은 발에서 간, 관자놀이에서 치아, 목에서 귀 그리고 심장까지 오밀조밀한 별자리를 이룬다.

내가 만난 한국계 퀴어 침술사는 항상 참가자 모두 안전하고 편안한지 살뜰히 살폈다. 그 세심함 덕에 침술 과정은 별 탈 없이 진행됐다. 그는 침술을 시작하기에 앞서 압점이 표기된 인체도를 보여주면서 우리 몸 내부가 어떻게 서로 교감하는지 알려줬다. 특히 귀와 뇌가 긴밀히 연결되어 있기에 귀에 침을 놓으면 트라우마에 반응하는 뇌의 특정 부분을 자극할 수 있다고 설명했다. 귀는 심신의 고통과 직결되는 압점들이 모인 섬세한 기관이다. 침술사는 내 귀에 얇은 바늘을 4개 꽂았다. 귓바퀴에 있는 '천국의 문'이란 혈자리를 자극하자 불안이 가라앉는 게 느껴졌다.

바늘이 꽂힐 때마다 마음의 응어리가 풀리는 듯했다. 평온한 기운이 전신을 감싸왔고, 귀부터 발가락까지 오돌토돌 감각이 샘솟으며 간지러웠다. 몸의 별자리가 반짝거리는 걸 지켜볼 수 있던 드문 기회였다. 별안간 떠오른 잡생각은 바늘이 콕 터뜨렸고 나는 순간을 온전히 경험할 수 있었다. 마음이 고요를 되찾으니 절로 잠이 왔다. 가끔은 바늘에 뚫린 구멍이 감정의 배출구가 됐다. 나는 엉겁결에 울분을 토하기도 했고, 천방지축 어디로 튈지 모를 불안을 눈물로 쏟아내기도 했다. 그 방에선 내가 느껴야 할 감정을 오롯이 느끼고, 내가 사랑하는 것들을 온 마음으로 사랑할 수 있었다. 내가 얼마나 나를 아끼는지 그리고 나와 통성명밖에 안 한 사람들조차 얼마나 나를 신경써주는지 알아차렸다. 침술은 불안 속에서도 가만히 있을 자리를 마련해줬고, 삶의 무게를 고스란히 견디는 연습이 나를 진정시키는 데 얼마나 효과적인지도 알려줬다. 몸의 각 부분들이 매끄럽게 맞물려 돌아가는 경험에서 나는 내 존재가 고귀하다는 걸 마음 깊이 받아들였다.

    이 과정에 참여하면서 나는 도움을 청하는 것이 생존의 핵심 요소라는 걸 깨달았다. 다른 참가자들도 틈만 나면 이곳을 찾았고, 우린 서로가 어떤 일을 겪었는지는 알지 못했지만 누구도 그 이유를 판단하려들지 않았다. 이곳은 타인의 시선에 움츠러들지 않고 회복의 길을 걸을 수 있는, 내면에 끓는 울음까지 모조리 터뜨릴 수 있는 안전한 공간이었다. 나 말고도 피난처를 찾아온 사람들을 보며 눈가가 촉촉해지기도 했다. 우리는 서로 힘을 보태 몸의 자가치유를 도왔고, 동병상련하는 것만으로도 회복이라는 미지의 세계로 나아갈 힘을 얻었다. 생존자에 의한, 생존자를 위한 자원은 그 규모가 점차 확장되고 있으며 생존자 간에 서로를 돕는 일은 앞으로도 계속되어야 한다. 자욱한 안개를 헤쳐나갈 때 서로가 서로의 나침반과 등불이라는 것을 아는 일은 분명 아름답다.

　　침술이 X나 내 미래에 대해 어떤 명쾌한 해답을 제시한 것은 아니다. 바늘은 이론도 계시도 이성적인 사실도 일러준 것이 없다. 단지 정적 속 황홀한 포근함과 통제할 수 있는 대상을 식별하는 눈을 선물해줬다. 상황을 어찌지는 못해도, 살아 있음에 감사하는 태도는 의식적으로 계속해볼 수 있다. 침술 과정에 참여하는 동안 나는 과거와 미래를 오가는 시간 여행을 하지 않았고 마음의 시선을 현재에 고정했다. 그러자 일상에 스며든 나쁜 중독이 사그라들었고 이 경험은 과정이 끝나고도 빛을 발했다. 침술을 통해 주위에 도움을 구할 수 있다는 확신을 얻은 덕분에 나는 막막해 보이는 치유의 길도 담담히 나아가기 시작했다. 작고 여린 바늘들이 나는 삶을 지속할 만큼 충분히 용감하다며, 몸, 마음, 정신을 온전히 아껴보라고 내 등을 부드럽게 떠밀었다. 나만의 천국에 다다른 내 존재가 곧 기적을 말하고 있었다.

제4장

모든 결말은 애도해 마땅하다

애도

내게 장례는 언제나 떨리고 섬뜩하며 위협적인 예식이었다. 장례식에 가면 사회적 불의가 연상될 뿐 아니라 생의 필멸이 더욱 선명해졌다. 죽음은 너무 간단하고 동시에 복잡하다. 애도를 단지 삶의 예찬으로 낭만화할 수는 없으나, 우리가 죽음 앞에 진심으로 애도해야 한다는 것은 틀림없다. 남겨진 이들은 떠난 사람의 혼을 사후세계로 보내는 작업에 각별히 주의해야 한다. 나는 수년간 애도를 끔찍이 터부시했다. 대신 슬픔 없이 햇살만 가득한 신화 속 유토피아를 향해 질주했다. 머릿속에서 장례식을 반복 재생하는 슬픔에서 벗어나려 했다. 한참을 도망치다 뒤돌아본 곳에는 놀랍게도 작은 얼룩 같은 나와 방치된 슬픔, 흘러넘치는 비탄이 있었다. 내가 벗어던진 건 오직 나뿐이었다.

서구세계는 이분법에 집착하며 기쁨과 슬픔을 서로의 적

으로 간주한다. 삶과 죽음도 마찬가지다. 사람들은 행복의 황홀경과 통탄의 무게를 잘 이해하고 있다. 희열은 아름답기 그지없고, 괴로움은 한순간도 쉬운 법이 없다. 이분법은 분열과 대립을 낳는다. 기쁨과 슬픔, 생과 사가 한 존재에 온전히 깃들며 균형을 이루는 고유한 상태임을 인정하지 않는다. 슬픔과 죽음이 달갑지 않은 건 맞지만, 우리는 이들을 어떻게 느끼고 소화할지 배워보지도 않고 영영 맞닥뜨리지 않겠다는 듯 버티고 선다. 인류세에 접어든 지금, 사람들이 슬픔과 죽음에 면역력을 키워줄 기술을 개발하느라 혈안인 것도 이상하지 않다.

소설 『지상에서 우리는 잠시 매혹적이다』에서 오션 브엉은 이렇게 적는다. "장담하건대, 기쁨은 그것을 지켜내려는 고군분투 속에서 대개 상실되어버린다."* 우리는 기분을 띄워주는 것만 가까이하려 하고, 상처 주는 것은 필사적으로 피한다. 분리, 고통, 트라우마, 비극, 사고, 죽음 등에 눈물짓는 자신에게 눈총을 쏘며 삶의 중요한 부분을 밀쳐낸다. 선악의 이분법으로 행복은 좋고, 그 외 어려운 감정은 나쁘다고 취급한다. 슬픔에 잠긴 자신을 질책하며 내면에는 분열이 드리운다. 억눌린 슬픔이 잔인한 냉소로 바뀌고 우리는 감정들을 두려워하거나 삶의 충만함을 의심하게 된다.

흔히 슬픔은 쓸모없고 비생산적이며 업무를 가로막는 걸림돌로 매도된다. 혹은 슬픔마저 자본화시켜서 대중이 소비할 수

---

* Ocean Vuong, *On Earth We're Briefly Gorgeous*, 2019. 국내에는 『지상에서 우리는 잠시 매혹적이다』(시공사, 2019)로 번역 출간됐다.

있는 트라우마 포르노를 찍으라는 메시지가 사회 도처에 널려 있다. 어느 쪽이건 우리는 슬픔에서 멀찍이 떨어져나가고 스스로를 고립시킨다. 나는 더이상 애도를 지체할 수 없었지만 내 감정들을 어떻게 다뤄야 할지 몰랐다. 일에만 몰두하면서 고통에도 끄떡없다고 증명하기 바빴다. 죽음은 불가피하고 매일 사람들이 목숨을 잃지만, 어느 때보다 지금, 우리는 이 자명한 사실을 받아들일 준비가 안 된 것처럼 보인다.

애도를 방치하고 낯설어하기만 하다가는 혼란스러움 속에 고립되기 쉽다. 온전하고 다채로운 존재들이 우리 주변에 있다는 것을 망각해버리고, 힘든 시간을 함께 나도록 서로 도울 수 있다는 사실 또한 잊어버린다. 무한 긍정주의로 삶을 포장하라고 강요하는 세계에서 우리는 애도가 한물간 감정이라는 착각에 빠지기도 한다. 그런데 어쩌면 사실 우린 주변 시선에 연연하지 않고 볼썽사납게 울거나, 신뢰하는 이들과 한데 모여 눈물을 훔치며 애도하고 싶어하는지도 모른다. 만약 우리가 비통함에 홀로 좌절하지 않고, 나를 아껴주는 사람, 식물, 동물에 둘러싸여 펑펑 운다면 어떤 일이 벌어질까?

전 지구적인 혼란 속에서 우리는 불필요하고도 때아닌 상실을 겪는 중이다. 역설적이게도 우리의 탐욕은 더 많은 것을 잃게 한다. 우리는 모두 슬픔에 잠겨 있지만 그렇다고 이 감정을 착취해서는 안 된다. 지금의 우리에게 공공의 애도는 공공의 희열만큼이나 소중하다. 우리는 애도로부터 넘쳐흐르는 감사를 배울 수 있다. 장례는 무조건적인 사랑을 표현할 기회다. 애도의 깊은 그늘을 유영하며 우린 많은 것을 배울 것이고, 그로부터 빠져나 올 때 태양의 온기를 만끽할 것이다. 끝을 기리지 않고서 어떻게 새로운 시작으로 나아가겠는가.

※

나는 폭행 이후 반년을 가족과 함께 집에서 보냈다. 내 심경이나 정신건강을 털어놓은 것은 아니었지만, 사랑하는 사람들 곁에 있고 싶었다. 대체로 멍함과 수치심 속에 빠져 지내며 내 감정을 밀어냈고 이따금 분노, 불안, 후회의 소용돌이에 휘말려 들어갔다. 차차 샌프란시스코 베이의 친구들이 그리워졌고 몸이 근질거렸다. 계속 슬픔에만 잠겨 있을 수는 없었다. 빨리 내 인생을 꾸려나가야 했다. 집에만 있는 시간이 더는 견디기 어려워졌을 때 베이로 돌아갈 채비를 시작했다. 그 어느 때보다 강한 모습으로 나타날 셈이었고, 뭐든 해낼 자신이 있었다. 고작 X 따위로 내가 사랑하는 자리로 돌아가지 못하고 있다는 걸 도저히 용납할 수 없었다. X가 나를 망가뜨리려 했던 곳, 그곳과도 관계를 개선할 수 있다고 스스로 증명해내고 싶었다.

여전히 두려운 마음도 있었지만 나약함을 떨쳐내려 했다. 나는 나를 등 떠밀며 아직 마음의 준비가 덜 됐다는 그 어떤 반증도 거들떠보지 않았다. 내가 증명해보이고 싶은 대상에는 나 외에도 친구들, 가족들, 그리고 그 누구보다 X가 포함됐다. 나는 생채기 하나 없이 씩씩한 모습으로 내 삶의 새로운 장을 걸어 올리고 싶었다. 실은 그 이전 장을 제대로 내리지도 못한 상황이었지만, 그래도 X가 내 거취에 간섭하는 일만큼은 막고 싶었다. 나는 내 상처를 부인했고 여전히 무의식적으로 내 결정에 그를 전제해 두고 있었다. 내 삶이 그에 대한 극렬한 저항 속에 전개되는 만큼 내 삶의 주인공 역시 그의 차지였다. 나는 그가 없는 내가 누구인지 까마득히 잊어버린 채였다.

　　슬픔을 느끼면 나약한 생존자가 될 것 같았다. 아프다는 사실을 인정하지 않고 발버둥쳐댔는데도 오히려 나는 상처의 거미줄에 뒤엉키고 말았다. 그를 생각하며 흘린 눈물 한 방울조차 낭비라고 되뇌며, 사람들이 봐줬으면 하는 영웅다운 모습을 연기했고 내 자아를 만족시키려 노력했다. 친구, 가족, 동료 생존자 들에게 내가 학대에서 신속히 회복됐음을, 너저분할 것 없이 멀끔히 수습됐음을 보여주고 싶었다. 하지만 슬픔은 성가시고 생존은 까다로우며 나는 아직 나만의 치유 여정에 들어서지 못한 상태였다. 그 여정은 내게 강요처럼 느껴졌다. 나는 취약함, 추함, 슬픔을 거치지 않고 빠르고 깔끔하게 회복돼야 한다는 중압감을 느꼈다. 눈물도 고독도 허용하지 않았으며, 머잖아 꼭 X가 나를 다뤘던 방식처럼 스스로를 통제하고 하찮게 여기기 시작했다. 내 감정과 행동을 규제하던 그가 더는 없었기에, 나는 그를 대리해서 나를 규제했다. 내 눈물이 그를 위한 것이 아님을 몰랐다. 나는 날 위해 눈물 흘려야 했다.

　　아무에게도 말하지 못했지만, 사실 나는 그를 심히 그리워하고 있었다. 그의 폭행은 우리의 질긴 인연에 날벼락 같은 결말을 선고했고, 나는 이 관계를 애도하는 것이 얼토당토않다고 생각했다. 그를 보고 싶어하는 내가 혐오스러웠다. 그를 그리워한다는 생각만으로도 역겨워서 애도를 꿋꿋이 밀쳐냈다. 학대 관계로부터 치유되는 과정은 사랑과 공포의 교대 속에 매우 난잡하게 진행된다. 나는 X를 가해자로도 연인으로도 만나지 않았으면 어땠을까 상상해봤지만 그런다고 그가 그 둘 다라는 사실이 변하진 않았다. 나는 그를 망각하고 싶었고 그럴 때마다 다시 애도를 마음속 구석으로 처박아뒀다. 이 관계는 끊어져야만 했으나, 여전히 끝나는 중에 있었다. 이 결말 역시 애도해 마땅했다.

그를 그리워하지 않으려 마음을 다잡았지만 일상 속 사소한 순간들에 나는 하릴없이 무너졌다. 코끝을 간지럽히는 빵집 향기, 자갈밭 위로 굴러가는 스케이트보드 소리, 노래의 후렴구처럼 그리움은 불시에 나타났다. 스쳐가는 자전거, 지지직거리는 레코드판, 심지어 따사로운 가을바람도 그를 떠올리게 했다. 친구들 앞에서는 X를 험담하다가도 집에 돌아와선 그와 내가 나눈 애틋한 순간을 떠올렸고 그러다가 화들짝 놀라 머릿속 잔상을 손사래 쳐내기 바빴다. 어쩌다 방에 홀로 남겨지기라도 하면 그가 눈에 밟히고 귓전에 아른거리는 게 견딜 수 없었고, 차라리 혼자 있기를 피했다. 그를 그리워하는 건 나를 약하게 만든다고, 그러다가 그를 변호하고 감싸고도는 꼴이 되어버린다며 그리움을 떨쳐냈다.

감정을 억누르는 건 흔한 생존전략이다. 때로는 있는 그대로 감정을 드러내는 게 너무 고통스러울 수 있고 때로는 타인이나 자신으로부터 받게 될 시선과 마주하기 싫을 수도 있다. 나는 그 누구보다 더 나를 매섭게 판단했다. 더러운 비밀을 안고 사는 느낌이었다.

오클랜드로 돌아온 지 한 달이 지나고 새로운 집에 적응할 즈음에, 누군가 나의 복귀 소식을 그에게 전달했다는 걸 알게 됐다. 가슴이 덜컥 내려앉았다. X가 내 거주지를 안다는 것만으로도 마치 그가 가까이에 있는 듯했다. 전처럼 물리적 거리를 방패막이로 쓸 수 없다는 생각에 흥분되는 동시에 두려웠다. 불안이 활활 타오르다 못해 나는 내가 이 상황을 통제할 방법을 안다고 스스로 설득시키기에 이르렀다. X에게 문자했다. "내가 돌아온 거 알고 있다며." 그가 답했다. "사랑해. 만나서 사과하고 싶어."

묻어뒀던 그리움이 폭발했다. 이 보드라운 감정은 눌려 있던 용수철처럼 튀어올라 순식간에 나를 집어삼켰다. 사랑의 기억들이 로맨틱한 주마등처럼 눈앞을 스쳐갔고, 나는 더이상 내 욕정을 꺾고 싶지 않았다. 억눌렸던 모든 게, 떠올리지 않으려 애썼던 모든 달콤한 기억이 더 이상적으로 변했고 동시에 더 금기시되었다. 그의 문자는 오래전 뭉개버렸던 내 일부분, 혼자일 때면 그를 그리워하던 나를 소환해냈다. 처리 못 한 감정들이 우르르 덮쳐오자 그가 보고 싶어서 미칠 것 같았다. 그가 가해자란 건 까마득히 잊은 지 오래고 오로지 연인이었던 그만을 기억했다. 한참을 갈팡질팡하다 정신을 차리고보니 이미 나는 그의 품을 찾아 집을 나선 뒤였다.

우리는 공원에서 만났다. 슬픔, 분노, 그리움, 욕망 등 방치해뒀던 모든 감정이 모습을 드러냈고, 그의 앞에서 하나의 눈덩이로 뭉쳐졌다. 우리는 이야기를 나누며 마치 아무 일도 없었다는 듯 서로 근황을 물었고, 곧 그는 끄집어낼 수 있는 최대한의 진심을 담아 폭행에 대해 사과하기 시작했다. 당시엔 술에 취해 있었다며, 그때부터 금주했고, 사건 이후엔 3개월간 집에만 틀어박힌 채 그 누구와도 말을 섞지 않았다고 했다. 직감으로야 X와 거리를 둬야 한다는 걸 잘 알았지만, 친숙함을 갈망하던 나는 그에게 한 걸음 더 다가갔고, 끝내 그가 건네는 모든 약속과 사과를 족족 빨아들였다. 직감을 무시하고 갈망에 항복한 나는 사과를 들은 지 얼마 되지 않아 그와 입술을 맞댔고, 그날 우리는 함께 침대에 들었다.

확실히 말해두건대 나는 애도를 결코 이상적으로 그리거나 미화하려는 게 아니다. 애도는 어렵고 지저분하며, 학대 관계를 애도하는 과정은 절대로 아름답거나 낭만적이지 않다. 그를 향한 그리움이 되돌아오고 내가 놀랐던 이유는 그를 고스란히 그리워해보려 한 적조차 없다는 걸 깨달았기 때문이다. 감정이 파고들 틈을 조금도 허용하지 않았고, 나는 '정상 상태'로 되돌아갈 생각에 조급해하기만 했다. 또한 X가 내게 갖는 상징성을 모른 체하는 건 정직하지 못할 것이다. 아무리 부인하려 해본들 그는 내 첫사랑이었다. 그를 진정으로 사랑했으므로 더욱이 우리가 함께 나눈 시간을 애도해야 했다. 반항심에 그 감정을 심연에 내던졌으니, 그를 다시 만나자마자 모든 감정이 용솟음쳤던 것이다. 그를 애도하는 데 시간을 넉넉히 쓰지 않았기에 내 감정은 혼란스럽고 예측 불가능한 방향으로 흘러갔다. 나는 사랑을 떠나보내는 데에 그리움이 얼마나 필요한지 몰랐다.

이 비밀스러운 만남은 수개월간 유지됐다. 사랑의 불씨를 되살려내는 일은 고통스럽고 파괴적이었다. 재회해서 관계를 제대로 마무리지으면 내 상처도 아물 것이라 기대했지만 속으론 억장이 무너졌다. 얼굴을 맞대고 지내자니 폭행 때 생겼던 상처를 다시 긁어대는 것 같았고, 아니나다를까, 내면의 상처에서 피가 멈추질 않았다. 우리의 유해한 주거니 받거니는 다시금 질주의 궤도를 달렸고 저 멀리 파국이 뻔히 보이면서도 관계를 이어나갔다. 혹여 남들에게 들킬까 그를 바깥에선 만나지 않았고 함께 밤을 지새우고 싶은 날엔 그 즉시 호텔 방을 예약했다. 이게 다 무슨 짓인지 수치심이 들 때면 연락처에서 그를 차단했고 다시 외롭고 두려워질 때면 그를 추가했다. 순탄함과는 동떨어진 하루하루였지만 우리 중 누구도 종지부 찍는 법을 몰랐다.

그나마 버팀목이 되어준 건 우리가 나누는 한 줌의 희열이었다. 그 귀한 순간은 그와 내가 작정하고 미칠 때나 거머쥘 수 있었고, 화기애애한 찰나가 지나면 둘 중 하나는 어김없이 눈을 부라렸다. 우울은 나를 이 관계의 친숙함에 묶어뒀고 나는 불안정한 이 관계를 '안정적으로' 느낄 수밖에 없었다. 슬픔에 끝이 보이지 않았다. 천천히 절망으로 침몰하는 기분이었다. 이미 내 손으로 내 삶을 어그러뜨렸으니 더이상 살아갈 가치조차 없다고 느꼈다.

X는 금세 자신의 사과가 가식이었음을 증명했고 학대를 반복했다. 나는 그가 보여줬던 변화 의지에 실낱같은 희망을 품

었지만, 우리의 밀회는 그의 소유욕과 가학성이 예전과 한 치도 달라진 바 없다는 증거였다. 술을 끊었다는 건 말뿐이었고 그의 분노는 어느 때보다도 극성스러웠다. 우리가 다시 만나고 있다는 사실을 내가 얼마나 부끄러워하는지 잘 알았던 그는 이 상황을 내 친구, 가족, 동료 들에게 까발리겠다고 협박했다. 내가 관계에 있어 망설임을 보일 새면 모욕적인 말을 퍼부었고, 제때 전화를 받지 않으면 일터로 찾아가겠다고 윽박질렀다. 그가 내 인생에 어떤 피해를 끼쳤는지 친구들이 뻔히 알았기에 나는 우리가 다시 만나고 있음을 누구에게도 털어놓지 못했다. 뭐하러 또 학대의 굴레에 얽어 들어갔냐고, 나를 구제불능이라 말할까봐 입이 떨어지지 않았다. 그를 다시 만나기로 한 선택을 정당화하려 아무리 노력해봐도 직감은 내게 제발 멈춰달라 호소했다. 나는 그가 창피했지만, 그보다 나 자신이 더 부끄러웠다.

이보다 상황이 악화될 순 없을 것 같았고, 나는 몇 달을 자기혐오에 시달렸다. 제 발로 학대 관계에 되돌아갔으니 혹사당해도 싸다고 느꼈지만, 이런 꼴이 되길 바랐다거나 다 예상하고도 그의 품을 찾은 것은 아니라는 점은 명시해야겠다. 이 관계를 다시 시작했을 때 나는 여전히 상황을 부정하면서, 그의 사과가 진심에서 우러난 것이라고 스스로를 설득했다. 많은 생존자가 가해자를 벗어나려고 사력을 다한다는 걸 알기에, 내가 그에게 제 발로 돌아갔음을 이실직고하기란 여전히 무척 버거운 일이다. 내가 직감과 친구들이 건넨 충고를 간과했다는 점엔 이의가 없지만, X가 우리 재회를 성사시키기 위해 나의 심리를 한껏 조종했다는 것도 사실이다. 이 두 진실이 공존하며, 그의 학대는 어떤 각도에서 조명해보건 잘못된 행동임에 틀림없다. 생존자에게 그가 겪은 폭력의 책임을 묻는 건 대단히 위험한 일이다. 정황이 어쨌든 학대받을 만한 상황이란 없다. 또한 나는 수치심이나 자기혐오가 치유에 도움이 된다고 생각하지 않으며, 나를 그에게로 다시 이끈 힘을 자기 고백과 용서의 차원에서 다루고 싶다.

'마무리'란 그와 나 사이에 말장난에 지나지 않았다. 헤어지자는 합의에 도달하지 못한 우리는 그길로 또다시 떨어질 듯 말 듯 아슬아슬한 관계에 머물렀다. 이 무질서한 리듬에 중독된 나머지 헤어질 결심을 굳힐 수 없었다. 일단 그를 만나야 '마무리'라는 걸 할 수 있으리라 생각했고, 이다음 대화, 이다음 만남에는 마침내 종착지에 도달할 수 있길 희망했다. 나는 X로부터 끝맺음을 바랐지만, 그는 이 재회를 통해 나를 소유하려는 게 훤히 보였다. 그가 폭력을 휘두르는 매 순간 이별의 경종이 울렸다. 나는 오랜 시간이 지나서야 내가 실은 이별에 저항하고 있었음을 깨달았다. 진정한 마무리를 위해선 X와 단절된 시간을 보내고 오로지 나 자신만을 들여다봐야 했다.

우리는 어떻게 애도하라고 배워왔는가? 현대사회는 장례식에서 눈물 흘리는 이에게 어떤 위로를 전하는가? "울지마, 밝게 좀 살아"라든가, "걘 쓰레기야, 그놈의 부정적인 기운에 옮으면

안 돼" 같은 말로는 부족하다. 우리가 권하는 대부분의 충고는 애도의 깊이를 얄팍하게 한다. 의도는 선할지언정 죽음이나 필연적인 헤어짐을 애도할 때조차 그 심원한 감정을 소홀히 대할 것을 요구한다. 내가 편견 없이 X와의 관계를 애도하지 못한 건 그 필요성을 몰랐기 때문이다. 그도 나도 이 관계의 끝을 허락한 적이 없다보니 우리가 다시 만나자마자 과거의 망령이 소생했다.

장례식은 흔히 조용하고 엄숙한 행사로 인식된다. 사람들은 모두가 보는 앞에서 감정을 표출하는 것은 부끄러운 일이라고 말한다. 식민지화가 구축한 현대 서구 장례식 문화는 애도의 광활함에 충분한 자리를 허락하지 않는다. 나는 격앙된 감정이 히스테리로 치부되거나 가부장제에서 남성이 눈물 흘리기를 두려워하고 수치스러워하게끔 훈육되는 장면을 목격했다. 영적 지도자 말리도마 파트리스 소메는 『의례Ritual』에 이렇게 적는다. "이 [미국이란] 나라에 처음 도착한 비서구인은 감정이 전반적으로 얼마나 경솔히 다뤄지는지 놀라워한다. 어떤 감정이건 속내를 드러내지 않는다는 것에 사람들은 자부심을 가지는 듯하다."* 우리는 각자에게 알맞은 부피와 속도의 애도를 허락해야 한다.

마틴 프레히텔은 『먼지에 묻어난 비 냄새』에서 눈물이란 사랑하는 이들의 혼이 평화롭게 저물도록 돕는 황천의 길잡이라고 말한다. 우리가 진심으로 애도하지 않는다면 그들의 혼은 인간계에 남아 떠돈다. 프레히텔은 또한 입 밖으로 소리 내 전해진

---

*   Malidoma Patrice Somé, *Ritual*, 1993.

애도는 사랑하는 이들이 "별들의 해변가"로 돌아가는 길을 밝혀 준다고 썼다.* 나는 그에게 양껏 표현한 애도야말로 죽은 자의 영혼이 무사히 이 세계의 담벼락을 넘도록 하는 응원가임을 배운다. 애도의 의례를 치를 때 우리는 원 없이 울고불고 춤추며 마음이 시키는 대로 몸을 자유로이 움직일 수 있어야 한다. 이건 사랑하는 이들에게 마음을 전하고 그들을 충실히 배웅하는 일이다.

기술 감시가 만연한 시대에서, 우리는 어쩌면 누군가 나를 내내 몰래 지켜본다고 생각할지 모른다. 규제와 감시가 일상화되며 홀로 있는 시간조차 충분한 애도로 보내지 못한다. 좀 훌쩍일라치다가도 괜히 어깨 너머를 흘기며 신물나는 이물감과 싸우곤 한다. 슬픔 때문에 더뎌지고 싶지 않다는 바람은 자본주의 시대의 삶의 자세다. 애도는 오랜 시간을 요하고, 애도의 우둔함은 초개인주의로 흘러가는 치열한 삶의 속도에 제동을 건다. 애도와 보폭을 맞추며 한 걸음씩 내딛기란 단호한 결의가 필요한 일이다.

대중매체와 감시 기술은 우리가 그저 소모적인 오락에 취해 슬픔을 잊었으면 하지만, 그건 애도의 근원으로부터 눈을 돌리라는 것과 다름없다. 살다보면 종종 마음이 미어지는 일을 겪기 마련이나, 사실 개중엔 겪을 필요도 이유도 없는 일도 있다. 가령 인종주의, 트랜스 혐오주의, 장애인 차별주의, 피부색주의, 계급주의 등, 이에 따른 국가 폭력으로 사랑하는 사람을 잃는 때가 그렇다. 가정폭력은 가부장제와 남성 우월주의의 산물이라는 점

---

*   Martín Prechtel, 같은 책.

에서 전쟁과 대학살의 한편이다. 이 모든 가학에서 읽을 수 있는 것은 사람들이 폭력을 동원해 통제의 위치에 선다는 것이다. 『남자다움이 만드는 이상한 거리감』에서 벨 훅스는 감정을 죽이는 "정신적 자기 훼손"*을 통해 정복자 문화가 그 명맥을 유지한다고 논한다. '슬퍼하지 마'라는 제안은 변화의 동력으로부터 고개를 돌리라는 명령과 같다. 하지만 우리는 애도의 중요한 과정에 있는 서로를 지지함으로써 변화의 단서를 발견할 수 있다.

  우리는 애도 중인 사람에게 편견 없는 지지가 필요하다는 것을 이해해야 한다. 우리 모두 애도의 바다를 익사할 걱정 없이 건너려면 혹시 내가 물에 빠져 버둥거리더라도 바깥으로 끄집어내줄 서로가 있음을 신뢰할 수 있어야 하기 때문이다. 여기서 지지란 정직, 대화, 경계, 안전, 존중의 모습을 띤다. 이때 생존자들이 겪는 다단한 감정을 수치스러운 것으로 취급해 없애려들지 않는 게 중요하다. 돌이켜보면 내게도 X의 위험성을 구구절절 읊어주는 방식으로 나를 지지했던 친구들이 있었다. 몇몇 지인은 관계의 끝을 기리는 내게 무안을 주기도 했다. 생존자들에게 지지란 요청하기 어려운 만큼이나 쉽게 주어지지 않으며, 지지를 받기까지는 깊은 동정과 인내를 요구해야 한다. 그리고 타인으로부터 동정받은 경험은 분명 생존자가 스스로를 동정할 힘을 준다.

  나는 반폭력 프로젝트를 비롯한 여러 단체에서 도움을 받았다. 반폭력 프로젝트의 집단상담을 통해 동료 생존자들과 연결

---

*   Bell Hooks, *The Will to Change*, 2004. 국내에는 『남자다움이 만드는 이상한 거리감』(책담, 2017)으로 번역 출간됐다.

된 경험은 회복에 큰 힘이 되었다. 우리는 각자의 방어기제와 버릇을 털어놓으면서 이전에는 창피해서 입에 담지 못했던 이야기들까지 허물없이 나눴다. 사람들 앞에서 쉽사리 울지 못했던 나는 집단상담에 참여하며 공개된 장소에서도 내 연약함을 드러낼 수 있는 힘을 키웠다. 나는 서서히 애도가 나 자신의 관심에 목말라 있었다는 것을, 그리고 애도의 과정에서 나도 타인의 지원을 받을 수 있다는 것을 깨달았다. 그리고 건강보험, 시민권, 돈이 없는 생존자도 정신건강을 돌볼 수 있도록 관련 지원이 무상 제공되어야 할 필요성을 절감했다. 정신건강은 심리학적인 특수 분과로만 다뤄질 게 아니라 일상적인 대화 소재로 자리매김해야 한다.

상담사는 '모두/그리고both/and'라는 개념을 설명하며 애도는 동시에 여러 감정을 포함할 수 있다고 강조했다. '모두/그리고'는 다양한 진실의 공존을 시사한다. 상담사는 내 감정들을 단 한번도 이러쿵저러쿵 판단하지 않았으며 X에 대한 그리움을 소리 내 말해보라고 권유하기까지 했다. 그를 그리워하는 것과 그에게 악에 받쳐 있는 것, 둘 다 애도의 자연스러운 상태였다. 가령 우리는 부모를 사랑하고 동시에 원망할 수 있으며 지나간 관계로 서글퍼하다가도 드디어 끝났음에 안도할 수 있다. 또한 우리는 기쁨을 좇으면서도 자멸적인 행동을 할 수도 있다. 상담사는 X가 그리울 때마다 상담사나 친구 또는 일기장에 마음을 털어놓으면 답답함이 조금이나마 풀릴 것이라고 알려줬다. 그를 그리워하는 것이 에너지 낭비가 아니라 오히려 내 활력을 표출할 창구가 되어줄 거라고도 말해주었다. 끝으로는 아무리 마음이 흔들리더라도 절대 그를 찾아가지 말라고 신신당부했다. 나는 상담을 통해 사랑은 결코 죽지 않으며, 그 사랑을 내 안에서 찾아내는 것이 나의 과업임을 배웠다.

※

내가 아직 십 대일 때 홍콩에서 외할머니 포포의 장례식이 열렸다. 절에서 진행한 불교식 전통 의례였는데, 외갓집 친인척이 모두 모여 할머니의 죽음을 애도했다. 장장 9시간 동안 기도하고 경을 외우며 할머니의 영을 사후세계로 떠나보냈다. 우리가 가만히 무릎을 꿇거나 서 있거나 또는 원을 그리며 걷는 동안 스님 몇 분이 독송讀誦을 지도해줬다. 할머니의 영이 들을 수 있도록 경을 소리 내 외워야 했고, 소리가 클수록 좋다고 했다. 우리는 애도의 뜻이 더 선명해질 수 있게 정해진 가락에 맞춰 입을 모으고 소리를 높였다. 또렷한 애도의 목소리가 먼 길을 떠난 할머니를 지켜줄 것이었다.

끝없이 반복되던 경은 이윽고 내 몸까지 휘감기 시작했다. 오랫동안 응어리졌던 생의 기운이 영혼에서부터 흘러나왔다. 장례식은 길고 길었다. 누군가는 경을 외다 말고 흐느꼈고 또 누군가는 더 큰 소리로 경을 외웠으며, 또 누군가는 침묵에 잠겨 있었다. 그 어떤 판단도, 정숙하라는 강요도 없었다. 다만 이곳에는 한없는 존엄만이 가득했다. 불현듯 나는 외할머니의 죽음이 내가 마주한 첫 번째 죽음이라는 걸 깨달았다. 독송의 의의는 할머니를 평화롭게 보내드리는 데 있을 뿐 아니라 우리의 슬픔을 하늘 위로 떠나보내는 데도 있었다. 우리는 독송을 하며 우리가 할머니를 얼마나 그리워하고 사랑했는지를 안전한 공간에 새겼다.

　　　이튿날 가족들 모두 함께 밥을 먹었다. 건너편에는 외할아버지 공공이 계셨고 15명이 넘는 친척들이 원형 식탁에 둘러앉아 있었다. 우리는 음식을 나누고 대화를 했으며 우리 가족이 제일 좋아하는 딤섬도 먹었다. 문득 고개를 들어 바라본 할아버지의 얼굴 위로 슬픔이 가득 흐르고 있었다. 할아버지는 어떤 말도 하지 않았지만 부러 눈물을 훔치지도 않았다. 그저 식사를 계속하며 그동안 자신의 부인과 자녀와 함께 먹던 음식을 마주하고 조용히 눈물을 흘리셨다. 같은 식탁에 둘러앉아 있던 그 누구도 할아버지의 눈물에 불편해하지 않았고, 할아버지 역시 흐르는 눈물을 그대로 둘 뿐이었다. 나는 할아버지를 끌어안고 오열하며 말없이 그저 그 순간을 함께했다. 할아버지를 부둥켜안고 있는 동안 우리의 애도는 단단히 이어졌다. 그날 나는 애도에 대해 정말 많은 걸 배웠다.

　　　살아 있는 사람과의 결별은 어떻게 애도해야 할까? 친구들이 이별을 일종의 죽음으로 묘사하는 걸 들은 적이 있다. X가 죽지는 않았지만, 관계를 복구하려던 고집스러운 노력에도 불구하고 이 관계는 이미 오래전 숨이 멎었다. 우리 관계에도 그 나름의 영혼이 깃들어 있었다.

　　훗날 관계의 두 번째 결말을 맞으며 나는 사그라든 사랑의 영혼에 때늦은 장례식을 치러줬다. 비수가 되어 꽂혔던 비난의 말들을 하나하나 종이에 적었다. 억눌러뒀던 치욕을 다시 마주해야 하는 피 말리는 과정이었다. 하지만 한 글자 한 글자 써내려갈 때마다 서서히 독이 빠지는 것 같았다. 글이 적힌 종이 쪼가리를 보자, 그 욕설들이 더이상 나를 이루는 일부가 아니라 내 밖에서 나를 옥죄는 것으로 시각화됐다. 내 공포를 자극하던 수단인 동시에 X의 마음을 지배하던 공포의 잔상들이었다. 스무 장이 넘는 종잇조각이 원을 그리며 나를 에워싸고 있었고 나는 한 장씩 소리 내 읽은 뒤 모조리 불태웠다. 읽는 내내 울음바다가 되었고 내가 그를 무척 그리워하고 있었음이 선명해졌다. 이건 해방의식이었다. 잿가루로 변해가는 종잇조각을 지켜보며 내가 나의 장례식을 치르고 있다는 걸 깨달았다. 필요한 만큼 큰 소리로 울었다. 고통과 폭력과 학대에 치를 떨며, 그리고 아주 오랜만에 나 자신을 위해.

　　관계의 끝을 기리는 장례식에서 나는 그동안 엉켜 있던 감정들을 한데 끌어모아 시원스레 터뜨렸다. 감정을 선과 악의 이분법으로 가르지 않았으며 이상향 좇기를 멈추고 나만의 애도의 골짜기로 침잠했다. '모두/그리고'에 얽혀 있던 미묘한 감정들을 풀어헤쳐 함께 모으고 공존하게 했다. 그와 나는 기쁨과 사랑, 고통과 폭력의 순간들을 펼쳐놓자 그제야 그를 향한 그리움이 제대로 발현됐다. 울고 훌쩍이고 곡소리를 내며 우리가 나눴던 사랑의 영혼을 저승으로 떠나보냈다. 그가 없어진 삶을 애도한다는 것은 나 또한 새로운 삶을 시작해야 한다는 뜻이었다. 이 의식은 관계의 죽음을 추념하는 동시에 내 새출발을 축복하는 것이었다.

나는 슬픔이 아주 사라질 수 있다곤 생각하지 않는다. 다만 충실한 애도는 차츰 변모해서 서서히 사랑의 윤곽에 스며든다. 때로 슬픔은 당신이 특히나 외롭고 가냘픈 날에 심장을 으스러뜨릴 듯이 굴기도 하지만 어떤 날엔 죽은 이와 공유했던 삶과 여전히 지속되는 삶에 대한 감사로 당신의 영혼을 들뜨게 한다. 나는 『티베트 사자의 서 Tibetan Book of the Dead』를 읽고 죽음이란 절대적인 끝이 아니라 생명력의 승화라는 걸 배웠다. 우리가 흘린 눈물이 영혼을 내세로 안내하면 그 영혼의 에너지는 다시 새 삶으로 변한다. 마찬가지로 우리의 애도는 다시 사랑의 활력이 된다.

마침내 X와의 관계를 애도했을 때, 내 사랑의 힘이 관계의 죽음과 함께 꺼지지 않았음이 분명해졌다. 이젠 그 힘을 나 자신에게 쏟기만 하면 됐다. 나는 진정한 사랑의 가능성이 자라날 수 있도록 저물어버린 관계들을 성의껏 애도했다. 할머니를 떠나보내면서는 할머니와 나의 삶 모두에 감사를 표했고, 할머니가 심은 영혼의 씨앗들이 정신적 유산으로 싹트는 것을 지켜보았다. 애도의 가파른 물살을 탔던 매 순간 나는 나와 한층 더 가까워졌다. 애도는 사랑이 죽음 앞에도 휘청이지 않는다고 가르쳐줬다. 사랑은 탈바꿈한다. 장례는 삶의 찬미이며, 떠나보낸 것들을 기리는 자리다. 깊이 애도하는 만큼 깊이 사랑할 것이다. 사랑은 죽지 않고, 눈물로 일군 땅에서 싹틀 테니까.

제5장

변해가는 나를 믿기

불신

주의. 성폭력 및 학대 장면이 묘사되어 있다.

매일 아침 무지갯빛 벌새가 창가를 맴돈다. 날아든 벌새는 꼭 사랑을 속삭이는 길조 같다. 나는 반갑게 마중하며, 진동하듯 빠른 날갯짓에 행여나 지치진 않았는지 들여다본다. 가끔은 창문을 열고 손을 뻗어볼까 싶다가도, 다가설 참이면 벌새는 금세 지평선 너머로 휙 날아가버린다. 그리고 다음 날 어김없이 돌아와 창턱에 핀 금잔화의 꿀을 빨아 먹는다. 나는 그런 벌새의 비행을 지켜보며 연신 감탄한다. 벌새는 내가 슬쩍 움직이기라도 하면 위협을 감지한 듯 움찔했고, 나를 믿어주기까지는 시간이 꽤 걸려 보였다. 요즘엔 나도 창문을 슬그머니 여는데, 그럼 벌새는 날아가기 전 잠시나마 머무르며, 비록 잠깐이지만 나를 흘겨보는 눈빛에 공포가 아닌 호기심이 어린다. 나는 비행을 앞둔 벌새의 진동하는 날갯짓에서 삶을 향한 흥얼거림을 듣는다. 벌새가 달콤한 금빛 꿀을 배불리 먹고 편히 쉴 수 있는 한가한 곳에 착지하길 빌어본다.

    살아 있는 모든 존재는 위험을 감지하는 탁월한 능력을 지닌다. 나와 함께 자라난 생명체들을 떠올려보면, 주변을 예의주시하는 길고양이, 나무 사이를 폴짝이는 청개구리, 뾰족한 갑옷을 두른 선인장, 톡 건드리자마자 움츠르드는 미모사까지. 이 같은 동식물들처럼 우리 또한 안전과 안녕에 해를 끼치는 대상에 본능적인 신체 반응을 보인다. 특히 트라우마를 겪은 적 있는 사람들 대다수는 끊임없이 주변을 살피며 타인을 불신하는 경향이 강하고, 훈련받았거나 타고난 방식들을 동원해 자기 보호의 자세를 취한다. 이러한 보호 경향은 우리가 삶을 얼마나 귀하게 여기는지 드러낸다.

    지구라는 행성 위 각종 위협이나 생존을 위한 분투가 새로울 것은 아니지만 인류가 계속해 새로운 위기를 만들어낸다는 사실을 간과할 수는 없다. 신종 위기는 우리가 여전히 안전과 위험을 분리할 수 있는지 끝없는 시험에 들게 한다. 만약 사랑이 찾아왔을 때 그를 위험으로 인지한다면? 혹은 도사리는 위험을 사랑이라고 착각한다면?

    몸치유 전문가들은 생존전략을 크게 다섯 가지로 구분한다. 『트라우마의 정치학』에서 스타시 K. 헤인스는 도피, 투쟁, 동결, 아첨, 해리와 같은 방어기제를 "우리가 의식적으로 통제할 수 있는 영역이 아니다. 이러한 반응들은 진화의 소산이자 양육자들로부터 전해 내려온 유산이다. 또한 그와 동시에 우리가 속한 관계와 사회·문화적 맥락과도 깊이 관련돼 있다"*라고 설명한다.

가학적인 연인관계도 사랑의 탈을 쓸 수 있다. 폭력은 신뢰할 대상을 분별하는 능력을 저하시킨다. 그래서 오히려 친밀한 관계에서 안전을 위협받는다고 느끼기도 하는데, 가령 연인, 친구, 가족에게 학대당한 사람은 진정한 사랑을 유해한 관계보다 더 무모하다고 느끼거나 지루하다고 생각할 수 있다. 나 역시 새로운 관계를 맺으려 시도할 때마다 불쑥 생존전략이 펼쳐지며 훼방을 놓았다. 두려움에 신경이 곤두섰고 사회에서 멀찍이 떨어져 있고만 싶었다. 나를 포함해 그 누구도 믿지 못했다. 나는 이런 불신의 순간을 곱씹으며 내가 과거의 어떤 기억에 얽매여 있기에 자꾸 생존전략을 작동시키는지를 되짚어봤다. 그러면서 나는 사랑의 이름으로 자행됐던 역사적, 개인적, 구조적 폭력을 들여다 볼 수 있었다. 그리고 마침내 내가 두려워하는 건 사랑이 아니라 사랑의 장막 너머에서 펼쳐지는 학대라는 걸 알아차렸다.

나는 친밀한 관계에 스며드는 학대와 통제, 소유의 수단으로 휘둘러진 사랑을 심심찮게 봐왔다. 가해자는 '정열'의 방패를 내세우곤 그 뒤에서 정복의 창을 갈고 있었다. 구조적 폭력과 위계질서, 고정된 성 역할, 아동기 트라우마 등 하나하나 뜯어보면서 치유해야 할 상처는 너무나 많다. 베일에 싸인 위협들이 차고 넘치는 와중에 누가 감히 서로를 믿으려들겠는가? 따라서 우린 먼저 내면의 목소리가 속삭이는 생존전략을 경청하고, 그를

---

* Staci K. Haines, *The Politics of Trauma*, 2019.

토대로 우리를 안정시켜줄 수단들을 이해해야 한다. 생존전략은 저마다 독특하고, 우아하고, 필수적이며, 우리가 무엇을 아끼는지 혹은 두려워하는지, 또 무엇이 우리를 사랑으로 이끌어줄지 밝히는 등대이기 때문이다.

  창가에서 지저귀는 벌새와 친해졌던 과정을 떠올려본다. 몸의 본능과 생리적·심리적 생존전략은 열과 성으로 나를 지켜준다. 이들은 내게 위험 상황을 경고해줄 뿐 아니라 내가 안녕과 행복을 누릴 자격이 있다는 것 또한 알려준다. 벌벌 떨며 사랑에 손가락질하기보다 내가 가진 공포를 찬찬히 들여다보면 그 안에는 신뢰와 친밀감을 향해 걸음마 뗄 수 있는 놀이터가 숨어 있다. 우습게도 나는 또다시 사랑의 손에 이끌려 그곳으로 향한다. 사랑은 언제나 생명의 은인이 되어준다.

  어느 밤, 나는 X와의 유해한 관계를 이번엔 기필코 정리하리라 마음을 굳혔다. 그날도 우린 남들 몰래 만났고 식사를 한 뒤 호텔 침대에 누워 빈둥거리던 중이었다. 저녁 내내 말을 아꼈던 나는 이제 그만 만나자는 말을 어떻게 전해야 할지 고민하며 머리를 싸맸다. 진이 다 빠지고 관자놀이가 욱신거렸다. 마음은 금세 쑥대밭이 됐다. 그와 한 이불을 덮을 때마다 나는 찢어발겨지는 기분이었다. 덜컥 헤어지자고 말했다가는 그가 복수할지도 몰랐고 그 생각만으로도 간이 콩알만해졌다. 우선 성관계부터 그만하는 쪽으로 대화를 이어나가기로 했다. 이별의 첫 단추를 채우는 것이었다. 나는 겨우 웅얼거리며 입을 뗐다. "우리 잠자리는 안 하면 좋겠어."

내 제안을 듣자마자 그가 벌떡 일어나더니 길길이 날뛰었다. 어처구니없다는 듯이 나를 노려봤다. "왜? 어디 딴 데에서 떡 치나봐?!" 그 말에 난 고개를 가로저으며 눈을 질끈 감았다. 나를 죄인으로 몰기 위한 그 해묵은 수법, X의 반응에 질려 맥이 빠졌다. 나는 좌절감 속에서 대꾸했다. "아니! 우리 사이가 썩어빠져서 그래. 다신 같이 잘 일 없을 거야. 우리가 자꾸 만나는 것도 다 이따위 짓 때문이고, 그게 우릴 박살내고 있는 거라고!"

그는 미간을 구기더니, 나더러 더 좋은 놈으로 몸을 갈아타는 창녀라며 노발대발했다. "네가 딴 놈이랑 놀아나고 있는 걸 내가 모를 줄 알아? 그래 봤자 너 따위 걸레를 아무도 사랑해주지 않을 거야! 나랑 끝나면 넌 모두에게서 버림받을 거라고!"

이다음 벌어진 일은 설명하고 싶지도 않고, 설명할 재간도 없다. 당시 내 몸과 마음은 작동을 멈췄다. 훗날 그날의 자초지종을 들은 친구는 내가 강간을 당한 것이라고 말했다. 이 단어를 지면에 적기까지도 굉장한 용기가 필요했다. 내 제일의 생존전략은 해리였고, 내가 겪은 폭력을 묘사하기란 너무나도 끔찍하다. 정확히 기억나는 건 몇 분간의 저항뿐이다. X를 발로 걷어차고 밀쳐내며 소리를 지르고 목 놓아 울며 그만해달라 빌었지만 그는 멈추지 않았다. 그 이후론 아무것도 기억나지 않는다. 머릿속이 백지처럼 텅 비어 있다. 견디다 못한 영혼이 몸 밖으로 빠져나가서 상황을 관망하는 듯했다. 정신을 차렸을 땐 눈물 한 방울조차 나질 않았다. 이날 나는 도난당한 존엄을 애도한다는 게 무엇인지 배웠다. 그는 내가 주체성, 신체, 욕구와 맺어왔던 관계를 갈취했다. 나를 그저 쾌락의 도구로 전락시키고 성욕을 해소했을 뿐만 아니라, 날 통제하지 못할까봐 초조했던 그의 불안을 잠재우는 안정제로 이용했다. 그가 일을 마쳤을 때 난 내 몸이 사라진 것만 같았다. 내가 더이상 그 무엇도 아니라는 듯이.

헤인스가 『트라우마의 정치학』에서 소개한 '외상 후 기억상실'이라는 개념으로 이 사건 이후의 경험을 설명할 수 있다. 간단히 말해 심화 해리 상태다.

> 우리는 경험한 감각을 기억하지 못할 때가 있다. "강간을 당했는데, 별일 아니었어. 이제 다 잊었기도 하고." 또는 평소만큼 경험을 잘 기억하지 못할 때도 있다. 덩달아 경험을 정신적으로 회고하거나 자아개념에 반영하지도 못한다. 그러나 이 경험은 뼛속에 각인돼 정서와 생존전략에 지대한 영향을 미친다.*

외상 후 기억상실이 장시간 지속되면서 나는 수치심의 수렁에 빠졌다. 마음의 문을 굳게 걸어 잠그고 분노, 근심, 슬픔 어느 하나 쉽게 표현하지 못했다. 뭐라도 입 밖에 내뱉는 순간 강간을 현실로 받아들여야 했기 때문이다. 그가 바지춤을 끌어올릴

---

* Staci K. Haines, 같은 책.

즈음 나는 잠들었고 다음날 같은 침대에서 눈을 뜨고도 아무 말도 않았다.

일주일 뒤 X는 정신과 의사에게 불안과 분노 조절에 좋다는 약을 타 먹기 시작했다. 우리는 강간에 대해선 입 한번 뻥긋하지 않았고, 내 마음 한구석은 계속 저릿거렸다. 그는 비로소 자신에게 필요한 도움을 찾았다고 말했는데 반면 나는 가슴이 숯덩이가 된 채로 쪼개진 자아를 붙잡지도 못하고 있었다. 그와의 관계에서도 나와의 관계에서도 나는 사라지고 없었다. 그가 만나자고 연락해오면 나갈 채비를 했고 그가 시키는 대로 고분고분 잘 따랐다. 이미 망가질 대로 망가졌기에 나아질 가망 따위 없다고 생각하며 나는 제 발로 그가 놓은 덫에 들어갔다. 강간당한 것마저 내게서 원인을 찾았고 나는 점점 더 내 직감조차 믿을 수 없었다. 하루는 그가 막 약을 복용한 뒤 착 가라앉은 목소리로 안부를 물어왔다. 그 순간이었다. 그길로 나는 해리 상태에서 풀려났다. 날카로운 현실로 복귀한 느낌이었다. 치가 떨렸다. 싸하게 내리깔린 그의 목소리, 그 이질적인 음성에 내 몸이 깨어나면서 모든 걸 기억해냈다. 그제야 내 몸을 되찾았고, 진저리가 나며 역겨움을 참을 수 없었다.

나한테 안부를 물을 배짱이 다 있냐며 고함을 내질렀다. "지금 그따위 말이 나와?! 어떤 꼴인지 안 봐도 뻔하잖아! 넌 약이며, 감싸도는 친구며, 세상의 도움이란 도움은 저 혼자 다 받아 처먹으면서, 난 뭔데? 넌 날 망쳤어! 강간하고 때리고 내 마음을 짓밟고! 너 같은 짐승한텐 구역질도 아까워! 네가 경멸스럽고, 심지어 너 같은 인간 때문에 이제 나도 내가 싫다고!"

그는 날 돌아보더니 고개를 절레절레 내저었다. "너 문제 있어. 왜 그렇게 화내는지 당최 알 수가 없다니까." 그러고는 문을 닫고 나갔다. 우리의 마지막이었다.

헤인스의 글에서 나는 몸과 마음, 영혼을 함께 다루는 소마치유soma healing에 대해 알게 됐다. 소마치유는 피해 당사자의 정신건강을 자극하는 요인, 정서 반응, 방어기제 등을 살펴보고, 이후 PTSD 치료에 집중한 물리치료를 통해 건강한 반응 규칙을 학습시킨다. 소마치유는 명상, 심리 안정화 기술, 상담, 움직임 훈련을 아우른다. 소마치유가 몸과 마음, 영혼이 상호 연결된 상태를 '소마적인 몸' 또는 '소마'라고 부른다. 헤인스는 소마적인 존재를 "안팎의 자극에 탄력적으로 적응하고, 사회적이고 역사적인 규범에 의해 형성되며, 생물·진화학적으로도 정서·심리적으로도 융합된" 상태로 묘사한다. 소마치유는 회복의 전 과정이 서로 엮여 있음을 강조한다. 헤인스는 소마치유의 관점에서 트라우마를 심도 있게 다룬다.

> 흔히 동시대 연구는 소마의 트라우마 치유 기능에만 초점을 맞춘다. 물론 소마가 괄목할 만한 효능을 지닌 것은 사실이나, 정작 치유돼야 할 트라우마와 억압이 이렇게나 많은 이유는 주목

받지 못하고 있다. 앞으로도 소마치유의 치유 역량을 눈여겨봐야겠지만, 사회·경제구조, 불균등한 권력 분배, 폭력과 강압의 남용 등 그에 대한 문제의식 없이는 결국 우리 삶을 형성하는 핵심적인 힘을 제대로 파악하지 못하는 것이나 다름없다.*

우리가 각자의 고통과 트라우마를 들춰볼 때 우린 그 경험의 배후에 대해서도 반드시 질문해야 한다. 연인 간 폭력 생존자로서 나는 X와의 관계에서 독재적인 통치, 인종화된 여성혐오, 가부장제, 페티시즘을 두루 겪었다. 근대사회를 장악하는 폭력과 파시즘, 인종주의와 제노포비아 등 모두 젠더화된 구조에서 뻗어 난 것들이었다. 즉 많은 사람이 폭력과 사랑을 한 쌍으로 생각하게끔 심리적으로 조종되어왔다. '사랑'을 두려워하고 서로를 신뢰하기 꺼리는 것도 자연스러운 결과였다.

X와 나는 모두 유색인 이민자 가정에서 자랐다. 나는 여자로, 그는 남자로 길러졌다. 이렇게 각자의 구체적인 위치를 명명함으로써 학대의 주요 원인 하나를 밝힐 수 있다. 바로 가부장 우월주의다. 헤인스가 트라우마뿐만 아니라 이를 반복해서 발생시키는 원인 또한 탐구해보라고 강조했을 때, 나는 내 경험을 가부장제, 유해한 남성성, 여성혐오, 식민화, 인종주의, 백인 우월주의, 지배욕의 맥락에 위치시킬 수 있었다. 이렇게 해석의 틀을 넓힌 것은 X의 과실을 눈감아주기 위해서가 아니라 폭력을 뿌리 뽑

* Staci K. Haines, 같은 책.

고 시급히 바꾸어야 할 것을 헤아리기 위해서다.

벨 훅스는 사랑과 폭력은 함께할 수 없다고 단언한다. 다작가인 그녀는 사랑이 개인, 공동체, 구조의 차원에서 가부장제 억압과 뒤섞이는 방식을 여러 책에서 다뤘다. 그리고 흑인 여성으로서 남성과의 관계에서 겪은 개인적 트라우마와 미국 거주자로서 맞닥뜨린 제도적 차별을 논했다. 『남자다움이 만드는 이상한 거리감』에서 훅스는 이렇게 적는다. "별다른 저항 없이 성차별적 사상을 흡수한 남성은 저질스러운 만행도 대수롭지 않아 한다. 남성들이 폭력적인 지배와 여성 학대를 그들의 특권인 양 동일시하도록 세뇌받는 한, 자기 자신과 타인에게 가하는 위해에 대해 어떤한 인식이나 변화의 동기도 갖추지 못할 것이다."*

친밀한 관계에서 (늘 그렇지는 않지만) 주로 가해자가 시스젠더 남성인 이유를 이해하는 데에는 (내가 가지고 있다고 장담하기 어려운) 엄청난 동정심이 필요하다. 나도 처음에 가부장제부터 따져보기로 맘먹었을 때 내가 그 폭력성의 경위까지 알아서 어디에 써먹겠냐며 거부감이 앞섰다. 나는 그저 폭력이 멈춰야 한다는 걸 아는 것으로 족했다. 그러나 시간이 지나며 깨우칠 수 있었다. 남성에게 동정심을 품자 그 변화의 희망이 나를 향한 동정심으로도 이어졌다. 제아무리 부정해본들 나는 가족, 직장, 친구, 연인 등 언제나 남자들에게 마음을 쓰며 살아갈 터다. 나에겐 몹시 소중한 사람인 만큼 어긋난 행동을 바로잡아줘야 할 남자 형제, 아

---

*   Bell Hooks, 같은 책.

빠, 친인척, 친구 들이 있다. 남성과 함께 존재해야 하는 만큼 그들과의 일상을 공포에 젖어 보내는 건 이상적인 삶과 거리가 멀다. 세상의 폭력과 위해를 줄이기 위해 시스젠더 남성들은 각성하고 '특권'을 내려놓아야 한다. 그들도 치유되어야 한다.

가부장 우월주의로 득을 보면 실도 따라오기 마련이다. 구조적으로야 백인 시스젠더 남성들이 부, 취업 기회, 의료 지원, (훔친) 토지에 더 쉽게 접근할 수 있지만 그러한 특권은 정서적·영적으로 텅 비어 있다. 가부장 우월주의를 행사하는 남자들은 지배의 '힘'에 도취될지 몰라도 궁극적으론 정서적 허기와 고립감에 시달린다. 내가 이야기를 나눠본 각양각색의 시스젠더 남성들은 지난 10년간 눈물 흘린 적이 없다고 말했다. 이건 남성들이 생물학적으로 감정을 못 느끼게 설계되어서가 아니라 가부장제에서 살아남아야 했던 양육자들로부터 감정을 느끼는 것이 잘못된 것이라고 배워왔기 때문이 아닐까. 어릴 적부터 자신의 가치가 '힘'의 논리에 따라 좌우되다보면 자연히 지배와 통제의 규칙을 추구하게 된다.

『남자다움이 만드는 이상한 거리감』에서 벨 훅스는 친밀한 관계 속 이러한 규칙의 양상을 기술한다. "지배가 가치관으로 자리잡은 문화에서는 권력 다툼이 일상적으로 벌어지는데, 이 힘겨루기는 연인을 상대로 할 때 가장 흉포한 모습을 띠기 마련이다."* 젠더화된 이분법은 감정을 여성의 전유물로 한정짓고, 남성

---

*　　Bell Hooks, 같은 책.

은 감정을 등지고 신화적 이상향에서나 볼 법한 무뚝뚝함을 좇게 만든다. 가까움, 친밀함, 감정, 사랑이 자신을 '나약하게' 만든다고 교육받았으니, 어떻게 시스젠더 남성들이 연인관계에서 사랑을 주고받는 것의 의미를 파악할 수 있겠는가? 하물며 그들은 자기 자신을 알아갈 시간도 할애하지 않는데 말이다.

오션 브엉은 세스 마이어스와의 인터뷰에서 폭력과 유해한 남성성의 상관관계를 이야기한다.

> 우리 사회는 남자아이들을 칭찬하거나 격려할 때면 폭력적인 어휘를 곧잘 써요. "진짜 죽여준다" "가서 끝장을 봐" "박살내버려" 등등. 전 이렇게 묻고 싶어요. 나이를 막론하고 남자들이 죽음과 연계된 잔학한 표현을 동원해서만 자기가치를 판단할 수 있다면 어떤 결과를 초래할까요? 무언가를 파괴할 능력에 한에서 자기가치를 인식할 수 있으니, 남성성이 해로워지는 건 당연지사 아닐까요.*

유색인 남성들도 '힘'이라는 허상을 좇아 똑같은 지배 문화에 편승할 수 있다. 그리고 이 '힘'을 휘둘러 해를 끼치곤 하는데, 특히 비남성이 타깃이 된다. 물론 흔히들 가부장제하에 자라왔기 때문에 남성이 아니어도 가부장적 사고에 빠질 수 있다. 나 역시 내면화된 여성혐오를 게워내기 위해 애써야 했다. 내 내면

---

* 해당 인터뷰를 유튜브(https://www.youtube.com/watch?v=cQl_qbWw-CwU&t=162s)에서 볼 수 있다.

의 여성혐오는 가부장제 안에서 신임을 얻고 인정받기 위해 다른 여성이나 여성적인 사람들을 질투하고 그들과 나 사이에 경쟁 구도를 그리는 방식으로 나타났다. 하지만 유해한 남성성과 가부장 우월주의를 자기 보호 수단으로 붙잡고 있는 사람들도 다른 건강한 수단을 습득해야만 한다. 폭력으로 일그러진 가부장 우월주의는 결코 사랑의 모양을 띨 수 없다.

오드리 로드는 연설문 「주인의 도구로는 결코 주인의 집을 무너뜨릴 수 없다」에서 백인 페미니즘의 가부장적, 인종주의적 성향을 비판했다. "여성들은 오늘날에도 여전히 우리의 존재와 욕구를 남성들에게 알려주고 그들의 무지를 메꿔주는 수고로운 처지에 놓여 있다. 주인의 마음을 얻으려거든 피지배층에서 노력하라는 식은 모든 압제자가 애용하는 케케묵은 방식이다."* 나에겐 시스젠더 남성들의 과업을 대신 처리할 책임이 없다. 다만 이들이 영적으로 공허할 뿐인 지배구조를 해체하는 데 한시바삐 앞장서기를 바란다. 나는 우리가 모두 해로운 남성성의 교리에서 벗어나, 지배를 사랑과 동격으로 보는 것을 멈췄으면 좋겠다.

헤인스는 우월주의를 "고압체제 power-over systems"라고 부른다. "고압적인 경제, 정치, 사회체제는 안전, 소속감, 존엄, 결정권, 자원 등을 소수의 엘리트와 특정 민족국가에 집중시킨다. 이는 자연세계의 약탈과 갈취를 통해 이뤄지며, 정작 그 과정에서 상처 입고 가난해진 사람들은 공적 서사에서 배제된다."** 폭력

---

*   국역본 『시스터 아웃사이더』(2018, 후마니타스)에 해당 연설문이 실려 있다.
** Staci. K Hains, 같은 책.

과 가해가 낳은 그 무엇도 사랑스럽거나 '강력'하지 않다. 우리가 할 수 있는 가장 강력한 선택은 우리 모두에게 내재된 상처를 치유해줄 공정한 미래를 그리는 것이다.

　　　　소수 엘리트 집단이 자원을 독과점하니, 다수는 결핍되었다는 감각에 시달리며 세상을 불신하게 된다. 사람들은 특권만이 안전, 존엄, 기쁨을 지켜주리라 생각하고 그에 매달린다. 그런데 그 특권이 타인을 다치게 한다면? 어쩌면 그 또한 생존 당사자일 수도 있는 가해자는 학대를 통해 연인을 통제하고 옆에 두려 하며, 이로써 자신이 사회나 일터, 성장 과정에서 빼앗겼던 '권력'의 감각을 되찾으려 한다. 『남자다움의 종말The End of Manhood』에서 존 스톨튼버그는 이런 '권력'을 버리려고 하는 남성들에게 조언한다. "양심 있는 남자의 삶은 다른 남자들이 당신의 남성성에 내린 평가에 연연하기보다 당신이 사랑하는 사람을 위해 헌신하는 것이 언제나 더 중요하다고 분명히 말한다."* 성적 학대, 친밀한 관계 내 폭력, 경찰의 횡포, 전쟁. 이들을 진정 끝장내려거든 우리가 날 적부터 물려받은 남성성, 위계, 권력의 사고를 비판적으로 분석해야 한다.

　　　　모두의 안전, 치유, 해방, 사랑을 위해 우리는 무엇을 내려놓을 준비가 되었을까? 마음 한구석에서 유해한 남성성 그리고 내면화된 가부장제와 싸우고 있는 사람이라면 누구나 이 질문을 생각해봤을 테고, 이 질문은 더 깊은 질문으로 이어지기 마련이

---

*　　John Stoltenberg, *The End of Manhood*, 1993.

다. 지배구조와 권력에 대한 허상을 해체하면 나는 어떤 사람이 될까? 우리는 언제나 전력으로 사랑해왔으므로 어쩌면 치유란 고압적인 사회화 이전에 존재했던 상호 연결된 자아들로 돌아가는 과정일지 모른다. 우리 모두 고압적인 행동에 의존하지 않더라도 삶의 가치를 발견할 수 있다. 다른 사람의 가치를 짓밟지 않고 당신만의 기적 같은 삶을 누릴 수 있다.

어떠한 형태로든 타인을 가해해본 사람이라면 당신의 지배욕과 그 집착을 내려놓고 당신이 열망하는 권력이 어떤 토대 위에 세워진 허상인지 반추해야 한다. 시스젠더 남성들은 유해한 남성성과 그에 스민 폭력성을 탈피해야 한다. 치유되고자 한다면 감정들에 열려 있어야 하며, 그렇지 않을 경우 학대의 굴레가 반복되고 말 것이다. 오드리 로드는 같은 연설문에서 다음과 같은 명문장을 남긴다. "주인의 도구로는 결코 주인의 집을 무너뜨릴 수 없다. 주인의 게임에서 일시적으로 승리할 수는 있겠지만 진정한 변화를 가져올 수는 없다." 우리는 가부장제라는 게임을 벗어나서 그 집을 송두리째 불태워버려야 한다.

나는 욕망을 사랑으로 거듭 착각했다. 욕망을 논하려거든 사회가 제시하는 바람직한 욕망이 무엇인지도 짚어봐야 한다. 나는 서구와 유럽 사회에서 정한 욕망의 기준에 따라 사람들이 나를 탐하는 방식과 무엇보다도 내가 나를 바라보는 방식을 결정지었다. 누군가는 내게 인종주의와 성차별이 묻은 추파마저도 감사히 들을 줄 알라고 말했다. 이 같은 왜곡된 이상화는 나를 그저 장식품으로 취급했고 나는 누군가의 통제욕을 충족하기 위한 돌봄이로 시들어갔다. 내가 겪은 친밀한 관계 내 폭력도 인종주의적 사회화와 연루된다. X는 내 아시아인으로서의 배경과 여성성을 납작하게 바라봤고 그로써 폭력을 행사했다. 내가 당한 폭력은 유색인 여성과 펨들이 겪은 학대의 계보를 잇는다. 그중 누군가는 살아남았을 테지만 누군가는 그러지 못했다.

    2021년 3월 16일 조지아 애틀랜타에서 백인 우월주의자 남성이 마사지숍 세 곳을 습격해 총기를 난사했고 8명이 사망했다. 희생자 중 6명이 (중국계와 한국계) 아시아인이었다. 그의 범행 동기를 가늠하는 기사들이 쏟아져 나왔다. 이 사건이 "인종주의에 의한" 것인지를 왈가왈부하는 내용이 허다했다. 사건 당시 미국은 아시아인 노인을 겨냥한 혐오범죄가 들끓고 있었다. 이런 혐오범죄는 중국과 중국인 그리고 '중국인으로 보이는' 인구 전부를 팬데믹의 원흉으로 탓했던 선전들의 결과였다. 대중매체는 살인자의 정신건강이나 범행 의도를 운운하며 백인 우월주의라는 문제를 등한시했고, 아시아인과 아시아계 미국인 및 연대 공동체들은 이번 사건이 백인 우월주의가 낳은 참극임을 부정하는 분위기에 분개할 수밖에 없었다.

    살인자가 성 중독자였다는 추측이 돌자, 살해된 여성들이 살인자가 성적 수치심을 느꼈다고 말했던 성노동자들이 아니었냐는 의문이 제기됐다. 뉴욕의 이주자 및 아시아계 성노동자

협력 기관인 붉은 카나리아의 노래Red Canary Song는 "피살자들이 실제로 성노동자였는지의 여부와 무관하게, 그들이 마사지사로서 아시아인 여성이자 노동자 계층이며 이민자라는 데에서 비롯한 성애화된 혐오폭력에 노출되었다는 건 변함 없다"라고 성명문을 밝혔다. (특히 유색인) 성노동자, 이주 노동자, (특히 트랜스) 여성, 논바이너리 유색인 들에게는 어떠한 보호 조치도 제공되지 않는 실정이며, 백인 우월주의자들은 아시아계 여성이나 펨이 정숙하고, 유약하며, 조신하다고 판단한 뒤 이들을 학대와 지배의 대상으로 삼아버린다. 이런 환상은 전쟁주의, 파시즘, 제노포비아, 반反흑인사상을 퍼뜨리는 역겨운 서구 선전의 직접적인 결과다. 자기혐오와 수치심을 떨쳐내겠다고 멀쩡히 살아 숨 쉬던 8명의 목숨을 앗아간 백인 남성은 백인 우월주의의 피로 물든 역사를 되풀이한 것이다.

소식을 접한 날 하늘이 노래지고 억장이 무너졌다. 몇 날 며칠을 속절없이 울었다. 우울증과 분노에 빠지니 온몸의 털이 경계심에 곤두섰다. 웬일인지 그간 내가 만났던 남자들과 내 뒤를 밟곤 했던 남자들이 눈앞에 아른거렸다. 오죽했으면 내가 자주 사용하지 않던 생존전략마저 시동이 걸렸다. 싸우고 싶었다. 10년여 동안 처리되지 않았던 아픔이 봇물 터지자 투쟁 본능도 함께 되살아났다. 어린 내 뒤를 쫓아오며 집에 따라 들어오려던 남자들, 인종차별적인 욕설로 나를 희롱하던 남자들, 심지어 나를 애니메이션 여주인공의 대체물로 취급하던 전 애인들까지 또렷이 기억났다. X는 아시아인에게 성적으로 집착했다. 그리고 나도 여태 굳이 들춰보기 꺼렸던 부분이지만, 그는 이전에도 동양인 여자들을 수두룩이 만나왔다. 아시아인의 여성성을 얕잡아 본 그는 내게 거리낌 없이 학대를 휘둘렀다. 애틀랜타 총기 사건 이후로 나는 다시금 그 친숙한 두려움에 사로잡혔다. 쉬이 잊히지 않는 두려움이었다.

'오너먼탈리즘(장식주의)Ornamentalism'은 '오너먼탈(장식의)Ornamental'과 '오리엔탈리즘(동양주의)Orientalism'의 합성어다. 이론가 앤 안린 쳉은 그의 책 제목이기도 한 오너먼탈리즘을 "생물학이 아니라 날조된 이야기와 장식품들에 기댄 인종 만들기의 역사적 인식틀"이라고 개념화한다.* 중국계 미국인이자 여성 작가인 쳉은 서구적 상상력이 "노란" 여성들을 인간 아래의 등급으로 격하해 아리따운 장신구로 취급한 역사적 사례를 탐구했다.

표상의 층위에 갇혀 끊임없이 성애화되면서도 정작 성애를 실천해서는 안 되는 존재로서 노란 여성은 구성과 해체를 함께 수행한다. 그녀는 '명 시대 꽃병'이라는 관용어처럼 고귀하고 천박하며 값진 동시에 철 지난 상징이다.

『오너먼탈리즘』은 백인 남성이 제작한 중국인 여성들의 그림과 사진을 싣는다. 꽃병과 그 옆에 자리한 여성들은 배경의

---

*   Anne Anlin Cheng, *Ornamentalism*, 2018.

하나로서 전시된다. 작가는 오너먼탈리즘과 인종적 성도착증의 기원을 추적하며 이 현실이 비단 "노란" 여성만의 것은 아님을 보여준다.* 쳉의 연구는 흑인 여성이 겪었던 (그리고 여전히 겪고 있는) 성애화된 폭력의 역사로 거슬러 올라간다.

> 오늘날 인종화된 젠더 모델은 아프리카 출신 사람들의 몸을 바라보는 관점에서 지대한 영향을 받았다. 그 결과 사람들은 인종화된 여성의 신체를 특정한 방법으로 바라보게 되었다. 하지만 사실 인종적 상상 속에서 맨살과 장신구 사이에는 일종의 분기점이 있었으며, 맨살과 장신구라는 두 미학적 어휘가 분명 인종화되었음에도, 그렇다고 반드시 인종 정체성을 가리키지도 않았다.

비백인 여성과 펨에 대한 사진, 초상, 개념 들이 폭력과 지배에 매몰된 백인 남성의 손에 오래 통제되어왔음은 분명하다.

『뉴욕타임스』 기고문 「극우파의 아시아인 페티시」에서 오드레아 림은 극우 신나치 백인 우월주의자들이 흔히 아시아인 여성을 아내로 삼는 현상에 주목했다. 그들의 평가에 따르면 백인 여성은 지나치게 요구가 많고, '페미니스트'이므로 매력이 떨어지며, 이른바 자신들의 의제와는 어긋난 삶을 지향한다. 대신

---

*   여기서 작가 쳉이 말하는 '노란 여성'이란 동아시아 여성과 동아시아 여성처럼 보이는 사람들을 가리킨다. 『오너먼탈리즘』에서는 구체적으로 유럽 남성이 중국인 여성을 표상해온 역사적 방식들을 탐색한다.

그들은 이주 노동자 아시아인 여성들에게 접근해서 시키는 대로만 하면 순탄한 삶을 보장해주겠노라 속삭인다. 이렇게 성도착자들은 힘의 불균형에 기생해 백인 우월주의적 판타지를 현실로 만든다. 이들은 백인 여성보다 훨씬 얌전한 (특히 아시아에 거주하는) 아시아인 여성을 최적의 '신붓감'으로 가정한다. 림은 개인사를 회고하며 이러한 사상이 어린 시절 그녀의 자존감에 끼친 영향을 기술한다.

> 왜곡 거울은 내게 백인 여성들보다 더 똑똑하고 친절하고 예뻐야 하며 더 뛰어난 성과를 내라고 주문하는 한편, 내 데이팅 애플리케이션을 아시아인 페티시로 가득 채운다…… 하지만 누구도 이 왜곡 거울이 비백인에 대한 구조적 착취를 정당화하기 위해 만들어졌다는 진실로부터 자유롭지 못하다. 이는 중요한 맥락이다.*

인종화된 성차별의 제일 극악무도한 점은 우리 자신과 서로를 바라보는 관점을 오염시킨다는 것이다. 나로부터 자신의 페티시즘을 충족했던 전 연인들은 내 안녕에는 한 톨도 신경쓰지 않았다. 내가 그저 아름답고 순종적이며 한눈팔지 않는 게 중요했을 뿐, 조금이라도 경로를 이탈하면 그들은 조종하기 더 쉬운

---

* 해당 기사는 아래 링크에서 읽을 수 있다. Audrea Lim, "The Alt-Right's Asian Fetish", *New York Times*. https://www.nytimes.com/2018/01/06/opinion/sunday/alt-right-asian-fetish.html

상대를 찾아 떠났다. 나는 나를 닮은 여자들을 경쟁자로 보고 그들을 시기하거나 의심했다. 선망받아 마땅한 아시아인 및 아시아계 여성, 펨, 논바이너리 지인 들을 오히려 경계했고 무시했다. 이들에게는 퉁명스레 굴면서, 정작 우리를 하나같이 노리갯감으로 삼았던 남자들은 비판하지 않았다.

      사랑하는 연인관계란 두 사람(혹은 그 이상)이 화합할 때에야 가능하다. 한 사람이라도 인간으로서 존중받지 못한다면 관계는 성사될 수 없다. 욕구의 도착은 연결감을 갉아먹고 동료를 적으로 간주하게 만든다. 우리는 사고를 전환해야 한다. 사랑은 지배나 페티시와 동일선상에 놓일 수 없으며, 우리를 꽃병, 그림자, 유령으로 취급하는 환상에서 벗어나야 한다. 그런 공허한 환상에 맞설 수 있는 방법 중 하나가 바로 공동체에서 푸짐한 사랑을 배우는 것이다. 나는 사랑을 믿고 싶다. '권력'의 허상을 떨쳐내고 학습된 도착적 욕구로부터 자유로우며 지배구조에 저항하는 사람을 사랑하고 신뢰할 것이다.

X와의 결별 이후 나는 더이상 연애를 하지 못할 것 같았다. 누구도 믿을 수 없었다. 강간은 해리성 증상을 악화시켰고, 나는 성관계에 정서적 친밀감이 수반돼야 한다고 생각하지 않았다. 침대로 사람을 끌어들이는 일이 '쉽게' 느껴졌다. 썩어 문드러지고 있던 내게 기계적인 성관계는 잠시나마 숨통을 열어줬다. 아

무나와 몸을 섞었지만 마음을 내준 적은 없었다. 나는 "안 돼no"라고 말하는 법을 몰랐고, 그건 이미 나의 "안 돼"가 처참히 위반됐던 기억 때문이었다. 어차피 내 의견에는 가치랄 게 없으니 몸 상태도 살피지 않았고, 내게 일말의 관심을 보이는 아무나와 잠자리에 들었다. 그러다가 마음을 나눠야 할 기미라도 보이면 목구멍에서 헐레벌떡 "안 돼"가 튀쳐나왔고 그길로 관계를 정리했다. 내 존엄과 자리가 이미 침범당했던 터라 내 행동에서 욕구를 구별해내기도 어려웠다. 내가 진짜로 원했던 건 사랑을 새로 배우고 내면에서부터 차오르는 뜨거움을 느끼는 것이었지만, 무지했던 나는 육체적 끌림의 소용돌이 속에서 휘청거릴 뿐이었다.

이른바 환승 연애에서 기인하는 해로운 패턴을 나는 멈추고 싶었다. 당시 나는 몸치유라는 개념을 몰랐는데도 본능적으로 내 몸의 방어기제와 생존전략을 살펴봤다. 몸과 마음, 영혼이 뒤엉킨 목소리에 귀 기울이자 그들의 속삭임 속에서 내 반응을 결정짓는 기억들이 떠올랐다. 나는 다른 반응 패턴을 익히고 싶었고, 익숙한 굴레를 끊어내야 한다는 걸 알고 있었다.

이 장의 초반에 언급했듯이 우리 신체의 가장 흔한 생존전략은 도피, 투쟁, 동결, 아첨, 해리다. 스타시 헤인스는 신체적 생존전략은 모두 경이로우며, 여느 동물처럼 우리 체내에도 생존전략이 각인되어 있다고 말한다. 나는 헤인스가 정의한 다섯 가지 생존전략을 소개하고 이어서 내 개인적인 경험에서 이들을 어떻게 적용했는지 설명해보려 한다.

도피란 "위협적인 인물, 경험, 상황으로부터 떨어져 나오거나 멀어지고 싶은 충동과 행동"이다. 나는 X의 전화와 문자가 위험하다고 인지했으므로 그의 연락처를 차단하고 삭제했는데, 그때마다 도피 충동을 따랐다고 할 수 있다. 또한 골목길에서 폭행당한 뒤 그의 집 화장실에서 줄행랑친 것은 말 그대로 도피였다. 폭행 이후, X로부터 벗어나야만 살 수 있었기에, 내 몸이 제 살길을 찾아나서준 것에 진심으로 감사할 따름이다.

그러나 도피 반응은 "장기 유지 상태"로 남아서 "반복 활성화돼 (…) 당신의 삶이나 다른 목적에 어긋나는 결과"를 일으킬 때도 있다. 가령 X와의 관계가 끝난 뒤 나는 친밀한 관계를 새로 시작하기가 망설여졌다. 내 쪽에서 상대방을 헷갈리게 할 만한 신호를 보내다가도 막상 고백을 받으면 뭔가 우리 관계를 잘못 짚은 게 아니냐고 둘러대며 겯끄러운 상황에서 '도피'했다. 상대방을 얼마나 좋아했는지와 상관없이 일단 관계를 박찼는데, 연애와 얽힌 상처를 건드리기가 무서워서였다. 해롭건 건강하건, 한동안 친밀한 관계에 대한 내 반응은 도피뿐이었다. 나를 다치게 할 의도가 없는 사람들에겐 소통의 창을 열어둬도 되고, 나의 진의를 전달할 수도 있으며, 특히 함께하고 싶은 사람과는 그래도 괜찮다는 걸 다시 익히기까지 시간이 꽤 걸렸다.

투쟁은 "위협하거나 몸집을 부풀리는 태세이자 자신의 입지를 방어하고 위험 요소를 희석시키거나 제거하기 위한 보호 태세"다. 투쟁 반응은 단순한 물리적 보복만이 아니라 가학적인 인물과 권력 구조에 대한 항의를 포함한다. 그러나 어떤 행동이든 실천에 앞서 심사숙고와 준비 과정이 필요하며 그렇지 않았을 때

투쟁 반응은 오히려 우리를 더 큰 곤경에 빠뜨릴 수 있다. 나는 X에 맞서 싸운 적은 별로 없지만 분노가 극에 달하면 자기방어를 위해 생기, 즉 활력의 숨을 담아 비명을 지르기도 했다. 내 억압된 분노는 신랄한 모욕과 위협으로 표출됐지만 그렇게 해봐도 내가 안전하다는 확신은 쉽게 생기지 않았다. 이전에도 말했다시피 가해자에게 화를 내는 건 생존자에게 현명한 결정이 아닐 수 있으며 내게도 투쟁은 부적합한 생존전략이었다. 대체로 나는 나 자신과 싸우는 기분이었다.

동결은 "상황이 종료될 때까지 멈춰서 움직임이 없는 채로 남고자 하는 보호 태세"다. 나는 물리적 갈등이 심해지면 상황이 끝날 때까지 가만히 있었다. 어렸을 땐 내게 욕설을 뱉거나 추파를 던지는 사람을 마주쳐도 반격의 말 한마디 쉽게 하지 못했다. 당혹감에 그 자리에서 굳어버렸고 못해도 15초는 지나야 어떤 반응이나마 보일 수 있었다. 당시 나는 제때 항의하지 못하는 스스로가 수치스럽게만 느껴졌지만 이제는 신체 반응의 지연이 혹시 모를 더 큰 위험의 싹을 잘랐다는 걸 안다.

아첨은 "위험 요소를 희석하거나 제거하기 위해 상대방을 충족시키고 진정시키며 자신을 낮추거나 감추는 보호 태세"다. 백인이 중심인 호주에서 태어난 나로서 이건 매우 익숙한 생존전략이다. 게다가 중국계 퀴어라는 정체성 때문에 나는 아첨이라는 생존전략을 일찍이 터득했다. 부모님과 내가 배워왔던 중국 문화는 공공장소에서 부정적인 감정을 표출하지 않는 '체면 살리기'의 가치를 강조했다. 이런 가치관은 우리가 소수자로 체화되는 거주지에서 더욱 중요해졌다. 난 청소년기에는 백인 불량 학생들과의 관계에서, 성인기에는 X나 그 외의 다양한 사람들과의 관계에서 회유적인 태도를 취했다. 학대 관계 내에서 상황이 더 악화되는 것을 막아보겠다고 상대방의 폭력적인 요구에 순응한 적도 자주 있었다.

끝으로 해리는 "물리적으로는 제자리에 있으나 정신적으로는 자리를 떠나서, 무슨 상황에 처했건 현실 의식과 감각이 마비된 채로 멍하게 있는 보호 태세"다. 나는 폭행당할 때마다 중증 해리를 겪었고 시간이 지나서야 폭행 경험이 떠오르며 괴로움에 빠졌다. 멍한 상태를 지속하고자 정신을 몸에서 유리시키려 했고 파티를 찾아다니거나 휴대폰을 켜고 무의미하게 스크롤을 내려댔다. 요즘도 충격적인 소식을 접하면 해리 증상이 발현된다. 하지만 이건 임시방편일 뿐임을 명심하며, 치유는 두 발을 현실에 단단히 붙이는 연습에서 시작한다는 걸 마음으로 되새긴다.

우리의 생존전략은 우리의 불신에 합당한 이유가 있음은 물론이고 소마가 언제든지 우리를 지켜줄 것이라는 사실을 보여준다. 우리 자신을 믿는 것이 신뢰 회복의 첫걸음이지만, 신체는 길들여진 방식대로 작동한다는 걸 간과해선 안 된다. 따라서 신뢰의 밑바탕을 다지려면 새로운 자극을 수용해야 한다. 이것이 바로 헤인스가 말하는 "신체적 열림 somatic opening"이다. 중요한 건 새로운 형태의 사랑을 경험하러 나서는 것이며, 자기 자신과의 관계 외에도 새로운 관계를 쌓아나갈 기회를 두려움에 빼앗기지 않는 것이다. 우리 몸은 우리가 계속 살아가고 싶어한다는 걸, 우리가 서로의 존재를 드높이는 건강하고 품위 있는 관계를 바란다는 걸 보여준다. 우리에겐 이를 누릴 자격이 있다.

내 방어기제가 오랜 시간 창피했으면서도 그로부터 한 가지 배운 게 있다면 생존전략에는 변화 가능성이 있다는 것이다. 과거에 내가 나를 보호했던 방식들은 일종의 살아남겠다는 의지였다. 자각하지는 못했을지언정 이 경험들은 내가 내 삶을 소중히 여긴다는 걸 알려줬고, 나는 이에 깊이 감사한다. 몸치유를 접한 뒤로 나는 내 신체 반응을 주시하면서 나 자신과 더 끈끈한 사이로 발전했다. 이제는 내가 어떤 상태―도피, 투쟁, 동결, 아첨, 해리―에 있건 간에 우선 한 발 물러서서 상황의 큰 그림을 파악할 수 있으며, 내가 정녕 위험을 맞닥뜨린 것인지 아니면 과거의 기억에 휩쓸려버린 것은 아닌지 식별하려 한다. 섣부른 자책이나 가치 판단 없이 상황만을 따져보며 해로운 버릇을 멀리하고 새로운 가능성에 마음의 문을 활짝 연다. 나는 나와 함께 신뢰의 탑을 쌓아올리면서 사랑으로부터 지배, 폭력, 통제를 구분하는 정신적 근육을 키웠다. 몸치유는 내게 사랑은 폭력과 동침할 수 없다는 것을 두고두고 상기시킨다.

생존이라는 게 삶을 사랑으로 채우려는 분투가 아니라면 달리 무엇일 수 있을까? 몸치유의 강점은 우리 몸에 새로운 패턴을 만들어주는 동시에 이미 습관처럼 몸에 밴 패턴을 걸러낼 수 있게 도와준다는 것이다. 내 생존전략을 파악하고부터 나는 내 몸이 새로운 신뢰 감각을 회복할 수 있게끔 여러 사람과의 데이트를 잠시 접었다. 연인보다는 친구와 가족과의 관계에 집중하며 삶의 자양분을 얻었다. 연애를 회피하겠다는 게 아니라 생산적이고 개방된 마음의 터를 세워서 나 자신과의 신뢰관계부터 회복하려는 것이었다. 그리고 이 시간을 빌려 내가 연인관계에서 무엇을 추구하고자 하는지, 어떤 대우를 받고 싶은지를 알아가려 애썼다.

책을 읽고, 일기를 쓰고, 한가로이 산책하며 나는 신뢰를 재발견했다. 그 시간을 통과한 끝에 나는 사람들에게 조심스레 다가갔고 나의 가장 뼈아픈 경험과 감정을 공유했다. 나는 사람과 동식물을 포함해 다양한 존재와 우정을 쌓으며 친밀감이란 신뢰, 지지, 솔직함 등을 재료로 만들어진다는 걸 깨달았다. 나의 몸은 친밀감의 새로운 패턴을 익히고, 누그러진 시선으로 세상을 읽고, 매 순간 감사 속에 살며 사랑에 손 내밀고 있다.

2020년 코로나19 팬데믹 첫해에 친할아버지가 세상을 떠났다. 나를 금이야 옥이야 키워주신 분이었다. 하지만 나는 지난 3년 동안 (미국 이민을 이유로) 호주에 돌아가지 못하고 있었고, 부고를 접하자 내가 존경했던 멋진 한 사람의 죽음을 어떻게 받아들여야 할지 몰라 힘겨웠다. 마음은 뒤숭숭했고 할아버지가 떠났다는 사실을 오래도록 부정했다. 할아버지가 눈을 감은 지 6개월이 지나서야 마음을 추스르려 일기장을 펼칠 수 있었다. 그날, 프란츠 리스트의 「위로」 3번곡을 틀어뒀을 때 할아버지의 영혼이 나를 찾아왔다. 생전에 할아버지는 내게 클래식을 들려주셨고, 어린 내가 피아노를 칠 때면 늘 옆에 함께 앉아 계셨다. 할아버지는 늘 연주의 핵심은 완벽을 기하려는 게 아니라 내면을 드러내는 것이라고 강조했다. 좋은 선생님이었던 할아버지 덕분에 나는 내 감정을 믿고, 상상의 나래를 펼치고, 실수를 보듬을 수 있었다. 할아버지는 내게 남자도 감정을 섬세하게 다룰 수 있다는 것과 여성혐오와 인종주의에 맞서 앞장설 수 있다는 것을 보여준 첫 번째 사람이었다. 또한 우리에게 강제된 유해한 선로를 이탈함으로써 더 밝은 가능성과 만날 수 있다는 것도, 마음에 빗장을 걸어두지 않는 것이 중요하다는 것도 모두 할아버지에게 배웠다. 할아버지는 세상을 떠나는 길목에서조차 내게 신뢰의 새로운 방향을 제시해주셨다.

그리운 마음에 눈물이 왈칵 쏟아졌다. 나는 할아버지가 남겨준 신뢰에 관한 교훈을 되새기며, 할아버지를 향한 나의 깊은 사랑을, 더는 직접 전할 수 없는 한없는 사랑을 애도했다. 사랑과 신뢰의 관계 또한 노력해서 만들 수 있음을, 그 가능성을 친히 삶으로 증명한 사람. 할아버지는 호기심 어린 눈으로 세상을 지켜봤고 눈물 흘리는 것을 두려워하지 않았다. 부모님이 허리띠를 졸라매고 일하는 동안 내 손을 맞잡고 등굣길에 올랐으며 애정 어린 시선으로 나를 바라보셨다. 꽃가루를 휘날리는 벌들의 이름과 나무껍질이 벗겨지는 원리를 알려주셨고 새소리에는 휘파람으로 응대하곤 하셨다. 이제 나는 산책을 나설 때마다 곁에서 할아버지가 함께 걷고 있다고 상상한다.

상실의 슬픔은 온몸 위로 떠올랐고 나는 할아버지의 영혼을 느끼며 그 안에 잠잠히 앉아 있었다. 할아버지를 더는 만날 수 없지만 할아버지의 영혼만은 내 안에 둥지를 틀고 있다. 「위로」의 선율이 흐르고 일기장이 한 줄 한 줄 채워지자 몸에 담요를 두른 것처럼 온기가 퍼졌다. 창문 너머로는 벌새가 맴돌았다. 할아버지는 어디서나 나와 함께 계신다. 장미꽃에, 나비에, 벌새의 퍼덕이는 날갯짓에도. 내가 세상에 손 내미는 모든 순간에 할아버지도 나란히 손 내밀며, 우리는 함께 사랑과 신뢰의 싹을 틔운다.

제6장

망령들과 마주할 차례

수치심

우리는 망령의 세계에 살고 있다. 귀신들은 사람들 사이를 사뿐히 걸어다닌다. 가끔 한밤중 후끈한 여름바람을 타고 그들이 내 곁을 스쳐가면 등골이 오싹해진다. 나는 한때 고통이나 상실의 적나라함을 몰랐던 '때 묻지 않은' 시절로 돌아가려고 부단히 노력했다. 그간의 발자취가 깨끗이 지워진 환상적인 '청결'의 세계에 집착했다. 그러나 과거의 망령을 놓아주는 일이 제아무리 중요하다고 한들 결코 고통과 완전히 동떨어진 나로 되돌아갈 순 없다. 세상은 고통이 삭제된 무대가 아니며, 내가 그렇듯 고통 역시 세상이라는 무대에서 맡은 배역을 다하고 있다.

'순수한' 나로 복귀하는 것을 치유라 착각했던 적이 있다. 과거를 앞지르려고, 망령들을 따돌리려고 노력했다. 하지만 뜻대로 되지 않았고 이건 내 능력 밖의 일임을 인정하자 가슴께와 목

언저리에 수치심이 들끓었다. 말끔히 치유되지 못한 나, 상황을 극복할 힘도 없는 내가 원망스러웠다. 수치심은 치유에 도움이 되지 못했고, 나를 꾸짖는 태도는 오히려 자기책임에 대한 회피로 이어졌다. 그렇게 과거는 현재까지 물들였다.

귀신을 인솔자로 삼으면 어떨까? 특히나 예상치 못한 순간에 우리를 찾아오는 귀신 말이다. 이승을 떠도는 망령에는 그럴 만한 사연이 있다. 이들과 합석해서 자초지종을 듣는 것이 불편은 하겠지만 경청하다보면 희망의 실마리를 찾을 수도 있다. 망령들은 머나먼 옛적부터 지금까지의 세월을 쓸고 닦아, 우리 안의 응어리가 풀어져 나갈 길을 터준다. 처벌 체계는 인종주의 및 아동 교육제도 속 깊숙이 자리잡고 있다. 이는 좋음과 나쁨, 순결과 타락, 영웅과 악당 등으로 우리 자신을 구분 짓게 하고 사람의 복합성을 인식하지 못하게 한다. 영화 「석양의 무법자 The Good, the Bad and the Ugly」에서 '추함'이라는 말은 선이나 악으로 구분 지을 수 없는 새로운 차원을 더한다. 우리가 외면해왔던 '추한' 공간에 어쩌면 지식의 보고가 자리하는지도 모른다. 나는 부끄러워 마땅하다고 교육받은 역겨운 감정들을 치유 과정에서 들춰봤다. 이 감정들은 단정치 못하고 지저분하며 번거로운 데다 괴롭기까지 하지만 변화하며 나아지고 있다. 우리가 이런 감정들을 멀리할수록 수치심은 몸집을 불리고 우리 안에 똬리를 튼다.

수치심의 덫에 걸려들면 변화, 치유, 책임의 가능성이 흐려진다. '때 묻지 않은' 과거를 동경하다가는 우리를 오늘 이 자리에 설 수 있게 해준 생존의 경로마저 지워버리게 된다. 우리 대부분은 피해자이지만 그렇다고 모든 가해로부터 무결할 만큼 완벽하지도 않다. "다친 사람들이 다른 사람들을 다치게 한다Hurt people hurt people"라는 경구를 접해봤을 것이다. 틀린 말은 아니어도 좀더 확장될 필요가 있다. 어떻게 해야 상처 입은 사람들을 치유하고 (우리 자신을 포함해) 더 많은 사람이 다치지 않도록 할 수 있을까? 어떻게 해야 자기책임을 발휘해 행동을 바꾸고 수치심의 악취를 정화할 수 있을까? 수치심은 닳지 않는 후회 같아서 우리를 계속해 자기파괴의 볼모로 붙잡아둔다. 우리를 따라다니는 망령들의 정체를 제대로 파악해야 수치심을 덜어내고 변화를 도모할 수 있다. 스스로를 처벌하는 대신 개선의 가능성을 향해 나아가며, 우리가 더 나아질 수도, 더 많은 것을 누릴 수도 있다고 믿어야 한다. 그로써 상처로 얼룩진 과거에도 불구하고 눈부신 성장으로 도약할 수 있다. 망령들은 우리가 시계태엽을 뒤로 감을 순 없대도 무궁한 변화를 이룰 순 있다고 알려준다.

학대 이전의 나로 돌아갈 수 없다는 것을 인정하기란 쉽지 않았다. 그때의 나는 더이상 존재하지도 않는데, 과거의 나에 집착하면서 내가 견뎌온 시련을 얕잡아 보기도 했다. 나는 나를 학대 '전'과 '후'로 구분 지으며 자아를 쪼개놓았다. 학대를 기점으로 '온전했던' 나와 '망가진' 나를 갈라 세운 것이다. 유해한 이분법을 경유하자 나 나라는 존재가 과거, 현재, 미래를 잇는 실타래라는 점을 받아들이지 못했고, 폭행 이전의 자아에 목매느라 지금의 나를 수용할 수 없었다. 하지만 학대받기 이전의 나를 추적해봤자 나는 이전처럼 순수하거나 피해의 경험을 모르는 사람이 아니었다. 내가 내 모든 삶이 축적된 집에서 다시 편안해지기까지는 오랜 시간이 걸렸다. 그곳에는 그간의 따끔한 가르침부터 나를 일으켜 세워줬던 신성한 사랑들이 자리했다. 나는 나를 빚은 모든 것과 함께 살고, 나의 모양새를 사랑하며, 내가 어떤 역경을 이겨냈는지를 기억하면서 계속 살아갈 것이다.

X와의 인연이 끝장난 다음 나는 고통을 지우고 '깨끗한 상태'로 복귀하는 게 그를 잊는 것이라고 생각했다. 고통받기 이전으로, 그를 모르던 명랑한 나날로 돌아가기를 지독히도 바랐다. '생존자'라는 호칭은 상스럽게만 느껴졌다. 게다가 나는 그의 품에 몇 번이고 돌아간 적이 있었기 때문에 이 고통을 지인들에게 함구해야 했다. 폭행 이후 그를 찾아갔었다고 친구에게 털어놓은 적이 있긴 하다. 친구는 곧장 얼굴을 일그러뜨렸다. "지긋지긋하다, 참. 아주 괴롭혀달라고 비는 꼴이잖아." 날 아끼는 마음에 튀어나온 말이라는 걸 알았지만 내가 고통받아도 싸다는 소리로밖에는 들리지 않았다.

"왜 떠나지 않았죠?" 「CBS 오늘 아침」 방송에서 게일 킹이 가수 FKA 트위그스에게 그녀가 겪었던 학대 관계에 대해 질문했다. 그녀는 이렇게 응답했다.

그런 질문은 안 하는 편이 낫다고 생각해요. 선의에서 물으셨겠지만 제 입장을 분명히 밝힐게요. 저는 더는 그런 질문에 답할 생각이 없고, 따질 거면 가해자한테 따지셔야죠. '왜 사람을 학대하고 인질로 붙잡아뒀나요?'라고요. 하지만 사람들은 이렇게 말해요. "에이, 상황이 그렇게 나빴을 리 없어. 그만큼 심각했으면 진즉 떠났겠지." 현실은 반대예요. "아뇨, 너무 악질이라서 떠날 수 없었어요."

트위그스의 답은 내 안에 타오르던 수치심의 불씨를 한 풀 꺾어놓았다. 그의 답은 '나는 뭐가 잘못된 걸까?'에서 '이 관계는 어떻게 잘못된 걸까, 그리고 왜 나는 떠날 결심을 하지 못하는 걸까?'로 질문의 방향을 트는 데 결정적인 역할을 했다. 나는 만남과 헤어짐이 정신없이 반복되던 해로운 인연 속에 고립돼서 자책과 수치심에 휘청였다. 관계의 경기장은 기울어질 대로 기울었고, 나는 그가 날 붙잡아두려고 꺼낸 수많은 거짓말과 사탕발림을 제대로 따져보지도 않았다. 수치심은 나를 자기파괴로 몰아붙였고 나는 존재 자체가 찌그러졌다고 생각했으므로 사랑받을 자격도 없다고 믿어버렸다.

충동적인 이별로 그가 떠난 뒤 나는 절망했다. 엎친 데 덮친 격으로 그 절망감마저 수치스러웠기에 이제 자유를 찾았으니 기뻐해 마땅하다고 스스로를 속였다. 정신적·정서적으로 여전히 관계에 얽매인 채 끝장난 관계를 애도하다가도 내가 관계를 애도하고 있다는 걸 알아차리면 수치스러워했다. 당시 나는 애정 공세에서 폭력으로 그리고 허울뿐인 반성으로 이어지던 익숙한 패턴의 상실을 애도하고 있었다. 그러나 트위그스가 가해자의 지배력을 "인질"이라는 한 단어로 정리한 걸 보자 내가 X로부터 떨어져 나오기 위해 넘어서야 했던 물리적, 정서적, 영적 고비가 하나둘 떠올랐다. 그는 내가 아직도 그와 만나고 있음을 내 친구들에게 불어버리겠다며 수시로 협박했다. 나는 수치심에 인질로 붙잡혀 있었기에 그런 심리적 조종이 두려웠다. 나는 자유라는 게 뭐였는지 잊었을 만큼 꼭두각시로 전락했고, X는 창피를 주는 방식으로 나를 통제할 수 있다는 걸 나보다 더 잘 알고 있었다. 그는 물리적인 겁박 없이도 내가 알아서 제자리를 지키게끔 나를 능숙하게 조종했다.

나는 나를 다그치고, 스스로 화내고, 그에게 들은 욕지거리를 되새김질하면서 한동안 내 무덤을 파고 또 팠다. 자기파괴는 중독 수준에 이르렀고, 헤어나오질 못하는 내 모습이 망신스러웠다. 인생에서 그와 함께한 시간이 모두 증발하기를, 그를 만난 적 없었기를, 그가 사라지기를 간절히 바랐다. 그리고 이 중 무엇 하나 이뤄질 수 없다는 걸 깨닫고서야 나 자신에게 집중할 수 있었다. 도움을 구하려면 용기가 필요했고 그러려면 먼저 수치심을 씻어내야 했다.

안타깝게도 생존자들은 너무 많은 비난에 노출된 나머지 도움을 구하는 그 자체로 트라우마를 느끼거나 괴로워할 수 있다. 하지만 생존자들이 부끄러움을 느끼지 않고 접근할 수 있는 다양한 보조와 자원이 있으며, 나도 몇몇 단체를 통해 상담을 받은 다음 그와의 이별이 축복이라는 걸 마침내 깨우쳤다. 수치심이 떠나간 자리에는 치유에 대한 희망과 새로운 사랑을 익히겠다는 결심이 들어섰다. 그를 만나지 않은 때로 되돌아가거나 과거를 지울 수는 없다는 사실을 인정해야 했지만, 나는 주변의 도움과 새로운 동정심의 힘으로 그 망령들 사이를 거닐었다. 타인 앞에 고통 속에 갇혀 있던 나를 꺼내 보였을 때, 비로소 나는 나를 다시 만날 용기를 얻었다.

    애도 작업에서와 마찬가지로, 우리가 망령들을 찬찬히 알아가는 일이야말로 그들을 황천으로 무탈히 보내주는 일일지 모른다. 망령들이 버티고 선다고 할지라도 결국 그 끈질김만큼이나 우리의 치유가 강력하고 불가피하다는 것이 반증될 뿐이다. 어떤 이들은 날 때부터 망령들을 물려받는데, 이렇게 상속된 아픔을 보듬기까지는 품이 제법 든다. 그러나 망령까지 포함해 진상을 있는 그대로 다 받아들여야만 우리 자신을 용서할 수 있으며 마음의 허락을 얻고 치유를 시작할 수 있다. 나는 나 자신에게 다정하고도 껄끄러운 질문을 여러 차례 던지며 내 고통을 심층적으로 알아가려 했다. 이는 망령의 뿌리를 찾아 유년 시절부터 선대의 경험까지 거슬러 올라가는 과정이었다. 이때 X의 행동은 X 본인의 고통에서 기원했음을 기억하고 그 헐떡이는 수치심이 옮아오지 않도록 내 영혼을 지키는 것에 집중해야 했다.

    나는 학대받기 이전으로 돌아갈 수 없고 또 무진장 노력해봤지만 결코 X를 잊지 못할 것이다. 내 몸과 마음, 영혼은 그의 괴력이 남긴 상처를 영영 지닐 테고, 상흔은 지워지지 않을 것이다. 하지만 내 소마는 내가 어떻게 그의 손아귀에서 벗어났는지, 사랑하는 사람들에게 경험을 털어놓고, 상담을 신청하고, 전인全人의학의 도움을 받고, 동료 생존자들을 도울 용기를 냈는지 기억한다. 친밀한 관계 내 폭력 생존자로서 나는 내가 받은 가장 깊은 가르침을 항상 기억하며 살고자 한다. 나는 받아선 안 될 상처를 받았지만 내 생존의 몸부림에는 영혼이 허락한 사랑이 번뜩이고 있다. 그건 불순하고 불완전하고 불타오르는 몸부림이었고, 나는 주어진 자리에서 내가 할 수 있는 바를 다했다. 나는 수치심의 그늘에서 벗어나 다시 사랑을 배우고자 다짐한다.

그렇다면 우리가 타인을 해친 뒤에 쫓아오는 망령들은 어떻게 대해야 할까? 나는 X와 헤어진 다음 사람들을 가볍게 만나고 헤어지기를 반복했고 상대방의 입장은 헤아리지 않았다. 머릿속이 번잡하고 침울해질 때면 단지 체온을 나누고 자존감을 채울 심산으로 사람들을 찾았고 그러면서 그들의 감정을 상하게 했다. 내가 저지른 일이 퍽 부끄러워져 한동안은 사람들을 못 만났다. 그 과정에서 나 자신을 더 자주 손가락질했고, 나는 바뀔 가망이 없다고 쐐기를 박았다.

죄책감과 수치심은 다르다. 크리스탈린 설터스-페드노 박사는 「경계선적 성격장애의 창피와 수치를 견디며」라는 글에서 두 감정을 구분한다.* 죄책감은 당신이 그릇된 행동을 했다는 데서 기인하는 반면, 수치심은 당신의 존재 자체가 그릇됐다고 여기는 심리 상태다. 나쁜 행동을 저지를지라도 본질적으로 나쁜 존재는 없다는 게 설터스-페드노 박사의 요지다. 우리는 곧 악행 자체가 아니라 악행을 저지른 완전하고 복잡한 (주로 정신적 외상을 입은) 사람들이다. 이런 인식은 책임을 전가하는 게 아니라 우리 자아를 총체적으로 이해하기 위한 폭넓은 사유의 공간을 마련해준다. 그리고 우리 자신을 직시함으로써 비로소 유해한 행동, 고통의 뿌리, 변화의 실마리를 파악할 수 있다.

    헤인스는 『트라우마의 정치학』에서 수치를 이렇게 정의한다. "수치는 당신이 잘못되고 나쁘고 때 묻고 어리석으며, 모든 것이 당신 탓이라는 만연한 느낌이다. 당신이 일그러져도 아주 단단히 일그러졌다는 기분이 마음 깊숙이 숨어 산다. 수치는 당신이 무언가를 잘못했다는 게 아니라 당신이 잘못됐다는 일상적인 감각이다."** 수치는 가혹한 자기학대를 유도한다. 변화의 가능성을 열어주기보다 당신이 세상에 설 자리를 좁혀버린다. 반대로 죄책은 자신의 과오에 대한 불편감이다. 죄책은 책임 의식을 갖게 하고 특히 타인에게 피해를 끼쳤을 시에 속죄를 구하는 방향으로 우리를 이끌어준다. 죄책감을 느끼면서 우리는 마땅히 치

---

*   Kristalyn Salters-Pedneault, "Coping with Borderline Personality Disorder Embarrassment and Shame", verywellmind.com/bpd-and-shame-425474

**   Staci. K Hains, 같은 책.

러야 할 대가에 가까이 다가선다. 그로써 변화하고 사과하고 새로운 행동 패턴을 익히고 마음의 문을 열고 우리가 다치게 했던 사람들의 치유를 위해 (그들에게서 멀찍이 떨어져주는 등) 노력하게 된다. 죄책의 목소리에 휩쓸리지 않는 선에서 그 내용을 곱씹어 보는 건 중요하다.

수치심이 끓어오르면 상처가 덧날 수 있다. 당신이 수치 속에 틀어박혀 지낼수록 그 감정은 자신과 주변인 모두를 괴롭힌다. 서구사회에서 가해자들은 흔히 "부끄러운 줄 알라You should be ashamed of yourself"라고 비난받는다. 그러나 스스로를 부끄러워한다고 그 사람이 자신의 나쁜 행동을 제어할 능력을 깨치는 것은 아니다. 때론 정반대일 수도 있다. 자신이 태어나기를 '못되게' 태어나 '범법' 인생을 살다 갈 팔자라고 믿어버리는 사람은 치유나 변화에 관심 갖지 않는다. 나는 학대를 저지른 사람들이 죄책감을 원동력 삼아서 책임 의식으로 나아가야 한다고 믿는 반면, 수치는 막다른 골목처럼만 느껴진다.

몸에 내제된 수치와 헤어지는 과정에서 나는 수치가 우리 문화에 퍼져 있는 형태를 살펴봤다. 형벌과 수치는 가해 가능성을 줄이지 못하며 진정한 자기책임을 실천하는 데 방해가 되고 오히려 방어적인 태도를 조장한다. 피해자에게 수치심은 필요한 조력과 자원을 구하고 치유의 가능성을 믿는 데 걸림돌이 된다. 또한 가해자에게 수치심은 피해를 줄이고 실수에 사과하며 같은 잘못을 반복하지 않도록 하는, 어렵지만 필수적인 과정을 가로막고 주변에 방어벽을 치게 한다. 책임을 지고 반성을 다하기 위해서는 반드시 이 같은 수치를 치유해야 한다. 수치는 목청이 크고, 치유로 향하는 발목을 붙잡고 늘어진다. 수치가 나를 자기혐오의 구덩이에 내던지고 내가 나를 싫어하게 되면 그 덕은 누가 보는가?

책임을 진다는 지난한 과정을 다하려면 죄책감을 경청하고 올바른 사과 방법을 익히는 것이 우선이다. 사과를 한다고 피해가 다 회복되지는 않겠지만 사과는 관계 회복과 새로운 자기의식의 시발점이 될 수 있다. 변혁적 정의transformative justice*와 장애 정의 운동가 미아 밍거스는 블로그에 올린 글 「책임의 네 가지 단계: 진짜 사과는 어떻게 하는가」에서 진정으로 책임을 진다는 것이 무엇인지 정의한다.

> 진정으로 책임을 진다는 것은 그 본질로써 우리를 성장시키고 변화시키고 변형시킨다. 변형이란 낭만화하거나 얕잡을 개념이 아니다. 진정한 변형에는 죽음과 탄생, 결말과 새출발이 따른다. 진정한 책임은 지금 우리 사회가 경시하는 가치들, 즉 취약성과 용기를 전면적으로 요구한다.**

밍거스는 자신의 글에서 소개한 사과 방식이 "논쟁, 상처,

---

*   형사사법 정의Criminal Justice가 소수자 집단에게 불공정하거나 위험하다는 경험적 인식을 바탕으로, 범죄의 책임을 묻거나 형을 집행하는 권한을 국가 정부가 독점하는 데에 반대하며 공동체 자치적인 생존자 중심의 정의 구현을 강조하는 정치 운동. —옮긴이

**   Mia Mingus, "The Four Parts of Accountability & How To Give A Genuine Apology", https://leavingevidence.wordpress.com/2019/12/18/how-to-give-a-good-apology-part-1-the-four-parts-of-accountability

오해, 신뢰 균열, 낮은 수준의 가해"에 적합한 방식임을 명시하면서, 자그마한 사건과 사고에 대한 사과가 장차 책임 의식의 주춧돌이 되어준다고 강조한다. 사소한 실책을 현명히 해결할 수 있어야 더 크고 폭력적인 가해에 있어서도 대처법을 강구할 수 있다. 유용하고 간결한 그녀의 글은 독자가 관계의 책임을 다하고 올바른 방향을 잡아나가기에 훌륭한 길라잡이가 되어준다.

밍거스가 제시하는 진정한 사과는 자기반성, 사과, 관계 회복, 행동 변화로 구성된다. 첫 번째, 가해자는 자기반성의 시간을 가지면서 자신이 한 행동과 그것이 끼친 피해를 돌아본다. 이 과정은 관계 회복에 대한 강력한 의지와 자기 인식이 뒷받침돼야 한다. 두 번째, "미안합니다"라는 구체적인 말을 담아 사과하면서, 특정한 가해 행동과 그것이 미친 영향을 적확하게 묘사해야 한다. 세 번째, 관계 회복은 "단순히 자기 행동만 바꾸는 식으로 혼자서 처리할 수 있는 게 아니라 관계 내에서 이루어져야 하며, 따라서 책임의 전 과정에서 특별히 까다롭다." 즉 관계를 회복한다는 것은 서로 합의하에 신뢰를 재구축하는 과정으로, 굉장한 용기가 필요하다. 끝으로 네 번째, 몸가짐을 바꾸고 가해를 저지르지 않도록 노력하여 행동을 변화시키는 것이다. 밍거스는 마지막 단계를 사과의 핵심으로 본다. "가해가 지속되고 있는데, 번지르르한 사과가 무슨 소용이랴."

그의 글에서 가장 눈에 띄었던 것은 사과를 성스러운 행위로 바라봐야 한다는 대목이었다.

사과는 책임을 지는 과정의 일부이며, 책임이란 사랑의 고귀한 실천이다. 당신이 아끼는 사람에게 상처를 줬다면, 그 상처를 보듬는 건 성스러운 일이다. 그 과정을 통해 당신은 그 사람과, 그와 당신이 나누고 있는 관계, 그리고 당신 자신까지 보살피게 된다. 당신은 책임, 치유, 올바른 관계 만들기라는 신성한 작업에 임한 것이다. 이러한 작업은 변혁적 정의, 사랑, 상호의존이 남기는 유산의 하나다.*

그는 이어서 진정으로 사과하는 방법도 소개한다. 가해를 인지한 뒤 최대한 빨리 사과하기, 정중하게 사과하기, 적극적으로 사과하기, 자기책임을 다할 명확한 방식을 제시하기, 이후의 상황을 통제하겠다는 욕망을 내려놓기, 자기책임에 성실하게 임하기 등이다. 그리고 밍거스는 다음을 강조한다. "사과를 함으로써 상대방으로부터 사과를 이끌어내겠다는 것은 진정한 사과가 아니다. 그건 심리적 조종이다." 사과를 전한 다음에 펼쳐질 상황은 통제할 수 없다. 다만 당신이 책임을 다하기로 결심했다면 다시는 같은 실수를 반복하지 않기 위해 필요한 도움을 적극적으로 구해야 한다. 사과는 애정과 사랑의 관계를 이어가는 중요한 역할을 한다. 사과는 타인만이 아니라 자신과의 신뢰를 재건하고 관계를 돈독히 할 기회를 제공한다.

X의 연이은 사과는 실질적인 변화로 이어지지 않는 겉치

---

* Mia Mingus, 같은 글.

레에 그치곤 했다. 그는 나를 심리적으로 조종할 목적으로 사과했고, 우리의 재회를 바랄 때만 입바른 말을 했다. 그도 흐릿하게나마 양심의 가책을 느꼈지 싶은데 정작 책임질 결심은 않았다. 마음을 고쳐먹을 의지도 없으면서 무심하게 던지는 '내가 미안해'는 유의미한 사과로 받아주기 어려웠다. X가 무릎을 꿇고 싹싹 빈다고 해도 그를 용서할 마음이 들기는 어렵겠으나, 고개를 들고 사회 전반을 둘러보면 애당초 우리가 자기책임이나 실천형 반성을 권장하는 문화에 살고 있지 않다는 것을 알 수 있다. 우리에게 주어진 선택지는 기껏해야 징역살이다. 그렇다면 밍거스가 펼친 책임론의 연장선에서, 심각한 가해는 어떻게 해야 제대로 책임질 수 있을까? 어떻게 우리의 노력이 언제나 생존자 중심으로 구성될 수 있을까?

나의 학대 이야기를 읽으면서 당신은 내가 왜 경찰을 개입시키지 않았는지 궁금할 수도 있겠다. 폭행과 강간 이후 뭐부터 해야 할지 몰라서 우선 경찰에 신고할까 고심했다. 내가 연락했던 지인 대부분도 그러라고 조언했다. 그렇지만 당시 나는 서류미비자undocumented* 상태였던지라 정부 수사기관이 어떤 방식

---

*　합법적인 비자가 만료되거나 없는 등 유효한 체류 자격을 상실한 신분. 존재의 위법성을 강조하는 '불법체류자Illegal Alien'의 대안 용어. 서류미비자 신분이 발각된다면 추방 및 입국 금지 조치에 처할 수 있다. —옮긴이

으로든 이 일에 관여되는 것이 우려스러웠다. 그리고 X가 어떤 처우를 받건 그길로 달라질 확률이 희박하다고도 생각했다. 만일 상황이 재판까지 이어지면 그가 달게 벌을 받아야만 했고 그 상상만으로도 속은 후련했지만 그렇다고 진정한 정의를 구현하지는 못할 터였다. 설사 신고를 해서 경찰이 X를 체포하더라도 그의 폭력을 멈출 수는 없었다. 그리고 그렇게 했다가 그가 나를 해코지할 마음을 품지는 않을까 불안했다. X와의 관계에서든 형사사법 당국과의 관계에서든 내가 안전하게 보호받고 든든하게 지켜진다는 느낌을 받지 못했다는 점은 많은 것을 시사한다.

처벌 체계는 많은 사람이 어려서부터 학습하며 도처에서 종종 보인다. 특히 미국의 감옥 제도에서 구금 시설이란 주로 흑인 인구를 표적으로 삼으며 수형자들을 격리와 엄벌로 가혹하게 다루는 폭력적이고 인종주의적인 공간이다. 미국의 감옥 제도는 반反흑인 인종주의와 폭력에서 시작됐고, 경찰력은 동산動産 노예를 관리하기 위해 대규모로 응집됐다. 흑인 페미니스트 민권 운동가들이 공권력에 저항하며 감옥폐지운동이 출발했지만 이런 개혁적인 목소리에도 경찰국가는 진화를 거듭했다. 오늘날 감옥폐지론자들은 감옥산업 복합체와 경찰 만행을 종식시키기 위해 전략을 짜고 단체를 조직하고 의기를 투합한다. 폐지론자 마리암 카바는 『우리가 우리를 해방시킬 때까지 We Do This 'Til We Free Us』에서 감옥 제도가 고장났다고 말하지 않으며 오히려 이 제도가 의도된 방식대로 작동하고 있다고 말한다. 감옥 제도는 언제나 수치와 형벌, 고문, 백인 우월주의를 바탕으로 한 기획이었다.

감옥 제도는 폭력성을 감추고 정의의 집행자로 위장한다. 선과 악의 이분법을 앞세워 누구에게는 자유와 행복을, 또 누구에게는 구속과 핍박을 당연한 상태로 생각하게끔 만든다. 감옥 제도는 삶, 관계, 변화를 존중하지 않으며 치유나 정의를 목표로 두지도 않는다. 구금 시설의 열악한 조건이나 독방은 수형자들에게서 공동체를 앗아간다. 교도관과 경찰은 정의 실현에 관심이 없으며 유색인, 장애인, 이민자, 노동자 들의 안녕을 빌지 않는다.

우리는 장기적인 결과를 염두에 둬야 한다. 아이다 B. 웰스, 루스 윌슨 길모어, 마리암 카바, 케이 아그베비이, 앤절라 Y. 데이비스, 태머라 K. 노퍼, 재키 왕을 비롯한 폐지론자들은 감옥 철폐에 대한 폭넓은 사유를 전개하며 대안적 가능성을 탐색한다. 이들은 가해자가 죗값을 치러야 한다는 사실에는 마땅히 동의하지만, 구금 시설은 변화와 정의를 향하는 길이 아니라는 입장을 견지한다. 극악무도한 폭력으로 막대한 피해를 끼친 범죄자라고 할지라도 막연한 징역살이는 결코 궁극적인 교화로 이어지지 않는다. 구조적인 억압이 가해의 배경이 되지는 않았는지 살펴볼 필요도 있다. 우리는 경찰을 증원시키는 대신 의료 지원, 교육, 주거, 상담 등에 자금을 투입해야 한다. 감옥 제도는 오히려 상처를 곪게 하는 낡은 반창고다.

카이 쳉 톰은 『나는 우리가 사랑을 선택하길 바란다I Hope We Choose Love』에서 이렇게 적는다. "트라우마를 경험한 사람은 처벌적 정의가 이뤄져야 안전하다고 느끼곤 한다. 그러나 역설적으로 처벌적 정의는 우리의 안전을 더욱 위협한다. 왜냐하면 그건 가해자를 다치게 하고, 그가 자진해서 자기 행동을 다스리는 데는 별다른 도움이 안 되기 때문이다."* 나는 이 모순을 이해해보고자 몇 가지 질문을 던졌다. 내 사건 때문에 X가 수감되면, 훗날 그는 나 또는 그의 미래의 파트너에게 위협을 가하지 않게 될까? 그가 고립된 생활 끝에 자기책임에 눈을 뜨고 치유의 길을 걷게 될까? 경찰이 나를 지켜줄까? 나는 경찰 또는 법을 집행하는 누구의 곁에서든 안전하다고 느낄 수 있을까? 이외의 다른 선택지는 무엇이 있으며 누가 나를 지지하고 보호해줄 수 있을까? 이런 자문을 통해 나는 생존자로서 나의 안전을 고려해보는 동시에 변혁적 정의를 택하는 편에 섰다.

대부분의 가정폭력 생존자는 경찰을 선뜻 부르지 못한다. 경찰과 교도관들은 이들이 겪었던 희롱, 폭력, 성폭행을 똑같이 일삼는다. 때때로 내가 겪었던 고통을 X가 그대로 겪기를 바랐지만, 그를 구금 시설에 보낸대도 갱생으로 이어지지 않을 것이었고 어쩌면 더 분노에 찬 사람이 되어 나타날지도 몰랐다. 마리암 카바는 2020년 6월 『뉴욕타임스』에 기고한 「맞아요, 말 그대로 경찰을 없애자는 소리를 하고 있는 겁니다Yes, We Mean Literally Abolish the Police」라는 에세이에서 다음처럼 논한다.

> 성폭력 피해자 3명 중 2명은 아무에게도 피해 사실을 알리지 않는다. 조서를 제출하더라도 경찰 측에선 탐탁지 않게 반응하기

---

* Kai Cheng Thom, *I Hope We Choose Love*, 2019.

일쑤다. 더군다나 경찰관들 역시 성폭행을 매우 자주 저지른다. 2010년의 한 통계에 따르면 경찰의 부정행위 중 성적 비행은 두 번째로 자주 신고된다. 2015년 버펄로 뉴스는 경찰관이 닷새에 한번꼴로 성적 비행 때문에 붙잡힌다고 보도했다.*

카바는 아야나 영의 팟캐스트 「포 더 와일드」에서 이렇게 말했다.

> 피해를 입은 사람들, 참고로 아주 심각한 피해를 말하는 건데, 그중에 과반수가 애당초 수사기관에 연락을 넣지 않는다니까요. 그 뜻인즉 피해자들은 아무것도 안 하는 편을 선호한다는 거예요. 지금 제공되는 도움을 받을 바엔 어떤 조치도 취하지 않겠다는 입장이 가장 흔하다고요.

나아가 카바는 다른 에세이 「폐지론자가 될 생각을 하신다고요 So, You're Thinking about Becoming an Abolitionist」에서 이렇게 적는다.

> 감옥에 가해자 몇 명 집어넣는다고 성폭력과 젠더화된 폭력이 줄어들거나 사라지지 않는다. 그건 가해 가능성을 만들어낸 문화 전반을 바꾸거나 가해자의 책임 의식을 개선하는 등 변화를

---

* Mariame Kaba, "Yes, We Mean Literally Abolish the Police", https://www.nytimes.com/2020/06/12/opinion/sunday/floyd-abolish-defund-police.html, The New York Times, 12 June 2020.

도모하고 생존자의 욕구를 충족시키는 데는 쓸모가 없다.*

물론 폐지론자는 가해자, 특히 만행을 저지른 가해자가 그에 따른 대가를 치르지 않고 살아도 괜찮다고 말하는 게 아니다. 폐지론의 주안점은 생존자의 안전이다. 폐지론은 진정한 변혁적 정의를 구현하고 정부주도형 처벌에 맞서는 운동이다. 가해라고 다 똑같은 가해가 아니며 정도와 결과에 차등을 두어야 한다. 카바는 레이첼 허징과 함께 작성한 에세이 「형벌 개혁: 형벌 없는 책임이란 무엇인가? Transforming Punishment: What Is Accountability without Punishment?」를 통해서 가수 R. 켈리가 저지른 폭력적인 행동을 두고 폐지론을 논의한다.

> 폐지론자들은 변혁에 대한 다양한 가치, 원칙, 사상을 갖고 있는데, 수감시킬 바에야 아무런 조치도 취하지 않는 게 낫다고 주장하는 폐지론자는 없다. 켈리든 누구든, 자신이 저지른 악행에 따르는 결과를 감당해야 한다. 단, 이 결과는 다양한 형태를 띨 수 있다. 가해의 맥락에서 발생한 저작권료와 기타 금전적 수익을 포기하거나, 피해자와 그들의 가족, 때로는 공동체에 배상하거나, 노동력을 제공하는 형태가 있다. 특정 집단이나 공간에 대한 접근권에 제약을 두거나 지도자 자리에 선출될 자격을 내려놓는

---

* Mariame Kaba, "So You're Thinking about Becoming an Abolitionist", https://level.medium.com/so-youre-thinking-about-becoming-an-abolitionist-a436f8e31894, October 2020.

형태도 있다. 또한 공적 사과문을 발표할 수도 있다. 어느 형태로 진행되건 간에 결과는 가해의 성격과 직접 연결돼야 하며, 피해를 입은 사람들의 의견을 반영해야 한다.*

  이 글을 읽으면서 서서히 머릿속 안개가 걷히는 듯했다. X가 내게 한 행동에 걸맞은 책임을 상상해볼 새로운 용기가 생겼고, 생존자가 가해자의 처벌 형태에 자기 주관을 반영할 수 있다고 생각하자 해방감이 들었다. 돌이켜보면 폭행 직후 내게 가장 큰 안정을 가져다줬던 것은 나를 지지해줄 사람들을 모아 그가 내게 접근하지 못하도록 거리를 벌리는 것이었다. 어찌 보면 그건 실제로 이뤄졌다. 나는 자주 참석했던 지역 공동체 내의 저녁 행사 주최자들에게 친구들의 입을 빌려 내 상황을 전달했고, 그들은 X에게 입장 금지령을 내렸다. 그리고 나 혼자만의 결단으로는 X에게 내 주소나 사적인 정보를 흘리지 않을 자신이 없어 주변인들에게 도움을 청하기도 했다. 나는 수치심을 덜고, 그의 품으로 돌아가지 않고, 내 치유에 집중할 수 있게 도와줄 인적자원을 바랐다. 나는 그의 지원 시스템(그의 친구와 가족들)도 그가 음주와 연애를 절제하고 본격적인 상담을 받을 수 있게 물심양면 나서주기를 바랐다.

  감옥 제도의 대안을 떠올리는 게 쉽지 않더라도 우리는 계속 서로를 독려해야 한다. 흑인 생명을 위한 데이터 Data for Black

---

* Mariame Kaba, Rachel Herzing, *We Do This 'Til We Free Us*, 2021.

Lives의 단체장 예시마바이트 예시 밀너는 감옥 폐지를 창조적 실천으로 묘사한다. 우리는 폭력적인 체제에 맞서 싸우는 동시에 새로운 형태의 정의와 돌봄을 적극적으로 만들어간다. 이를 통해 식민화, 노예제, 투옥 등 다양한 억압의 구조를 해체할 수 있다는 데에는 반론의 여지가 없다. 오랜 시간 폐지론자들은 그런 이상향을 현실로 옮겨왔다.

감옥 제도는 쇄신의 대상이 아니다. 이는 돌봄, 결과, 책임, 정의, 치유에 초점을 맞춘 정책들로 아예 대체되어야 할 뿐이다. 많은 사람은 폐지론을 지나치게 급진적이라 여기고 찜찜해하며 바라본다. 하지만 폐지론자들은 이미 명확하고 구체적인 대안을 세워뒀다. 웹사이트 '폐지론을 위한 8가지 조항8toabolition'에는 폐지주의적 미래를 만들기 위한 상세한 지침서가 실려 있다. 경찰 예산을 삭감하고, 지역사회를 비무장화하고, 경찰 없는 학교를 만들고, 감옥과 교도소에서 사람들을 석방시키고, 자기방어를 비범죄화하고, 공동체 자치 증진에 투자하고, 모두에게 안전한 주거시설을 보장하고, 경찰보다 돌봄에 투자하는 것이 그 핵심이다. 매우 폭넓고 뚜렷한 이 지침서는 폐지론자들의 획기적인 작업을 잘 나타낸다.

대개 우리는 긴급 상황 시에 경찰 말고 누구에게 연락해야 할지 떠올리지 못한다. 우리를 도울 수 있는 자원은 한정적이며 경찰은 일상 속에 침투해 있다. 폐지론자들은 즉각적인 도움이 필요한 사람들을 위해 상담 전화 지원과 대안 자원을 만들어왔다. 온라인 인명록 '경찰에 전화 마라Don't Call the Police'는 미국 전역 50개 주와 캐나다 몇 개 주에 대안 연락망을 제공한다. 생존자들이 갈 수 있는 안전한 거주지와 피난처도 안내한다. 장애인 피해자를 위한 가정폭력 피난처 자유의 집Freedom House이 한 예다. 오클랜드의 경찰테러반대프로젝트Anti-Police Terror Project와 로스앤젤레스의 공동체행동기관 911Community Action Teams 911 또한 좋은 예다. '경찰에 전화 마라'는 다국어로 긴급 지원을 제공하는 24시간 핫라인을 기재한다.

너무 많은 이의 마음과 영혼에 처벌형 감옥 제도가 자리 잡고 있다. 이 제도의 폭력을 뜯어보면 그 독이 우리 내면의 풍경마저 물들였음을 확인할 수 있다. 정부 당국은 수치, 고립, 방치에 대한 공포감을 일부러 자극하면서 잔혹의 역사를 이어나간다. 그렇게 우리 안에 독의 씨앗을 심어놓으면, 결국 사람들은 처벌 체계 바깥의 정의는 알지 못하고 자연히 처벌로 마음이 기운다. 우리는 단편적인 처벌 너머 가해자의 장기적인 행동 개선 방향과 생존자 중심의 치유를 상상할 수 있어야 한다. 흑인 무정부주의자 그레그 잭슨이 "네 머릿속 짭새를 죽여라kill the cop in your head"라고 제안했던 것처럼, 우리는 우리 마음에 뿌리내린 경찰, 즉 귓가에 자책과 수치를 속삭이고 반反흑인 정서를 자극하며 진정한 책임과 치유의 길을 가로막는 경찰에 저항해야 한다. 경찰 폐지에 적극적으로 임해야만 성폭력, 연인 간 폭력, 구조적 인종주의도 종식시킬 수 있다.

학대를 가하는 사람을 학대자라고 분명히 호명하면 피해 발생 사실도 명확해진다. 즉 호명은 가해와 관련된 구체적인 관계와 권력 구조를 끄집어낸다. 그런데 학대자가 아동기부터 성인기까지 거쳐온 관계들을 두루 살펴보면 그 사람 역시 생존자였음이 드러날 수도 있다. 이 두 현실은 공존 가능하다. 친밀한 관계 내 폭력 생존자이자 감옥폐지론을 옹호하고 여전히 학습하는 입장으로서 나는 복잡하게 공존하는 현실에 익숙해졌다.

　　생존자인 나에게 '모두/그리고'는 풍성한 개념이다. 선과 악, 평화와 폭력, 결백과 가책, 생존자와 학대자 등 이분법으로는 우리 삶을 제대로 포착하지 못한다. 학대자의 상당수가 과거에 학대를 경험했다. 이들은 유해한 행동을 휘두르며 그 자신이 어린 시절부터 봐왔거나 경험했던 폭력의 전철을 밟는다. 학대자의 행동을 너그러이 봐줘야 한다는 의미가 아니다. 선과 악이라는 지나친 단순화가 숨겨버리곤 하는 더욱 큰 문제점을 밝히고자 할 뿐이다. 트라우마의 발생 원인과 전이 방식을 비판적으로 사고해 보면 세대 간 불화와 국가가 주도한 트라우마가 드러난다. 우린 폭력의 원천이 어디에 있는지, 고통의 주범이 누구인지를 생각해 봐야 한다. 우리의 사랑이 서로 연결되어 있듯 우리의 고통도 서로 연결되어 있다.

　　나는 X가 어렸을 때 학대를 경험하고 목격했다는 걸 알고 있었다. X가 내게 보였던 폭력성은 그가 가족 안에서 숱하게 보고 들은 학대를 드러냈다. 그는 가부장제의 폭력 속에서 사랑의 개념을 익혔다. 그러니 그가 되풀이한 '사랑' 역시 다를 수 없었다. 그는 망령들에 쫓기고 있었다. 그의 학대 행위를 눈감아주겠다는 것은 아니지만 나는 X의 성장 환경이 미국에서 이민자로서 경험한 구조적인 인종주의의 폭력과 분리되지 않는다는 점을 되새겨보았다. 누군가가 타인을 가해했다면 그 본인도 가해와 관계를 맺고 있다. 모든 사람이 가해에 뒤엉켜 있다는 점을 인정한 뒤 우리가 제기해야 할 더욱 중대한 질문은 어떻게 구조적 폭력에 종지부를 찍고 가해의 재연을 방지할 수 있는가다. 구조적 폭력과 관계상의 폭력을 비롯한 모든 폭력으로부터 우리를 치유하려면 변혁적 정의의 틀을 활용해 상충하는 진실들을 널리 품어야 한다.

    X가 나를 처음 폭행한 이후 스스로 무너져내리는 모습을 보며 나는 그 또한 수치심으로 속앓이해왔으리라 짐작했다. 그 수치심이 불어나고 부풀면서 끝내 폭력이라는 형태로 밀려 나온 것이다. X는 스스로를 갑갑한 상자에 가두었고, 혼자서는 유해한 패턴을 끊어낼 방법을 몰라 내게 계속 상처를 입혔다. 사과는 실질적인 변화 의지라곤 조금도 보이지 않는 자기비하가 주를 이뤘고, 주저앉으며 자기한테 문제가 있다고, 자기는 바뀔 가망이 없고 나쁜 사람이라고, 그렇지만 내 사랑이 필요하다고 버릇처럼 말할 뿐이었다. 어쩌면 그도 죄책감을 원동력으로 삼아 자신의 폭력적인 행동을 분간하고, 개선에 필요한 도움을 구했을 수도 있다. 그러나 수치심에 절어버린 그는 자신을 치유하거나 나를 제대로 대할 생각을 눈곱만큼도 하지 못했다. 실수로부터 배

울 점을 찾지 않았고 심지어 스스로를 피해자로 여기기까지 했다. 그렇게 그는 자신의 망령을 내게 떠넘겼다.

평소 자기 행동에 책임을 다하지 않는 사람이라면 책임을 져야만 할 때도 그러지 못한다. 하물며 수치심에 고립돼 있을 때는 책임을 진다는 게 그저 버겁게 느껴질 뿐이다. 책임은 공동체가 함께해야 하며 가해자가 자신의 가해 사실을 인정하기 위해선 끊임없는 대화와 검토, 상상력과 자원이 필요하다. X의 가해 사실을 알면서도 그와 계속 친구 사이로 지낸 사람들은 그를 올바른 길로 인도할 의무가 있었다. 그러나 이들은 그 책임을 등지고 이에 대해 말하기를 꺼렸다. X를 품은 공동체라면 그가 로맨틱한 관계를 잠시 쉬고, 음주를 줄이고, 체계적인 정신건강 지원을 받도록 권유했어야 했다.

나 또한 마음이 약해질 때면 X에게 연민을 보이기도 했지만 사실 이건 내 의무가 아니었다. 나는 이제 그 어떤 가해자의 행동도 대신 해명하지 않고, 더는 X의 치유를 위해 시간과 노력을 들이붓지도 않는다. 다만 그가 죄책감을 시작으로 꾸준한 치유의 길에 접어들길 바란다. 잘못을 뉘우치는 용기만이 폭력적인 습관에서 벗어나는 유일한 방법이기 때문이다. 나로 말할 것 같으면, 이제 스스로 채찍질하며 치유에 쏟아야 할 힘을 축내는 일은 그만뒀다. 나 본인의 생존을 제일로 존중하고, 내가 겪었던 폭력을 또 다른 누군가에게 옮기지 않으려고 애쓰고 있다. 친밀한 관계 내 폭력과 성폭력 근절 운동에 몰두하고 있는 만큼, 동시에 나는 수치와 형벌을 앞세우지 않는 변혁적 정의에도 전념한다.

이 모든 현실이 공존한다.

해로운 것은 우리의 존재 자체가 아니라 행동임을 분별해내면 그 행동에 초점을 맞추고 개선 방법을 찾아나갈 수 있다. 우리 자신에게 필요한 질문을 던지면서 고통과 트라우마의 근원을 탐색하고 적합한 도움을 구할 수도 있다. 절망에 시달리면서 스스로를 괴롭히는 대신 자기가 한 행동에 책임을 지고 실수를 반복하지 않겠다고 다짐할 때 우리는 자신을 따스하게 품을 수 있을 것이다. 수치심은 우리의 정신을 흐리고 자기비하에 집착하게 만든다. 우리는 자책을 책임에 대한 결의로 승화시켜야 한다.

미아 밍거스는 블로그에 「책임을 꿈꾸며 Dreaming Accountability」라는 글을 작성했다.

> 자기책임, 그리고 우리가 우리 본인의 안녕을 얼마나 허투루 다루는지부터 논해보자. 우리 중 상당수가 자신을 학대하고 있다는 사실 먼저 인정해야 한다. 우리는 툭하면 자기가 정한 경계를 훼손하고 자신을 끔찍한 방식으로 매질하며 처벌한다. 우리가 스스로에게 무슨 말을 건네고 어떤 대우를 하는지부터, 즉 다른 사람이 겪는 걸 봤더라면 주저 없이 학대라고 불렀을 그 방식들부터 바꿔보자.*

---

* Mia Mingus, "Dreaming Accountability", https://leavingevidence.wordpress.com/2019/05/05/dreaming-accountability-dreaming-a-returning-to-ourselves-and-each-other/

망령들과 함께 살 수밖에 없다면 그들을 더욱 잘 알아가야 한다. 하지만 우리는 망령들이 아우성칠 때마다 수치심에 그들을 밀어내려고 한다. 하지만 우리가 달아나려고 할수록 그들의 몸집은 커진다. 내가 다뤄온 여느 감정과 마찬가지로 죄책의 망령들도 우리에게 중요한 메시지를 전한다. 망령들은 우리가 무얼 바꾸고 싶어하는지, 어떤 가치를 새로 쓰고 싶어하는지, 어떻게 자기책임을 다할 것인지를 들여다볼 수 있는 창문이다. 망령들로부터 달아나는 대신 그들에 귀 기울이면 세대에 걸쳐 물려받은 저주를 깰 수 있다. 미아 밍거스가 던진 심오한 질문을 들어보자.

> 우리가 자기책임을 다하러 발 벗고 나설 때 이를 우리 자신뿐만 아니라 우리가 끼친 가해로 상처 입은 사람들에게 주는 선물이라 생각하면 어떨까? 자기책임을 사소한 일로 치부하기보다 두려움과 수세대에 걸쳐 인정받지 못한 고통의 산을 넘는 희망과 신념의 길을 개척하는 것으로 여기면 어떨까. 그로써 우리를 키워주고 아껴주며 거대한 신뢰를 회복시켜줄 가능성으로, 치유와 돌봄이자, 개선의 강에 흘러들어가는 의도적인 물방울로 생각해보면 어떨까?

❉

내 자기혐오와 수치심은 누구에게 하등의 도움도 되질 않는다. 나 자신이나, 내가 맺은 관계에나, 나의 치유와 꿈에도. 내가 저지른 실수를 솔직히 인정하는 동시에 내가 겪었던 피해를 치유해야 한다. 그래야 나와 내가 아끼는 사람들을 온전히 사랑할 수 있고 수치심의 벽이 허물어지며 내게 마땅한 도움과 지원을 요청할 수 있다. 죄책감을 통해 나는 관계의 중요성을 알았고, 나 자신을 포함해 사람들과 알맞은 사이를 조율해나갈 필요성을 배웠다. 나는 죄책감의 망령들을 귀담아듣는 한편 수치심에 허우적거리지 않으려고 노력한다. 이는 곧 내가 그들과 함께 살아가면서 나 자신을 부정하지 않는 법을 배우고 있다는 뜻이다.

망령들이 여전히 내 주위를 맴돌지만 나는 그들과 좀더 친한 사이가 되었다. 몇몇은 황천으로 떠났고 다른 이들은 여전히 자리를 지키고 있다. 내가 과거를 벗어나지 못했다기보단 그들이 나와 현재를 함께 거닐도록 허락했다는 뜻이다. 처음엔 망령들과 눈을 마주치기 어려웠지만 그들을 밀쳐내기만 해서는 나의 진실에 가까이 다가갈 수 없다는 것을 알았다. 내 마음은 부서졌을지언정 나는 부서지지 않았다. 나는 구제불능이 아니며 새로운 삶을 향해 계속 나아가고 있다. 다른 사람들에게 나쁜 짓을 할 의향은 없지만 뜻하지 않게 그렇게 행동해버리는 날도 있다. 그런 날이면 망령들이 다가와 관계의 중요성을 차분히 일깨워주며 자기책임을 다할 용기를 북돋아준다. 과거로 시간을 되돌리거나 이미 생겨난 피해를 도로 없앨 수는 없다고, 다정한 사람이 되겠다는 나의 결심은 현재에 뿌리내려야 하는 것이라고 그들은 말해준다.

나는 예전의 나로 돌아갈 수 없고 현재라는 다차원에 존재한다. 이곳에서 다양한 현실과 다양한 자아를 만난다. 나는 오랫동안 자기 처벌에 길들여져왔고, 그 뾰족한 수치심을 끊어내려면 상상력의 칼을 열심히 갈고닦아야 했다. 폐지론자, 운동가, 교육자, 친구, 가족, 연인 들과 함께라면 우리는 진정한 책임과 진심 어린 사과, 변혁적 정의, 건강하고 애정에 기반한 관계를 새롭게 상상할 수 있다. 나의 세계가 학대 이전으로 돌아가지 못한다는 것을 알지만 그럼에도 폭력의 굴레 너머 활기찬 세계를 꿈꾼다. 수치심을 떨쳐내고 죄책감에 귀 기울이는 우리를 상상한다. 위 세대로부터 물려받은 고통의 악순환을 끊어내는 우리를 상상한다. 세상이 다시 태어나면서, 우리가 다시 태어난다. 어느새 가슴이 뛰고 있다.

제7장

다시 만난 나의 세계

현존

무더운 어느 날 나는 푸에르토리코의 강어귀에서 사랑에 빠졌다. 강과 바다, 두 물살이 합쳐지는 어귀, 가족 상봉의 장이었다. 그날의 열기 속에서 시간은 평소와 다르게 흘렀다. 새의 지저귐에 따라, 구름이 뭉쳐지고 흩어지는 모양에 따라, 농익은 시계꽃 열매의 향긋한 냄새에 따라, 그리고 히비스커스가 피어나는 속도에 따라 시간이 흘러갔다. 서늘한 강물을 헤쳐 걸으며 어린 시절 기억에 잠겼다. 나는 주로 열대기후 지역들에서 자랐는데, 이곳 어귀 끝자락에 다다르자 온화한 바다가 나를 익숙하게 반겨줬고 어떤 기억이 떠올랐다. 나는 싱가포르 해안가를 서성이며 침울해하는 청소년이었고, 멀거니 바다나 쳐다보거나 심심풀이로 익소라꽃의 꿀을 빨아 먹곤 했다. 이곳 푸에르토리코에서도 그때 그 꽃을 따다 입에 대봤다. 따스하고 짭조름한 바닷물과 맑은 냉기를 품은 민물이 어우러지는 지점을 찾아 앉자 유년 시절의 자아와 성인기의 자아가 만나는 게 느껴졌다. 정확히 말하자면, 이 둘은 한 번도 떨어진 적이 없었고, 삶의 기묘함 속에서 언제나 이어져 있었다. 그렇게 나는 나를 다시 만났고, 사랑에 빠졌다.

어귀는 완벽한 결합이고 신비로운 만남의 광장이다. 민물과 소금물이 서로 스며드는 그 모습은 꼭 고향을 찾는 듯하다. 어귀는 이끼, 올챙이, 물고기, 미역 등 온갖 생명체의 집이 되어준다. 저녁놀이 내려앉는 동안 어귀를 휘적휘적 걸으며 떠오르는 익숙하면서도 새롭고 흥분되는 감정들에 이런 게 바로 재회의 감각이 아닐까 생각했다. 어디쯤 알맞은 곳을 찾으면 나를 스쳐가는 물길은 따듯한 동시에 차가웠다. 나는 물의 감촉, 결, 온도, 활기에 푹 빠져 들어갔다. 흔히들 바다를 육대주를 떼어놓는 생명력이라고 말하지만 사실은 달랐다. 바다는 땅을 갈라 세우지 않는다. 바다는 우리를 모두 연결하는 이음매다. 그날 바다는 동떨어져 보이는 내 경험들 사이에 연결고리를 빚어주고 내 안의 다차원과 만날 기회를 선물해주었다. 내가 할 일이라곤 그에 몸을 내맡기는 것뿐이었다.

소곤거리는 바다의 숨소리가 고요한 강을 적신다. 이렇게나 풍성하고 다채로운 물살 한가운데서 나는 바다와 강의 결합처럼 내 인생에도 운명 같았던 만남들을 되짚어보았다. 어린 나, 아파하는 나, 회복 중인 나, 악에 받친 나, 들떠 있는 나, 휘청거리는 나, 호기심에 빠진 나, 두려워하는 나, 그리고 애정이 흘러넘치는 나를 만났다. 그 모든 나를 연인이자 친구, 자매이자 자식으로서 만났다. 나를 이루는 모든 차원이 물과 태양과 모래와 습기를 만나 어우러졌다. 서로 연결된 존재로 우리는 하나가 되었다.

연인들은 서로에게 느낀 매력이나 공통 관심사만을 토대로 관계를 다지는 게 아니라 상대방과 자신을 가르는 차이를 통해서도 서로를 알아간다. 나는 연인을 만나고 싶다는 환상에 사로잡혀 시간을 많이 허비했다. 어귀와 함께 잠자코 앉아 있으면서 나는 나 자신을 연인이자 친구로 만난다는 게 어떤 의미일지 숙고했다. 나 자신과의 관계는 내가 오랫동안 방치해온 것이었다. 내 존재에 집중하고 경청하기 시작하자 나의 여러 차원이 되살아났고, 내가 거쳐간 모순과 우연이 한데 어우러져 풍성하게 흘러내렸다. 나는 나를 만났을 뿐만 아니라, 나와 떼어놓을 수 없는 모든 것을 만났다. 그 무엇도 분리되어 있지 않고, 모든 것은 연결되어 있으며, 우리는 모두 지금, 여기에 존재한다.

나를 다시 만나려면 현존presence*에 마음을 열어둬야 한다. 현존은 단순한 수행이 아니다. 존재를 체현한 상태다. 현존의 순간엔 여러 차원이 어우러진다. 이때 나는 한 개인이 아닌 우주 만물과 함께하는 존재로서 몸과 마음, 영혼과 정신을 지각한다. 나는 나의 살아 있음을 알려오는 모든 순간, 모든 호흡, 모든 자갈

---

* 자신을 온전히 지금-여기에 둠으로써 느껴지는 살아 있음의 감각. —옮긴이

과 나뭇잎과 바람결과 함께한다. 언어는 현존의 희열을 고스란히 옮기지 못한다. 직접 겪어봐야만 하고, 시간과 끈기, 에너지 발산이 필요하다. 현존은 그것이 일상의 핵심에 있기 때문에 쉬워 보이지만, 이를 체험하기는 무척 어렵다. 그렇다면 현존의 체험은 왜 그리도 어려울까?

언젠가부터 고요를 누리는 것이 많은 사람에게 특권이 되어버렸다. 고요해야만 현존을 느낄 수 있는 것은 아니지만 고요는 우리가 호흡과 존재의 성질에 주의를 기울이게 하는 근본적인 방식 가운데 하나다. 명상과 심호흡 같은 수행은 몸, 마음, 영혼에 통로를 틔워준다. 대다수 사람은 가만히 있기를 꺼리고, 어쩌다 한번 그럴 겨를이 생기더라도 마뜩잖게 생각한다. 그리고 대대로 누적된 부를 물려받지 않은 이상 쉴 새 없이 일해야만 생계를 꾸릴 수 있는 사회에서 어떤 사람들은 고요하게 가만히 있을 돈이 없다. 이토록 고요가 드물어지고 손에 잡히지 않게 된 것은 고의적이다. 휴대폰은 삶을 더욱 빠른 속도로 살아야 한다고 가르치며 우리를 지구의 인내로부터 단절시킨다. 우리는 잠재의식에 호소해대는 각종 재촉들에 둘러싸인 채 산만함에 길들여지고 있다. 후기 자본주의의 속도에 맞춰 전속력으로 뛰어야만 살아남을 수 있는 상황에서 속도를 줄이는 것은 사치를 부리는 일이거나 혹은 옛날에나 가능했을 일처럼 느껴진다.

바요 아코몰라페는 "위급한 상황에서 속도 줄이기$_{slowing\ down\ in\ urgent\ times}$"를 가르치는 작가이자 학자다. 그는 아야나 영과 진행한 팟캐스트 「포 더 와일드」에서 이렇게 말했다.

한번은 독일인 독자로부터 이런 서신을 받은 적도 있어요. 당신이 말한 그 속도 줄이라는 주문은 상사가 눈에 쌍심지를 켜고 나를 감시하는 상황에선 하나도 소용이 없다고. 보고서를 천천히 작성해봐야 아무런 보탬이 안 된다고. 나는 이렇게 답했어요. "관건은 속도가 아니라 의식이에요. 그리고 이 의식은 정신 구조를 말하는 게 아니라 현존을 가리키는 거고요." 내가 천천히 살라고 말할 때, 그 제안이 의미하는 건 탐구, 즉 우리로부터 뻗어 나가는 태고의 촉수를 자세히 들여다보라는 거예요. 우리 몸을 쓸어보고, 식민의 거품을 쓸어보라는 거예요. 나는 경청, 그러니까 당신이 말하는 관찰witness, 아니, 단순한 관찰을 넘어서서, 같이 살자with-ness 는 거예요. 이 땅과 공동체와 조상과 후손과 아이들을 도구화하지 않는 방식으로 함께하자는 거죠.

언어로는 내가 하려는 말을 다 담는 데 자주 실패하지만, 최선을 다해 설명해보자면, 현존은 사랑에 빠질 때의 육감과 비슷하다. 특별한 누군가를 만나 친밀한 관계를 맺으면 남들의 눈에는 크게 띄지 않는 그 사람만의 습관과 행동이 내 눈에는 들어오기 시작한다. 사랑에 빠지면 그가 대중 앞에 드러나는 모습 너머에서 세상과 어떻게 교류하는지, 무엇이 그를 울고 웃게 하는지를 발견하고, 그 사람이 들이쉬는 모든 숨에 나 역시 감사하게 된다. 내가 X를 포함해 연인 곁에서라면 현재에 온전히 집중할 수 있었던 이유는 우리의 전부를 걸고 매 순간에 임했기 때문이다. 그 기억들은 여전히 내 마음속에 촉촉이 살아 있고, 잊으려야 잊을 수가 없다. 그때 느낀 감촉들과 겪은 자잘한 일들이 전부 기억난다. 은은한 햇살, 부서지는 파도, 그의 볼에 떨어진 속눈썹까지. 그때는 모든 게 상호존재interbeing하며 생기를 머금고 있다는 사실이 중요했다. 나는 살아 있음을 느꼈고, 우리가 나누고 있는 이 삶과 사랑에 빠졌다. 하지만 현존은 다른 사람과 사랑에 빠질 때만 경험하는 감각이 아니다. 사회는 우리에게 낭만을 좇고 짝을 찾아나서라고 북돋겠지만, 우리가 자신으로부터도 이 감정을 느낄 수는 없는 걸까?

지구에서는 시간을 다양한 방식으로 잰다. 강물은 빠르게도 느리게도 흐르고, 나무는 제각기 다른 속도로 자라고, 암벽은 몇 백 년의 풍화 작용에 걸쳐 모습을 바꾸고, 곤충들은 우리가 하루살이라 부르는 생애마저도 남김없이 채워 산다. 그들의 시계는 하루하루의 생존을 주기로 돌아가는 듯하다. 어쩌면 비인간 존재들은 시간을 재는 게 아니라, 그저 온기와 빛, 해돋이에서 해넘이를 겪으면서 찰나 속에 살아가는지도 모른다. 반면에 현대 인간 문명에서는 일과 생산성을 측정하기 위해 시간을 일시분초로 계산한다. 시간을 업무량으로 재버리면 무의식적으로 우리의 가치도 그렇게 셈하게 된다. 우리는 일을 멈추고 남겨진 자신과 어떻게 지내야 할지 어쩔 줄 몰라 한다. 아니면 일하느라 녹초가 돼버려서 여가를 기분 전환에 몽땅 써버린다. 그 어떤 행동에도 온전히 집중하지 못하고 일도 휴식도 놀이도 모두 반쯤 정신이 나간 채로 임한다.

2018년에 발간된 링 마의 소설 『단절』에서는 전 세계적으로 "선 열병 Shen Fever"이 유행한다. 이 병은 중국 심천에서 퍼져나간 균 포자로 전염된다. 이야기는 뉴욕을 배경으로 펼쳐지는데, 주인공인 캔디스 첸은 자신이 다니는 출판사에 불만을 가진 중국계 미국인 여성 노동자다. 전염병이 급속도로 돌자 사람들은 자멸의 길에 접어든다. 비몽사몽한 상태에 빠져 깨어나지 못하거나, 옷을 갈아입고 운전하고 텔레비전을 시청하는 등 일상을 병적으로 지속하다가 탈진하기도 한다. 마치 좀비처럼 익숙하고 지루한 행위만을 반복하다 영영 기력을 잃더니 식음을 전폐하고 끝내 굶주리다 죽어버리는 것이다. 나를 제일 충격에 빠뜨린 장면은 텅 빈 타임스스퀘어에서 펼쳐진다. 캔디스는 음산하게 방치된 관광지를 걷던 중 빅토리아 시크릿 상점을 창문 너머로 들여다본다. 감염된 여직원은 초점 흐린 눈으로 같은 일을 반복하고 있다. 진열장에 걸린 옷들이 이미 깔끔히 정돈돼 있는데도 연거푸 옷을 갠다. 그러다가 이내 속옷 더미 위에 쓰러져 죽는다.

나는 『단절』을 2020년 팬데믹이 벌어지기 전에 읽었다. 링 마가 그려낸 좀비 세계관에 등골이 오싹했던 건 그 모습이 이미 친숙했기 때문이다. 작가는 누구나 알 법한 상표명을 등장시켰고, 우리를 사업과 자본주의의 수도로 불리는 도시 한복판으로 데려갔다. 내 최후의 모습을 상상해보는 게 낯설면서도 나라면 과연 무얼 하다 죽게 될까 궁금해졌다. 거울을 보고 있을까? 평범한 직장에서 일하다가? 아니면 휴대폰 화면에서 눈을 떼지 못하던 중에? 이 책은 우리가 자본주의사회에서 무엇에 전념하고 있는지 따져볼 것을 요청한다. 단지 살아남기 위해 일 년 열두 달을 꼼짝없이 일에 바쳐가면서 우리는 무엇을 잊도록 강요받는 걸까? 우리는 지금 어떤 최면 상태에 빠져 있을까? 강과 바다와 암벽처럼 시간을 보내기는 정말로 불가능할까?

소설 속 열병이 코로나19는 아니지만 둘 사이에는 소름끼칠 만큼 유사한 점이 많다. 팬데믹은 가상의 질병과 마찬가지로 자본주의의 허술함을 노골적으로 드러냈다. 자본주의 구조는 탐욕, 폭력, 무관심에 기반을 두고 있고 우리에게서 자성의 기회를 빼앗아간다. 나는 팬데믹 때 찾아온 낯선 고요의 순간과 맞닥뜨린 채 자문해야 했다. 나는 지금 무엇에 시간을 쏟고 있지? 우리의 운명은 누가 통제하고 있지? 나는 무엇을 잊은 채로 살고 있지? 어떤 기능이 상실된 거지?

코로나19 초반에는 다들 새로운 시간 단위에 적응하는 방법을 익혀야 했다. 나는 직장과 거주지를 잃었고 이민자로서 미래 신분이 불투명해졌으며 친구들이나 가족들과 함께 시간을 보낼 수 없게 됐다. 어느덧 생활양식으로 굳어졌던 해로운 습관들도 자연히 손에서 내려놓게 됐다. 사교 생활이나 파티 등 그간 나의 정신을 흐트러뜨리던 방해물들이 한꺼번에 사라졌다. 돌연 내 삶은 그저 존재하는 데 쓸 시간만으로 붐비었고, 그게 그렇게나 무서울 수가 없었다. 나는 심신을 위로해줄 것을 찾아 헤매거나 깊은 우울에 빠졌다. X에 대한 상념과 여전히 처리되지 않은 트라우마가 닥쳐왔을 때, 이에 슬기롭게 대처하려면 안내와 지원이 필요했다. 어떻게 하면 내 존재 안에서도 평온할 수 있을까? 서로 멀찌감치 떨어져 있어야 하는 상황에서는 어디에서 지혜를 구해야 할까? 노력해봐도 나에게서 달아나기란 불가능했고, 각자도생의 시대에 혼자 알아서 잘살아보라는 메시지는 쌔고 쌨으면서 정작 나 자신과의 관계를 어떻게 해보라는 지침서는 없었다. 나는 나를 다시 만나야 했다.

계속 움직이라고, 그리고 더 빨리 움직이라고 요구하는 사회에서 우리는 많은 걸 간과하고 산다. 팬데믹은 정지 상태에 대한 공포를 부각했다. 나는 속도를 줄이면 내 안의 뭔가 노출될지 모른다는 생각에 두려웠다. 마지못해 천천히 살려니 이제껏 방치해뒀던 애도와 중독을 더는 무시할 수 없었다. 그동안에는 일과 외부 평가가 우선이었다. 직감으로야 그림자들이 나를 포위해오고 있다는 걸 알았지만, 따라잡히고 싶지 않았기 때문에 온 힘을 다해 그들을 피해왔다. 그리고 마침내 고요가 주어졌을 때 나는 그제야 그림자들과 우정을 나누고 그들을 잔잔히 느끼며 현존을 품을 수 있었다. 그 과정을 거치며 나를 괴롭혔던 아픔과 상처를 있는 그대로 마주했고, 어린아이 같은 나의 호기심과 재치, 소소한 행복과 취미, 그리고 진한 즐거움 또한 정말이지 오랜만에 느껴봤다. 고요는 살아 있음에 대한 우리의 의식을 일깨워준다. 현존은 우리가 누구인지를 기억하게 해준다.

놓아버릴 줄 알아야 현존을 진정으로 체험할 수 있다. 통제할 수 있다는 착각, 마음을 좀먹는 불안, 비대해진 자아, 그리고 피를 말리는 공포감을 우리 안에서 방출해야 한다. 사실 "놓아버려라"라는 충고는 들을 때마다 미완성의 주문을 들은 것처럼 석연치않다. 말로 뱉기야 쉽지만, 실제론 심오하고 추상적인 수행처럼 요원하게 느껴진다. 놓아버림을 도와줄 친절한 안내서가 자세한 지시 사항과 함께 딸려오길 바랐다. 관련된 정보를 찾아봐도 무엇 하나 설득력 있게 다가오지 않았고, 나는 매일 가슴이 꽉 막힌 채로 부스스하게 일어났다. 하지만 놓아버림의 기술은 할 일 목록을 따른다고 습득할 수 있는 게 아니다. 오히려 대다수의 경우 놓아버림은 무위無爲에 몸을 내맡기면서, 제아무리 비상한 노력을 들이더라도 의도한 대로 되는 것은 없으며 다만 있는 그대로 존재해야 함을 인정하는 것이다. 이 사실을 받아들이자 비로소 나는 내려놓을 준비가 되었다.

폭행을 당하기 1년 전 여름, X와 나는 호주 북동부 퀸즐랜드 케언스 근처의 그레이트배리어리프*에서 주말을 보냈다. 그가 내 가족과 처음으로 인사를 나누고 내가 어린 시절을 보낸 장소들을 막 돌아본 참이었다. 내 유년이 잔뜩 어린 집에서 시간을 보내는 와중에도 우리는 변변찮은 언쟁에 휩싸였고 점차 다툼이

---

*   세계 최대 규모의 산호초 지대. —옮긴이

불거졌다. 동시에 나는 그 어떤 연인과도 나눠본 적 없는 농밀한 시간을 X와 보냈다.

우리 관계에서 환각제 복용은 한 역할을 차지했다. 우리는 마법버섯magic mushroom*과 같은 자연산 환각 약초의 도움으로 각자 내면의 아이와 재회하고 서로의 영혼을 만났다. 싸우다가도 마법버섯을 함께 먹은 뒤엔 이 관계가 성스럽고 안전하게 느껴졌다. 자기 억압과 불신이 자취를 감추면 우리는 숙원을 풀듯 사랑에 취했다. 어떨 땐 그 몽환적인 순간으로 빨려 들어가려고 환각 약초의 힘을 더 빌렸던 것 같다. 케언스에서 우리는 마법버섯을 섭취한 뒤 열대 낙원을 누비며 맹그로브 나무에 매혹되기도 하고, 파란 제왕나비 떼가 서식지를 옮기는 모습에 경이로움을 느끼기도 했다. 우리는 숲을 거닐면서 나무를 두 팔 벌려 껴안았고, 관광객 무리가 주변 식생에 탄성을 내지르는 장면을 지켜봤다. 내가 X와 있으며 가장 안전하다고 느꼈던 때는 이렇게 환각 상태에서 시간을 함께 보낼 때였다.

나는 바다가 모래를 적시며 그리는 선을 따라 걷고 있었고, X는 스콜이 퍼부은 물웅덩이를 발로 흥겹게 튀기고 있었다. 우리는 각자의 세계에 몰두해 있으면서도 서로 깊이 연결된 듯했

---

* 중남미에서는 고대에서부터 전통 종교의식이나 기타 영적 체험을 위해 사용했다. 미국 연방법에서는 마법버섯을 1급 마약으로 규정해 단속 대상으로 간주하지만, 오클랜드를 비롯한 일부 도시에서는 체포나 기소를 면제하거나 연기하는 사실상 비범죄화 조치를 취하고 있다. 호주는 2023년 세계 최초로 마법버섯에서 추출한 환각 물질 실로시빈을 정식 의약품으로 승인하고 정신질환 치료에 제한적으로 사용하고 있다. —옮긴이

다. 해가 지기 시작하자 연분홍과 보라와 주황이 모여 기싸움을 벌였고, 그들을 모두 너그러이 품는 하늘에 나는 온통 마음을 뺏겼다. 흩어지고 모이는 구름 조각마다 명암이 출렁였고, 일몰이 질 즈음 다시 한번 파란 제왕나비 떼가 스쳐갔다. 소금기 묻은 미풍을 타고 그들은 새로운 안식처를 찾아 떠나가고 있었다. 사진을 찍을까, 아니면 팔랑이는 날개들을 두 손 가득 붙들어볼까 고민했지만 행동으로 옮기진 않았다. 이 순간을 포착해야 한다는, 이 아름다움을 포획해야 한다는 욕심은 어디에서 솟아났을까? 나비 떼는 목적지가 있었고, 이들의 여정을 방해하지 않으려 나는 충동을 삭였다.

자기 세상에 빠져 있는 X를 건너보았다. 우리 사이도 나비 떼처럼 떠나야만 한다는 것을 나는 알았다. 아름다운 우리 관계, 제왕나비의 청록빛 날개들처럼 영롱하고 낭만적인 이 관계가 눈앞에서 순간 희번덕였다. 관계가 완전히 쉬어버리기 전에 좋은 추억들만 뽑아다가 병에 넣어 보존하고 싶은 마음이 그동안 몇 번이나 들었던지. 내가 우리 관계에 매달렸던 건 그것의 아름다움을 언제고 계속 살아보겠다는 결심에서였다. 나비 떼가 수평선 저 멀리 먼지만큼 작아졌다. 나는 이 초라하고 찬란한 관계를 더는 버틸 수 없었다. 손아귀에 가둬둔다고 나비가 더 오래 살 수는 없는 법이니까. 억지스레 애정의 아름다움을 유지할 수 없다. 최면을 걸기라도 하듯 고르게 일렁이는 파도를 지켜보는 동안 바다는 태양에 작별을 고했다. X가 나를 보더니 내 얼굴에 흐르는 눈물에 당황해했다. 내겐 저물어가는 우리 관계를 어찌해볼 힘이 없었고, 이 관계가 반드시 끝나야 한다는 것을 알고 있었다.

※

영적인 깨달음에는 무아無我, 무상無常, 상즉相卽이라는 세 가지 영역이 있다. 무아란 자아를 부정하는 게 아니라, 각자의 자아가 고립된 존재로 있지 않음을 뜻한다. 우리는 주변과 교류하기에 개별적으로 살 수 없고, 독립 분자가 아니라 거대한 '하나'를 구성하는 일원으로 살아간다. 무상은 만물의 비영속성을 말한다. 모든 것이 결국 사라진다는 것을 받아들이면 거시적인 관점을 유지하며 당장의 고통 너머에 있는 삶을 맞이할 수 있다. 무상의 가르침을 통해 우리는 마음을 괴롭히는 생사의 이분법으로부터, 곧 들이닥칠 불행을 상상하며 가슴 졸이는 일상으로부터 자유로워진다. 불행도 언젠가 지나간다. 그 또한 삶의 자양분이 되기 마련이다. 상즉은 모든 것이 서로 긴밀히 연결되어 있다는 뜻이다. 누군가가 죽는다고 해도 그 존재가 완전히 소멸하지는 않는다. 깨달음을 구하기 위해선 이 세 가지를 가슴에 품어야 하며 고통을 정복하려는 욕구를 내려놓아야 한다.

데이비드 호킨스는 『놓아 버림』에서 '놓아버리기letting go'를 불교적 가치관을 통해 설명한다.

놓아버림은 어떤 감정을 인식하고, 그것이 모습을 드러내도록 지켜보고, 그것과 함께하고, 그것이 제 길을 갈 수 있도록 일절 손쓰지 않는 것을 말한다. 그저 감정이 숨 쉬도록 내버려두고 그 뒤에 묶여 있던 에너지를 발산하는 데 집중하면 된다. 감정에 저항하거나 분노하고 두려워하고 비난하며 도덕적 우위를 따지지 말고 있는 그대로 느껴보자. 판단을 유보하고 그것이 단지 감정이라는 사실을 바라보자. 어찌 바꾸려 애쓰지 말고 그 감정과 함께하자. 저항하려는 욕심을 내려놓자. 그 욕심이 감정에 불을 지필 테니.*

놓아버림은 몸과 마음을 다해 존재의 순수함과 현존의 찬란함을 받아들이는 것이다. 무와 유가 연결되어 있기에, 그 무엇도 중요하지 않으면서 또 모든 게 중요한 것이라고 깨닫는다. 내 경험에 비추어 하나 제안하자면, 깨우침을 몸소 실천하는 존재들과 시간을 함께 보낼 수 있는 탁 트인 공간으로 가면 집착을 놓아버리기가 수월해진다. 바다, 숲, 사막으로 나가, 일정하게 철썩이는 파도, 문명을 이룬 이끼 군락, 묵묵히 세월을 견디는 암벽을 관찰해보자. 이들은 살아 있는 매 순간에 충실히 녹아드는 동시에, 다가오는 일분일초를 온몸으로 맞이한다. 자신이 사라지리라는 걸 그들 역시 알고 있기에.

※

명상을 하려고보니 막막했다. 머리를 깨끗이 비우고 어

---

* David R. Hawkins, *Letting Go*, 2012. 국내에는 『놓아 버림』(판미동, 2013)으로 번역 출간됐다.

떤 생각도 품지 않으면 명상인 줄로만 알았다. 마음속에 백지를 그려보려 노력했는데, 생각하지 않겠다는 그 의지가 오히려 몸을 긴장시켰다. 아무리 해봐도 어렵게만 느껴졌고 결국 포기하고 말았다. 나중에 베트남 스님들에게서 배우고보니, 명상은 나를 아무 생각도 하지 않는 상태로 밀어붙이는 수행법과 거리가 멀었다. 희로애락을 포함해, 지금의 상태 그대로에 나를 푹 담그고 그 안에서 안정을 취하는 것이 명상이었다. 명상은 실재를 이루는 모든 부분을 한데 그러모은다.

어느 겨울날 절친한 로안 응우옌과 뉴욕주에 자리한 베트남식 불교 수도원을 방문했다. 몇 시간의 명상이 끝나고 수도원을 둘러볼 기회가 생겼다. 스님들은 우리에게 사찰 주변의 숲을 조용히 걸어보라고 권하며, 이를 '마음챙김 걷기'라고 불렀다. 맨발로 자유로이 걷되, 걸음을 내디딜 때마다 심호흡하며 땅을 느껴보라고 했다. 발가락이 풀밭에 닿을 때마다 지구의 차가운 습기가 살갗에 스며들었다. 흙에 닿기 언짢아하는 우리 모습에서, 나는 우리가 두 발 닿아 있는 이 지면을 얼마나 불신하게 되었는지 생각했고, 콘크리트가 우리와 성스러운 땅의 접촉을 가로막고 있다는 데에 생각이 미쳤다. 우리는 길쭉이 늘어진 나뭇가지들과 군데군데 쌓인 눈덩이를 지나쳐 하트 모양의 얼어붙은 호숫가를 따라 걸었다. 나는 산책길에 완전히 다른 세계로 흘러들어가서, 어느 순간부터는 추위도 말끔히 잊은 채 두 발과 포근한 흙 사이의 자석 같은 이끌림에 매혹되었다. 겉보기엔 단순한 활동에 지나지 않았지만 그때를 기점으로 나는 내가 지구와 하나임을 뼛속

들이 받아들였다. 마음챙김 걷기는 내 한 걸음 한 걸음이 감사해 마지않을 기적이라고 알려주었다.

머잖아 마음챙김 걷기는 내 일상이 됐다. 휴대폰 속 세상에 몰두하는 대신 이웃 동네를 걸었다. 그동안 간과했던 많은 게 눈에 들어왔다. 어느 여름날에는 그때의 수도원으로 돌아가 마음챙김 걷기에 다시 참여했다. 지난번에 방문했을 때보다 훨씬 큰 무리가 모였다. 우리 30명은 발길이 닿는 대로 숲을 탐색했고 끝에는 햇살 아래 반짝이는 하트 모양 호수에 도착했다. 겨우내 얼굴을 감추고 있던 존재들이 빛나고 있었다. 숲은 이끼 떼로 뒤덮여 보드랍고 몽글몽글한 융단이 깔린 듯했고 나무들은 기지개를 켜는 잎사귀들로 무성했다. 돌아오기 참 잘했다는 생각과 함께, 여름만이 선사해주는 푸릇한 감각에 집중했다. 그때 내 오른편으로 새끼 사슴이 보였다. 찰나에 달아날 거라고 예상했지만, 사슴은 산책로 끝까지 우리와 함께하며 우리 존재를 느꼈고 그의 존재를 나눠줬다. 이렇게 사슴과 함께 발맞춰 걷기는 참으로 드물고 진귀한 광경이었다. 스님들은 이 사슴이 마음챙김 걷기에 자주 동행한다면서 이름은 '밤부(대나무)'라고 알려줬다. 콧등이 시큰거렸다. 모든 존재를 아우르는 삶의 풍경에 마음이 벅차올랐다.

이제 나는 명상할 때면 앉아서 심호흡부터 시작한다. 코로 깊이 들이쉰 숨을 입으로 내뱉으면 요동치는 심장이 서서히 안정을 찾는다. 몸이 호흡과 속도를 맞춰갈 즈음 스멀스멀 생각이 비집고 올라온다. 그 생각을 억누르지 않고 이렇게 말해본다. "나는 앉아 있다. 나는 숨 쉬고 있다. 그리고 나는 생각하고 있다. 이 생각은 지금 나의 경험을 이루는 일부이며, 사라질 때까지 나는 그와 함께할 것이다." 이처럼 명상의 행위를 정확히 의식하면 그 순간과 더 쉽게 하나 될 수 있다. 수행을 시작한 뒤로 생각에 저항하려는 욕구를 놓아버릴 수 있었고 그러한 태도는 명상을 하지 않을 때도 이어져 내가 들이쉬는 모든 숨에 용기를 불어넣었다.

내딛는 한 걸음이, 들이쉬는 한 숨이 모두 축복이다. 현존을 연습하면 매사에 고마움이 찾아온다. 감사는 하루의 구석구석에 메아리친다. 아침에 일어날 때, 친구들과 대화할 때, 아름다운 노래를 들을 때도. 고요를 천천히 음미한다면 당신이 움직이는 모든 방식대로 마음이 따라 움직일 것이다. 그러면 당신의 맥박치는 심장, 부풀어오르는 폐, 소용돌이치는 숨을 볼 수 있을 테고, 그건 바람에 흔들거리는 버드나무나 창공을 향해 날갯짓하는 물새 떼를 마주치는 만큼이나 황홀하고 경이로운 일이다. 고요 속에 앉아 있는 당신의 안팎으로 소리가 울려온다. 우리가 함께하는 노래가 들린다. 당신은 혼자가 아님을 깨달을 것이다.

나는 식물 동료들 곁에서 시간을 보내면서 현존을 익혔다. 식물들과 나란히 앉아 있거나 수풀에 잠겨 걷다보면 그들의 존재를 깊이 느낄 수 있었다. 태양을 향해 자라고 바람에 따라 흔들리며 별들과 함께 잠드는 식물들은 참으로 자기 존재에 충실하다. 그들은 또한 상호연결에 익숙하고 능숙하다. 나는 가끔 수줍

게 손을 뻗어 꽃잎과 열매를 매만졌다. 하나하나가 자그마한 기적이었다.

팬데믹 우울증이 극에 달한 시점에 로빈 월 키머러의 『향모를 땋으며』*를 읽었다. 키머러는 거북이섬 Turtle Island** 포타와토미족 출신의 식물학자, 작가, 시인으로 토착민의 지혜와 식물들이 주는 가르침을 바탕으로 글을 쓴다. 우리가 식물과 갖는 끈끈한 관계를 논하며 그녀는 호혜성과 감사의 문화란 무엇을 뜻하는지, 돌봄이 주는 무궁한 가능성을 밝힌다. 이 책을 읽으면서 나는 지구가 다양한 존재와 나누는 정에 대해 배웠을 뿐만 아니라 X와의 관계가 내 심장에 낸 구멍도 메울 수 있었다.

「참취와 미역취」장에서는 이 두 꽃의 감동적인 동맹을 그린다. 봄이면 사방에서 보라색 참취꽃과 노란색 미역취꽃이 나란히 자란다. 키머러는 그 보색의 아름다움에 매혹돼 식물학을 전공했다. 그녀는 아름다움이 지구에 이토록 만연하고 자연스러운 이유가 궁금했다. 하지만 그의 백인 지도교수는 식물학자가 다룰만 한 과학적 탐구 주제와는 거리가 멀다며 그 궁금증을 진지하게 고려하지 않았다. 결국 그녀는 토착민 연장자들에게 가르침을 구했다. 보라색과 노란색은 인간의 눈에 가장 매혹적인 쌍을 이룰 뿐만 아니라 꿀벌 역시 사로잡는다. 즉 참취와 미역취는 공동의 생존을 위해 꿀벌에게 먹을 것과 시각적 즐거움을 제공하

---

*   Robin Wall Kimmerer, *Braiding Sweetgrass*, 2013. 국내에는 『향모를 땋으며』 (에이도스, 2020)로 번역 출간됐다.
**   미국을 가리키는 토착민 용어.

고 그로써 주변의 다른 공동체들까지 지탱하는 것이다. 키머러의 에세이를 읽으면서 나는 존재 간 상호연결의 필연성과 그로부터 자아지는 아름다움, 그리고 우리가 서둘러 산다면 놓치고 말 다채로움을 곰곰이 생각했다.

  지구와 그 안에 연결된 무수한 존재를 아끼려면 토착민 공동체의 목소리에 귀 기울여야 한다. 지구의 오랜 돌봄이로서 토착민은 이 행성과 상호의존적이고 호혜적인 관계를 만들어나가는 방법을 잘 알고 있다. 우리가 지구 기후변화에 이토록 분열적이고 혼란스러워하게 된 것도 여전히 토착민 공동체를 추방하고 지우고 억압하는 데서 기인한다. 자본주의는 살아 숨 쉬는 존재들을 착취 자원으로 취급하고, 사람들은 땅을 개발 대상으로만 본다. 우리가 경이롭기 그지없는 지구에서 온전히 존재하려면 어쩌다 이렇게 유리된 삶을 살게 되었는지부터 되짚어봐야 한다. 우리와 교감하는 신성한 땅을 사유재산으로 치부하는 그릇된 시각을 하루빨리 바꿔야 한다. 토착민 공동체들이 빼앗긴 땅을 되찾고 자주권을 행사할 수 있도록 도와야 한다.

  책의 마지막 장을 덮은 뒤에도 『향모를 땋으며』의 교훈은 내게 오랜 시간 머물렀다. 외로운 날이면 나는 식물들 옆에 가만히 앉아 지냈다. 레몬나무 아래에 앉아 익어가는 열매를 관찰하고 진달래가 만개하거나 똬리처럼 굽어 있던 고사리가 일직선으로 팔을 내뻗는 모습에 감탄해 마지않았다. 벌새와 벌은 우애 좋게 꿀을 빨아 먹고, 나무 밑동에 들러붙은 도마뱀은 고동색으로 옷을 갈아입고, 버섯들은 지하 도시에서 빼꼼히 고개를 내밀며 산행객들을 반긴다. 이 모든 생의 현장에서 나 자신을 발견했다. 내가 살아 있다는 건, 이 지구를 경험할 수 있다는 건 참으로 기적 같은 일이다. 숲에서, 바닷가에서, 사막에서 다 다른 이유로 마음이 맑아졌다. 식물 동료들과 시간을 함께할 때면 내가 혼자가 아님을 자연히 깨닫는다. 지구처럼 다차원인 나의 존재, 걷고 있는 토양처럼 폭신폭신한 나를 만나게 된다. 식물 동료들과의 만남은 곧 나와의 만남이다. 우리는 함께하지 않은 적이 없었으니까.

※

바다, 해안가, 하늘은 저마다 시간과 고유한 관계를 맺고, 치유도 마찬가지다. 수도원에서 스님들과 꽃과 이끼와 새끼 사슴과 함께 걸으면서 나는 마음에 깊숙이 묻어두었던 감정들을 다시 꺼내보았다. 전생과 어린 시절의 기억, 영적 시야를 넓혀줬던 순간들을 떠올렸다. 요즘도 해 질 녘이면 호주에서 X와 제왕나비 무리의 이동을 지켜봤을 때의 감각이 되살아난다. 강어귀를 지나칠 때면 푸에르토리코의 바닷물과 민물이 느껴지며 어린 시절의 나로 잠시 돌아가곤 한다. 명상은 매번 나를 내 삶을 가득 채우는 현존의 순간들로 안내하고, 나는 그 길을 밤부가 앞장서 걷는 모습을 상상해본다. 우리가 진정으로 현존할 때, 기억들끼리 갖는 긴밀한 관계가 드러난다. 우리는 시간을 여행하는 게 아니라 과거, 현재, 미래의 총체에 초대받는 것이다.

내 고통과 온전히 함께할 때면, 산산이 부서졌던 자아들이 모여 서로에게 진정한 호기심을 품고 다가서는 듯하다. 나와 재결합한다는 것은 자아의 모든 조각조각이 끝없이 나열된 거울들에 고개를 내미는 느낌이다. 이번엔 또 뭘 배웠을까? 중독, 상호의존, 치장, 인정 욕구 등 낯익은 후회들이 과거라는 귀신의 탈을 빌려 쓰고 등장한다. 그러나 한 가지 진실이 내 모든 고뇌를 관통한다. 나는 내 가치를 다른 사람과의 관계를 통해서만 찾아내려 했고 정작 나 자신과의 관계를 보듬는 법을 몰랐다. 하지만 이제는 사랑으로 무너진 마음에서 실낱같은 희망의 조짐을 찾아 우리 자신의 사랑스러움을 알아가야 한다는 것을 안다.

고통에 찬 나도 만났지만 기쁨에 찬 나 역시 만났다. 바다에서 지혜를 구하고, 상념으로 일기장을 빼곡히 채우고, 울고 춤추면서 치유 과정에 들어선 나, 나는 그런 나와 연대하기로 했다. 내 존재를 방치해선 안 된다고 호소하는 자아들의 목소리를 들었다. 광활한 사막과 울창한 숲에서 햇살을 받고 눈을 뜨며 겪어낸 참된 존재의 순간들을 떠올려본다. 내가 참여해온 그 모든 성스러운 관계와 내가 나 자신과 꾸려온 관계들도 헤아린다. 그 많은 역경 속에도 행복에 겨운 날이 잦았고, 내가 의지했던 방어기제가 모두 건강했다고는 말할 수 없더라도 나는 언제나 배움과 치유에 뜻을 두었다. 나는 언제나 삶을 선택했다.

현존을 통해 나의 선택적 일부가 아닌 전체를 만났다. 한 걸음 전진할 때마다 잊지 않고 지난날들에 손 내밀었다. 과거와 현재를 이분법으로 나누는 대신, 그 모든 시간의 총합이 나라는 걸 잊지 않았다. 성운이 모인 우주처럼 수천수만의 순간들이 켜

켜이 쌓여 나를 이뤘다. 우리를 모두 아우르는 기적을 품어본다. 다양한 나와 만나며, 실은 그들이 언제나 이미 그곳에서 나를 기다리고 있었음을, 내가 그들을 눈치채주기 바랐음을 깨닫는다. 이것이야말로 사랑에 빠지는 기분 아닐까. 나를 사랑하고, 나와 떼어낼 수 없는 그 모든 것을 사랑한다.

제8장

소속감이라는 합창곡

공동체

여기 심벌즈와 드럼 소리로 귀가 떨어질 것 같은 곳에 친구, 아이, 가족, 동네 어르신 들이 모두 모여 있다. 나는 뉴욕에서 열린 퀴어 음력 신년 행사에 왔다. 공짜 음식과 화려한 장식이 즐비하고, 남녀노소 할 것 없이 아시아인 공동체 일원들이 어우러져 무대를 펼친다. 중국 전통 악기 연주로 분위기가 한껏 달아오르고, 나는 사자탈춤 공연을 손꼽아 기다린다. 막이 오르자 형형색색의 사자들이 무대를 장악한다. 영롱한 금빛 비늘과 그 아래로 허둥지둥 움직이는 발목들. 대나무 위로 폴짝 뛰어올라 양배추 한 송이를 장난스레 집어삼킨 사자들은 이윽고 새해 복 많이 받으라는 족자를 휘리릭 펼친다.

공연이 진행되는 동안 내 영혼은 몸을 빠져나와 공중으로 떠오른다. 사자들과 관중을 지켜보며 입을 다물지 못하는 내가 보인다. 마치 새의 시선으로 행사장을 내려다보며 내가 어떤 거대한 전체의 일부라는 걸 확인한다. 눈과 코와 귀에 닿는 모든 감각이 한 몸으로 어우러지고 있음을 느낀다. 사람들이 움직이는 모습에 내 마음과 영혼도 따라 움직인다. 내면 깊이 영적인 무언가가 톡 건드려지더니 진주알처럼 반짝이는 지혜로 맺힌다. 아, 이것이 바로 소속감이 주는 황홀함이구나. 나는 이런 만남을 오래도록 동경해온 것이다. 퀴어 트랜스 유색인들이 자기 문화에 자부심을 가지고, 이모와 삼촌들이 부끄러움 없이 축제에 뛰어들고, 아이들이 선대와 자기 자신을 알아갈 수 있는 그런 만남 말이다. 세대 간 화합의 장에 감탄의 눈물을 머금는다.

왁자지껄한 소리들에 귀 기울이며 여러 노래의 화합을 생각한다. 아이들의 폭소, 우레 같은 박수갈채, 객석에서 터져나오는 환호성, 그리고 쉴 새 없이 울리는 징까지. 저마다 다른 음색들이 모여 화성을 이룬다. 나는 외톨이였던 어릴 적부터 이렇게 감탄사가 음악과 만나 선율이 탄생하는 순간을 바라왔다. 아름다운 행사는 사람 간의 벽을 허무는 영혼의 동창회 같다. 이곳에서 너와 나의 소리가 만나 과거와 미래로 영원히 이어지는 선율을 짓는다. 이 선율을 찾기까지 오랜 시간이 걸렸지만 이제는 똑똑히 들을 수 있다.

X와 함께 많은 시간을 보냈지만 나는 언제나 외로움에 배를 곯았다. 그는 우리 둘이 한패를 먹고 세상과 맞서 싸워야 한다

는 식으로 말하면서 주변 사람들과는 연을 끊도록 내 심리를 조종했다. "나만큼 널 사랑해줄 사람은 다신 없을 거야" 같은 말을 입에 달고 살면서 우리 관계가 얼마나 보기 드문지 강조했다. 관계의 행동반경이 숨 막힐 정도로 좁아진 이후에는 다른 사람들과 인사를 주고받는 일조차 요원해졌다. 나는 오직 X를 위해서 존재하는 거라고, 이 관계는 내가 사랑받을 유일한 기회라고 믿어버리게 됐다. 있는 힘껏 아등바등 매달렸고, 혼자 되는 게 싫은 만큼 관계의 끝을 두려워했다. 그때 내가 세상과 소통할 수 있는 유일한 창구는 X뿐이었다.

어렸을 때는 로맨스라는 꿈에 홀렸다. 대중매체가 보여주는 세계에서 커플들은 사랑의 도피를 떠나고 집을 짓고 아이를 갖더니 핵가족의 울타리 안에서 사랑을 키워나갔다. 그런 낭만적인 이성애 관계들이 수두룩했다. 공동체의 중요성은 강조되지 않았고, 환상적인 가정생활 속 친밀한 관계란 유전적 결합이나 결혼만으로 설명됐다. 내 부모 역시 그러한 몽상을 강요받았고 그 외형을 유지하려고 갖은 수고를 다했다. 나는 대중매체의 환상 밖에 있는 가정이 어떻게 고립된 요새가 되고 어떤 결과를 초래하는지 두 눈으로 직접 보며 자랐다. 우리 가족은 소외감과 트라우마로 물들어 있었다. 호주에서도 백인 위주의 교외에 거주했기 때문에 아무리 서로 헐뜯고 싸우더라도 결국 서로에게 의지할 수밖에 없었다. 무의식적으로 나는 이런 집안 분위기를 X와의 관계에서 되풀이했다. 나는 움츠러들었고, X는 주도권을 쥐었다. 나는 희망을 저버리고 싶지 않았고 헤어질 결심을 못 했다. 이별을 모종의 실패로 여겼던 나는 이 관계가 살아 숨 쉬는 악몽이 될 지경까지 버티고 남아 있었다.

고립된 사람은 통제의 표적이 되기 쉽다. 사회에 참여할 기회가 간절했다보니 소속감에 눈멀어 조종당하기 쉬워지기 때문이다. X는 나의 세상을 축소시켜 내 앞에 펼쳐진 너른 가능성을 가려버렸다. 그는 내 자유를 두려워했고 결핍의 심리를 이용해 공포를 주입했다. 우리 관계가 막을 내렸을 때 나는 길을 잃은 기분이었고, 고립이 지속되었던 터라 누구에게 도움을 요청할 수 있는지도 몰랐다.

거시적인 관점에서 보면, 억압적이고 전체주의적인 사회는 우리를 서로에게서 떼어놓기 위해 가학적인 방식을 사용한다. 정부는 대중의 저항을 두려워하므로 그들을 흩트리기 위해 두려움을 심는다. 연대를 끊어버리고, 우리가 각자의 집안일에만 신경쓰게 하고, 공포를 휘둘러 의기투합을 방해하고, 학습된 내용을 넘어 창의적인 대안을 제시하지 못하게 막는다. 우리의 결속으로부터 시작될 가능성을 차단하는 것이다. 사람들이 모이고, 실험하고, 서로 연결되는 것은 심오하고 아름다운 일이다. 이를 저지하려는 사람들은 공동체의 힘이 얼마나 강력한지 알고 있기 때문이다. 그들은 우리를 두려워하고 있으며 우리 또한 우리를 두려워하도록 사주한다. 그런 사람들은 소속감을 찾아 방황하면서도 그 욕구를 쉬이 인정하려들지 않는다.

우리는 이성애규범주의적 연인관계가 당연히 사랑의 최상위층을 차지한 사회에서 살고 있다. 퀴어 관계, 공동체, 우정 등은 열등한 취급을 받고 그 외의 사랑과 연결, 친밀감 역시 등한시된다. 이 위계를 내면화했던 나 또한 연인관계를 제일로 삼고 다른 모든 관계는 소홀히 대했다. 내 삶에서 공동체는 잘해야 뒷좌석을 내줄까 말까였다. 나는 공동체를 가볍고 얄팍한 재미를 추구하는 수단쯤으로 취급했고, 공동체가 형성하는 다양한 가능성들에 대해선 몰라도 한참 몰랐다. 육체적 관계가 없는 친밀감이나 로맨틱한 우정, 한 사람만을 바라보지 않는 로맨스 같은 것도 아는 바가 전혀 없었다. X와 나의 관계가 끝내 막을 내렸을 때 나는 완전히 길을 잃은 기분이었다. 그동안 혼자 동떨어져 살아온 탓에 누구에게 도움을 부탁할지조차 몰랐다. 사람을 고립시키는 식의 이성애규범적인 사랑은 나와 맞지 않았다. 나는 사랑을 새로 배울 수밖에 없었다. 당시엔 X와의 관계가 사라진 그 자리에 새로운 가능성이 피어나고 있었다는 것을 몰랐다.

※

X가 오클랜드 뒷골목에서 나를 폭행했던 밤, 내 짧은 인생이 주마등처럼 눈앞을 스쳐갔다. 나는 그의 집에서 탈출한 뒤 친구들을 찾았고, 여태까지 느껴본 적 없는 강력한 교감을 나눴다. 친구들은 일사불란하게 모여 나를 돌봐주고, 쓰다듬어주고, 안아주고, 상처를 치료해주고, 내가 내 감정을 독해하는 것을 도와줬다. 취약해진 채 배신감에 아파하던 나에게 친구들은 보호와 지원을 약속했다. "얼른 나아"라는 말로 빠른 회복을 빌지도 않았고 나

의 회복이 어떤 방식으로 이뤄져야 한다는 간섭도 없었다. 그저 내가 마음의 낭떠러지에서 추락할 새면 언제건 달려와 붙잡아주었다. 가장 끔찍한 상황이었지만 친구들 역시 날 끔찍이 사랑해주었고 그들이 나를 보듬어준 방식은 내가 그토록 원해왔던 사랑의 모습이었다. X로부터는 결코 받을 수 없던 종류의 것이었다.

이성애규범에 따른 연애와 가족 관념을 탈피하면서 나는 친족과 연인관계가 언제나 사랑만을 통용하는 안전한 공간은 아니었다는 걸 알아차렸다. 함께 자란 가족을 아무리 사랑한다고 한들 우리의 정체성 중엔 그들과 선뜻 나누기 망설여지는 부분도 있기 마련이다. 어떤 부모 아래에서 어떤 양육을 받으며 자랄지는 개인이 결정할 수 없고, 몇몇 사람들, 특히 퀴어와 트랜스젠더 당사자에게는 가정이 학대의 온상일 수도 있다. 하지만 원가족과 마찰을 빚었다고 해서 끈끈한 연대감을 영영 느끼지 못한다는 건 아니다. 우리는 공동체 안에서 가족을 재정의하며 새로운 사랑을 익힐 수 있다.

나는 직감의 목소리를 경청하면서 천천히 사랑을 다시 배웠다. X와 헤어지고서는 몹시 불안해지고 소심해져서 어딜 가든 나를 쫓아오는 감정의 먹구름과 쪼개진 정체성의 부스러기를 제대로 마주할 용기가 안 났다. 나는 내 마음이 어떻게 찢어졌는지, 차마 낯짝을 들 수 없을 만큼 이 마음이 얼마나 괴로운지 친구들에게 간신히 고백하기 시작했다. 천천히 스스로에게 정직해지면서 수치심을 내려놓기로 결심했고 마치 갓난아기를 대하듯 나 자신에게 말을 걸며 자기 양육의 기술을 습득했다. 내면의 아이가 전해오는 가장 기초적인 욕구에 귀를 기울였고, 이를 어떻게 충족할지 고민했다. 완전히 무너져내리고 가장 나약한 모습을 드러내도 괜찮다고 나를 도닥였다. 공공장소에 갈 때면 X가 주변에 있을지도 모른다는 걱정이 엄습했고 지금 내가 괜찮은지 살펴봐야 했다. 두려움에 낑낑거렸고 주체할 수 없이 울음보가 터졌지만 그런 나에게 역시 귀를 기울였다. 내 욕구를 들어주고 시간을 들여 고심한 끝에 나는 익숙한 환경과 나 자신으로부터 거리를 두는 편이 좋겠다고 생각했다. 뉴욕으로 이사를 결심했다.

  거처를 옮기는 건 흥분되는 일이었지만 곧바로 고생길이 열렸다. 일거리를 구하지 못했고 도시에는 아는 사람도 몇 명 없었다. 불안정한 주거지를 전전한 끝에 나는 퀴어 유색인 10명이 세 들어 사는 퀴어 협동 주택에 초대받았다. 입주할 때만 해도 나는 그중 한 사람과만 알고 지낸 사이였다. 협동 주택의 가훈은 확실했다. 백인 우월주의와 퀴어 혐오 없는 안전한 공간을 만들자. 퀴어와 트랜스 유색인 거주자들이 공동 주거와 선택된 가족, 괴짜 같은 사랑을 누릴 수 있는 유토피아적 실험의 장을 열자는 것이었다. 우리는 차츰 지극히 가까운 사이로 발전했다. 상다리가 부러져라 만찬을 차리고, 떼를 지어 여행을 다니고, 난관에 봉착하면 서로의 기둥을 자처했다. 각자가 사랑에 빠지고 빠져나오는 과정, 위험을 무릅쓰고 꿈에 도전하는 과정, 삶의 교훈을 받아들이는 과정을 지켜봐주었다. 한겨울이면 따뜻한 음식을 준비해 오손도손 나눠 먹고 서로를 담요처럼 덮기도 했다. 우리가 살아가는 방식과 사랑하는 방식은 이성애규범적 관계 같은 기존 관념을 초월했고, 우리는 파괴적이지 않은 방식으로 친밀감을 탐색했다.

퀴어한 사랑을 하겠다는 공동의 약속은 흔들거리고 삐걱거리며 튀어오르는 다채로운 정체성들이 활개칠 수 있는 안전한 공간을 만들자는 뜻이었다.

물론 다툼도 끊이지 않았다. 싸우고 투덜댔고 의견이 대립했다. 어떤 언쟁은 때론 우리 내면의 상처를 건드렸고 원가족의 역학을 떠올리게 했다. 한편 서로 너무 가까워진 바람에 동거인들 없이 어떻게 시간을 보낼지 몰라하며 의존 상태에 접어들기도 했다. 상황이 이렇다보니 명확한 경계를 긋지 않을 수 없었고, 차차 시간이 지나며 경계 역시 사랑의 징표임을 깨달았다. 그때 기억을 돌이켜보면 몸치유 전문가 프렌티스 헴필의 성찰이 떠오른다. "경계는 내가 당신과 나를 동시에 사랑할 수 있는 거리예요." 우리는 가족을 재발견했고 어릴 때 하지 못했던 새로운 선택을 만들었다.

우리는 이곳이 이른바 퀴어 가정이라면 익숙한 위험들로부터 격리된 청정지대여야 하지 않겠냐며 허상의 완벽을 좇기도 했다. 그러다보니 생활이 이상향과 멀어질 때마다 마치 우리가 서로를 저버리기라도 했다는 듯이 서로를 탓했고, 서로를 벌하고 험담했으며 지난 관계에서 겪었던 고통을 되풀이했다. 유토피아를 향한 기대 속에는 동거인들이 하나하나 얼마나 복잡한 존재인지, 우리가 유색인 퀴어로서 얼마나 지난한 트라우마를 겪고 버텨왔는지에 대한 고려가 없었다. 자신의 과거를 상대방에게 투영해 더 많은 오해를 불렀고, 우리는 서로를 껴안는 만큼이나 자주 내쳤다.

하지만 관계에 최악의 풍파가 들이닥치는 순간에도 우리

는 최선을 다해 서로를 지탱했다. 내 정신건강이나 주머니 사정, 이민자 신분이 간당간당해지면 협동 주택 가족원들은 발 벗고 나서서 내게 필요한 자원을 모으고 나의 안전을 확보해주었다. 나 역시 그들을 위해 전심을 다하리라 맹세했다. 우리는 다양한 방식을 동원해 양육 품앗이를 했다. 우리의 내면 아이들을 함께 돌보고 서로를 제 자식처럼 소중히 다루며 저마다의 독특한 재능을 교환했다. 괴상하기로 둘째가라면 서러울 내 내면을 과감히 탐색했던 것도 그들 덕분이었다. 동거인들은 나의 색다른 모습을 반갑게 맞아주고 심지어 축하해주기도 했는데, 이렇게 환영받는 느낌은 난생처음 맛보는 것이었다. 온전하고 다채로운 존재로 사랑받는다는 게 무얼 뜻하는지 비로소 그곳에서 체험할 수 있었다. 비백인이자 퀴어로 산다는 건 주류 문화의 청사진에 길이길이 반기를 드는 존재로 산다는 뜻이다. 우리는 생존의 의미를 새롭게 쓰고 모두의 힘을 합쳐 서로를 도우면서 언젠가 오늘날처럼 목에 핏대를 세우고 저항하지 않아도 되는 미래가 오길 희망했다. 그저 존재만으로도 괜찮은 날이 찾아오길 바랐다. 온갖 희로애락을 함께 거치며 그 바람을 간직했고, 나는 완벽을 향한 사투가 아니라 해결책을 함께 모색하는 형태의 친밀감을 배웠다.

공동체의 존재 이유는 유토피아 건설보다는 구성원 각자가 다양한 모습을 드러낼 공간을 꾸리고, 그런 만남의 장소를 환대하는 데 있지 싶다. 우리가 만나면 저 하늘에는 은하수처럼 알록달록한 색채가 드리운다. 우리는 반짝이는 거울처럼 서로를 비추며 춤추고, 우리의 기쁨과 슬픔은 한데 섞인다. 기쁨이 정점에 다다를 때 서로의 몸은 한 몸처럼 얽힌다. 반대로 제일 너저분한 순간을 맞더라도 우리는 이 시간을 삶의 복잡성을 새로이 익히며 서로에 스며들어가는 기회로 삼는다. 이처럼 뜻깊은 관계 속에서는 자신과 서로에게 정직해질 수밖에 없다. 그리고 그게 곧 사랑의 실천이다. 우리는 선을 긋고 약속을 지키고 건강하게 의존하면서 상처를 치유함과 동시에 다양한 방식으로 소통하는 법을 서로에게 가르친다. 인간은 더없이 복잡 미묘하고, 퀴어의 삶은 수없이 많은 탈피를 각오한다. 우리는 서로에 의지해 공포를 견디고 열광적인 춤과 노래로 두려움을 뚫고 나온다.

오클랜드에서의 그 컴컴한 밤, 나를 지극정성으로 돌봐준 친구들은 내게 새로운 형태의 친족kinship을 선물했다. 나는 그들 덕분에 이제껏 나를 구속했던 위계를 벗어던지고 내가 선택한 관계를 가꾸는 퀴어링queering의 여정에 오를 수 있었다. 친구들은 내가 예측할 수 없이 지저분한 감정에 치이더라도 끝까지 날 사랑해주겠다며 팔을 둘러 겹겹의 울타리를 만들어줬다. 그러면서도 나를 묶어두려 하지 않았고, 내가 억하심정을 분출하더라도 공격으로 받아들이지 않았다. 그들이 내 손발을 주물러주는 모습에서 사랑의 교류란 서로를 안전하게 지키고 모두의 자유를 기원하는 일임을 배웠다. 당신이라는 다차원의 자아를 빠짐없이 존중해줄 사람을 만나기란 여간 힘든 일이 아니지만, 언젠가 그런 일이 생긴다면, 당신은 사랑을 새로 익힌 것일 테고 선택한 가족을 만난 것일 테다.

중하층 아시아인 가정에서 자랐다는 것은 곧 내가 결핍된 상태로 키워졌음을 말한다. 내 부모는 주변 대부분의 백인보다 훨씬 강도 높은 노동을 견뎌야 했고 그들의 꿈은 종종 업신여겨지거나 위협으로 받아들여졌다. 여윳돈이라도 생기면 우리 가족은 행여 잃어버리지나 않을까 노심초사하곤 했다. 엄마는 할인딱지가 붙은 물건이란 물건은 필요하든 말든 모조리 사들였고 이런 기회가 언제 또 찾아오겠냐며 당장의 돈복을 악착스레 쥐어짜냈다. 우리가 이보다 더 누릴 수 있으리라고는 감히 상상할 수 없었다. 결핍된 마음이 극에 달했을 때 나는 음식이 사라지는 것마저 아까워 기어코 마지막 한 입을 남겨두려고도 했다. 결국 썩어버린 그 한 입은 누구도 즐길 수 없었다. 우리 가족은 손끝에 걸린 행운이 사라질까 겁내느라 그걸 차마 즐겨보지도 못했다.

우리의 결핍감은 아무래도 고립 탓이었지 싶다. 집이 비좁은 데다 외따로 있다보니 부모님은 좀처럼 손님이나 친구를 들이지 않았다. 게다가 백인 동네에 살았던 터라 주민들과 공통점이랄 것도 별로 없었다. 그나마 안부를 묻는 사이라면 사모아제도에서 이민 온 중국계 가족인데, 양가 부모 모두 숨 돌릴 틈 없이 일하느라 그들과도 만날 기회가 뜸했다. 나의 가족이 겪은 대외적 고립과 내부 분열은 긴장을 유발했고 문제로 불거졌다. 부모님은 영어가 시원찮다는 이유로 공공장소에서 천대받았고, 이 장면을 지켜보던 자녀들은 모멸과 수치를 견뎌야 했으며, 집에 돌아와서는 먼지바람 날리는 싸움판이 반복됐다. 백인들은 우리를 경계하는 눈초리로 쳐다봤고, 우리는 그 시선에 움츠러들면서 꿈의 크기도 같이 쪼그라트려야 했다.

  소속에 대한 열망은 지극히 자연스러운 욕구이고 사람들이 모여 이뤄내는 가능성은 참으로 아름답다. 하지만 누군가의 소속감은 위협으로 간주되기도 한다. 함께함에의 갈증은 초개인주의적 자본주의 의제에 반하는 욕구다. 높은 울타리와 두꺼운 대문은 사유재산을 보호하고, 타인으로부터 '방해'받지 않는 삶을 우러르는 메시지가 사회에 범람한다. 하지만 사회적 위계질서를 공고히 하려는 사람들만큼 극심한 외로움에 시달리는 사람도 없다. 이들은 동료들과 거리를 두는 방식으로 자기 존재를 확인해왔기 때문에 교감이라는 개념을 낯설어하고, 공동체에 참여하면 그들이 일평생을 바쳐온 경쟁의 의의가 사라지는 줄 안다. 이들은 타인과의 관계란 교감이 아니라 이득을 목적으로 한다고 말한다. 그러나 그 말마따나 굴었다가는 우리가 상대방을 소비할 뿐만 아니라 우리 자신까지 소비시키고 말 것이다. 과연 우리가 스스로의 몸에조차 제대로 깃들지 못하는 판에, 소속감은 대체 어디에서 찾을 수 있을까?

공동체에 속한다는 것은 정원을 가꾸는 것과 비슷하다. 정원은 다양한 생명체가 모여서 합을 맞추고 사는 풍성한 공간이다. 식물들은 때로는 서로 그늘과 안식처, 먹거리를 공급해주며 성장을 촉진하고 때로는 서로를 질식시키거나 햇빛과 자양분을 두고 치열하게 싸운다. 정원에서는 다양한 종류의 호혜, 소통, 다툼을 구경할 수 있다. 이곳에서 우리는 인간과 비인간 존재가 공동체를 이루고 사는 방식을 익힐 수 있다.

디자이너 겸 작가 아니카 한스틴-이조라는 공동체를 비옥한 정원으로 생각해보자고 제안한다. 그리고 이 생태계를 공존의 집단적 배움터로서 함께 가꾸어보자고 말한다. 그는 이렇게 묻는다. "모든 사람이 이러한 생태계를 누릴 수 있도록 우리가 우리 본연의 모습과 경계와 욕구를 드러내며 서로를 위해 싸울 수 있을까? 억압에 반대하며 우리 개개인의 열정을 지역과 국가, 나아가 전 지구적인 단위 행동으로 표출할 수 있을까?"*

정원은 더불어 살면 풍요로움이 배가 된다는 걸 생생히 보여준다. 봄이면 꽃 주변을 날아다니며 꽃가루를 흩날리는 벌에서 상생을 발견할 수 있다. 벌은 자기 생계를 꾸려가는 와중에 꽃의 수정을 돕는다. 정원은 인간이 지구와 맺는 관계를 포함해 다종 간의 동맹을 돈독히 한다. 나무와 꽃과 곤충 들은 정원을 무대 삼아 협주곡을 연주한다. 그 선율에 맞춰 함께 춤을 출 때 우리도 바람에 산들거리며 오순도순 볕을 나눠 쬐는 해바라기가 된다.

『향모를 땋으며』에서 로빈 월 키머러는 식물들의 호혜 관계가 전하는 중요한 교훈을 공유한다. 그는 옥수수, 호박, 콩을 함

---

*   아니카 한스틴-이조라의 작업물과 글은 그의 개인 홈페이지(annikaizora.com)에서 확인할 수 있다.

께 심는 토착민 전통 작농법인 '세 자매 파종법Three Sisters Harvest'을 예로 든다. 토착민들은 세 종류의 씨를 동시에 심는다. 씨앗들이 비옥한 흙에 뿌리내리면 세 자매 중 먼저 옥수수가 흙을 비집고 나온다. 이어서 콩이 옥수수의 몸통을 튼튼한 사다리 삼아 타고 올라가 햇볕을 쬔다. 태양의 손길은 콩 줄기로 내려와 뿌리까지 구석구석 스며들고, 콩은 대기 중 질소를 토양 속 질소로 바꿔 다른 자매들에게 공유한다. 끝으로 호박이 기지개를 켜면서 넓은 잎사귀를 뽐낸다. 이 잎사귀가 땅 가까이에 펼쳐지며 우산처럼 그늘을 드리우는 덕분에 토양의 습기가 유지되고 다른 자매들도 메마르지 않을 수 있다. 세 자매가 잘 자랄 수 있는 건 서로의 성장을 탄탄히 뒷받침해주기 때문이다.

키머러는 세 자매의 지혜를 다음과 같이 소개한다.

> 내 삶에도 지혜로운 스승이 여럿 있었지만 이들 셋처럼 관계의 정수를 우아하게 포착한 경우는 없었다. 혼자라면 콩은 줄기에 지나지 않고, 호박도 너부죽한 잎사귀일 뿐이다. 둘은 옥수수와 함께 있을 때야 비로소 그 진가를 드러낸다. 세 자매는 함께함으로써 저마다 날개를 활짝 펼친다. 주렁주렁 매달린 열매는 모든 결실이 관계를 통해 곱절이 된다는 걸 보여준다. 이것이 세상이 돌아가는 섭리다.*

---

* Rovin Wall Kimmerer, 같은 책.

우리의 스승, 세 자매는 진정한 화합의 의미를 가르쳐준다. 이들로부터 우리도 협력과 상생을 배울 수 있을까? 이런 이치를 오늘날 우리 관계에도 적용해볼 수 있을까?

우리는 모두 정원의 일부다. 우리 또한 우리의 모든 차원을 품어야만 자랄 수 있다. 누구의 생존 하나 놓쳐서는 안 된다. 우리는 서로를 통해 성장한다. 본인만의 재능, 관심사, 장점은 다른 사람과 나눌 거리가 된다. 또한 우리는 각자에게 주어진 서로 다른 특권과 자원을 투명하게 재분배해야 한다. 우리 역시 세 자매가 구사하는 호혜의 언어를 배우고 유창하게 주고받을 때다. 호혜는 끊임없이 선물을 교환함으로써 풍요가 누구나 누릴 수 있는 혜택임을 시사한다. 지구에서 자라는 여러 공동체처럼 우리의 네트워크 또한 복잡다단하며, 생명 간의 연결과 비연결을 탐색하면 이 땅을 더욱 기름지게 만들 수 있다. 가족 없이는 형제자매도 없고, 정원 없이는 씨앗도 없다. 공동체 없이는 동고동락도 없으며, 지구 없이는 인간도 없다. 우리는 서로의 바깥에서 사랑을 알 수 없다. 그러므로 함께 배워나가야 한다.

빈털터리였던 내가 가족을 선택할 수 있었던 건 일생의 행운이었다. 갓 뉴욕으로 이사왔을 때 수중에 돈이 거의 없었다. 나는 공동으로 생활한 덕택에 월세를 나눠 내고, 식권을 함께 쓰고, 위기가 찾아와도 동거인들에 기대어 버틸 수 있었다. 한편 우리는 동거인들끼리의 결속이 배타적이어지지 않게끔 노력했고, 묵을 곳이 필요한 다른 유색인 퀴어 및 트랜스젠더 지인들을 흔쾌히 집에 들였다. 모든 생존자가 학대 가정이나 학대 관계를 떠날 수 있는 건 아니다. 상담이나 통합 치유 같은 도움을 구하는 과정은 까다롭고, 일단 생존자는 의식주부터 챙겨야 한다. 우리는 저마다 다른 특권을 가지고 있음을 상기해야 하며, 우리가 누리고 있는 자원이 잉여 없이 모두에게 분배될 방법을 고민해야 한다. 뉴욕에서 만난 행운에 감사해하는 한편, 이런 질문을 해보고 싶다. 어떻게 나의 축복을 배로 나눌 수 있을까? 어떻게 모든 생존자에게 공동체, 선택한 가족, 진정한 사랑의 기회를 나눌 수 있을까?

나는 풀뿌리 단체들을 보고 배우며 위 질문에 답할 수 있었다. 이 자리를 빌려 상호부조, 크라우드펀딩, 생존자 지원 센터에 깊은 감사를 표한다. 내가 퀴어 커뮤니티와 상호부조에 대해 알고 있는 거의 전부를 뉴욕의 풀뿌리 단체들에서 배웠다고 해도 과언이 아니다. '우리에 의한 우리를 위한By Us For Us'의 줄임말인 BUFU는 퀴어 흑인과 아시아인이 모여 만든 단체다. 이들은 뉴욕에 거주하는 퀴어 유색인들을 초대해 상호부조를 실천하고 학습하는 여름학교를 운영했다. 이곳에서 참여자 개개인은 선생인 동시에 학생이 되었고 서로에게 베풀 수 있는 지혜와 재능을 모았다. 팬데믹 중 BUFU와 차이나 레지던시China Residencies는 국제적으로 협동한 끝에 거주·식량·금융의 지원, 영적 지도, 전인의학, 교육 및 애도의 지원 등, 전 세계와 미국 내에서 활용 가능한 자원을 총망라한 온라인 지침서 '클라우드 나인Cloud 9'을 제작했다.

내게 또 다른 영감을 준 풀뿌리 단체로 퀴어 흑인과 아시아인이 주도하는 모임 '급진적인 사랑 의식Radical Love Consciousness'을 소개하고 싶다. 코로나19가 전 세계를 휩쓸기 전에는 매년 강의, 모금, 의류 아나바다, 영화제 등 여러 행사를 주최하며 정신없는 뉴욕에서도 쉼을 제공하는 안식처로 기능했다. 이 모임의 구성원인 니마 기테레는 수업을 열어 급진적인 사랑의 힘을 설파했다. 사랑의 실천 양상을 조명하며, 기피되어왔던 주제들까지 참여자들이 허심탄회하게 논할 수 있도록 공간을 만들어주었다. 니마는 "회복이란 대인 관계에서 지속적으로 이루어져야 한다"라고 가르치며 자원 베풀기가 일상에 꾸준히 지속돼야 함을 강조했다.

'상호부조'라는 표현이 서구 학계에 처음 기록된 것은 19세기 말이다. 표트르 A. 크로포트킨은 1902년 『만물은 서로 돕는다』에서 동물의 집단적 생활양식을 관찰하고 그 결과를 바탕으로 상호부조론을 제시했다. 그는 다윈식 우승열패론에 반기를 들고 우리의 연대 의식은 본능이라고 주장했다.

서양사에서 상호부조를 처음 언급한 것은 그때지만 실제 호혜의 역사는 더 오랜 기원을 갖고 있다. 진화론이 등장하면서 토착민들이 상호부조, 협력, 공생을 토대로 쌓아온 지혜의 상당수가 제대로 기록되지 못했다. 호혜는 태곳적부터 존재했지만, 대대로 전해지던 토착민식 상호부조 방법들은 식민화 과정에서 파괴되었다. 그럼에도 불구하고, 잊혀져서도 지워져서도 안 되는 상호부조의 역사가 구술과 같은 비공식적인 형태로 전승되었으며 다행히도 우리 곁을 지키고 있다. 주권의 씨뿌리기Seeding Sovereignty 나 개척의 뜨개질Weaving Our Paths처럼 오늘날에도 상호부조를 실천하는 토착민 주도형 모임들은 공동체야말로 다종·다세대를 연결해주는 삶의 필수 불가결한 요소라는 걸 몸소 보여준다.

  토착민 작가 타이슨 윤카포르타는 『모래 이야기Sand Talk』에서 상호부조의 기본 윤리를 경쟁 논리에서 벗어나 공유 자원과 선물을 탐색해보는 것이라고 요약한다.

> 특권에 수반하는 권력이나 예외주의의 환영을 떨쳐내기란 여간 어려운 일이 아니다. 하지만 삶이라는 협동의 그물망에서 누구나 다 딱 한 축씩만 맡고 있다는 사실은 당신에게 뜻밖의 안정감을 줄 것이다. 그물망 한 축에도 영예와 존엄 있는 주체성이 따른다. 당신은 집단에 삼켜지지도 개인성을 잃지도 않을 것이다. 자율성을 지키되 다른 이들과 깊은 연결감 또한 누리게 될 것이다.*

  지구의 많은 사람이 의료, 금융 지원, 마땅한 교육과 식량을 제대로 누리지 못하고 있다. 팬데믹 기간 미국에선 유색인 노동자 계급, 그중에서도 특히 흑인, 토착민, 이민자, 장애인 들이 의료 지원 부족과 식량 결핍에 시달렸다. 많은 사람이 문제를 해결하고자 발 벗고 나섰다. 마리암 카바는 이웃 간 상호부조에 관

---

*   Tyson Yunkaporta, *Sand Talk*, 2019.

한 안내서를 작성하고 '#우리동네는우리가지킨다wegotourblock'라는 슬로건을 게시했다. 안내서에는 네트워크를 끈끈하게 만들기 위한 방법들이 자세히 실려 있다. 가령, 이웃을 초대하기, 다양한 소통 수단을 개발하기부터 식량, 육아, 의약품, 비상금, 정서적 지원, 번역, 기술, 정보 등 서로에게 필요한 금전적·비금전적 돌봄을 살펴야 한다는 내용이 적혀 있다.

브루클린에서는 플레이그라운드 커피숍Playground Coffee Shop 소속의 지역 운동가들이 지역사회를 위한 무료 음식 창고를 세우고 공유 냉장고를 관리했다. 약재 상호부조 네트워크The Herbal Mutual Aid Network는 약초나 식물로 만든 치료 물품을 도움이 필요한 흑인 주민들에게 전달한다. 구아나바나Guanábana라는 단체는 지역민을 위한 간이 도서관을 설립해 사람들이 다 읽은 책을 기부하고 도서 대여 서비스를 제공한다. 흑인 트랜스 당사자들이 주도하는 모임 포 더 궐스For the Gworls는 흑인 트랜스 당사자들을 위해 주거비와 성확정 수술비를 모금한다. 주거 정의를 위해 싸우는 카아아브CAAAV(Committee Against Anti-Asian Violence)는 뉴욕에 사는 아시아계 이민자 노동자의 권리 증진을 위한 풀뿌리 운동을 주도한다. 이처럼 여러 단체는 돌봄을 창의적으로 재사유함으로써 우리가 살고 싶은 사회를 우리 손으로 직접 건설할 수 있다는 잠재력을 싹틔운다.

리아 락슈미 피엡즈나-사마라신하는 장애 가시화 프로젝트Disability Visibility Project에 「장애인 상호부조와 비장애인 상호부조는 이렇게 다르다」라는 글을 기고했다. 비장애인은 팬데믹을 거치며 상호부조 개념을 처음 접했을 확률이 높지만 장애인 공동체에서는 이런 노력을 이전부터 지속해왔다. 기고문에서 그는 장애인 당사자로서 자신의 팬데믹 경험을 서술하며, 면역 이상을 앓고 있는 사람들도 팬데믹을 무사히 지날 수 있도록 돕는 장애인 상호부조 네트워크들을 소개한다.

장애인을 무명의 수혜자로만 간주한 채 그들도 단체를 직접 조직할 수 있는 참여자라는 것을 상상하지 않거나, 장애차별주의를 조금도 의식하지 않는 상호부조 단체를 심심찮게 봤다. 이들은 자선의 역사가 장애차별주의와 인종주의로 얼룩져 있다는 사실에, 이런 역학이 자신들의 태도에도 물씬 배어 있다는 사실에 무지하다. 단 한번도 장애인을 직접 언급하지 않길래 그들이 과연 우리에 관해 이야기하고 있기나 한지 의심스러웠다. 장애차별주의를 털끝만큼도 성찰하지 않은 채로, 이들이 운운하는 '상호부조'를 장애인들이 오랜 세월 실천해왔다는 걸 전혀 모른다는 듯이 굴었다. 우리로부터 조금이라도 (실은 굉장히 많이) 배워갈 수 있다는 것을 저들은 추호도 상상하지 못했고, 전염병 확산 저지야말로 장애인들의 전문 분야라는 걸 끝내 알아차리지 못했다. 게다가 '집단적 돌봄collective care'*이라는 개념 역시 장애 정의 운동에 이바지해온 여성들과 논바이너리 유색인 장애

---

* 장애를 가진 사람들이 영리 기관, 정부, 가족의 도움을 받지 않고 서로 유기적으로 집단을 형성하여 재능 기부 방식으로 소속원들의 건강을 살피고 일상생활을 지원하는 자발적인 돌봄 형태. —옮긴이

인들이 고안했다는 사실도 아는 바가 전혀 없는 듯했다.*

상호부조를 자선의 한 형태쯤으로 보는 건 오만한 착각이다. 자선은 위계의 도식을 그리기 때문에 기부자에게 구원자 의식을 심어준다. 상호부조는 부유한 백인 특권층이 '연대'를 통해 영웅의 감각을 맛보는 자기도취의 기회가 아니다. 우리는 공동체를 논할 때 누가 환영받고 누가 배제되는지를 비판적으로 사고해야 한다. 또한 공동체를 진전시키기 위해 뜻을 모을 때면 그 노력이 인종·능력·성별·계층·세대를 모두 아우를 수 있도록 유념해야 한다. 구조적 불평등이 사람들의 생활 조건을 어떻게 특정짓는지 진지하게 생각하고 반성과 실천의 과정을 거쳐야만, 우리의 결속력은 강화되고 사회적 신용을 회복할 수 있다.

상호부조는 자원의 재분배를 통해 동료 사회 구성원들과 결속을 다지며 더욱 공정한 사회를 이룩하고 무한한 가능성을 상상하는 일이다. 실천의 영역이니만큼 때로는 참여자 간에 의도가 엇갈리는 등 논쟁이 일기도 한다. 하지만 우리는 서로의 지붕과 담요가 되어주고, 서로의 허기를 달래주고, 서로에게 안전한 울타리를 쳐준다. 비상시만이 아니라 항시 그래야 한다. 공동체는 창조, 상상, 삶의 근간을 이루며, 우리가 돌봄 속에 풍요로워질 수 있다는 걸 가르쳐준다.

---

*　Leah Lakshmi Piepzna-Samarasinha, https://disabilityvisibilityproject.com/2021/10/03/how-disabled-mutual-aid-is-different-than-abled-mutual-aid/

브루클린에서 주로 아시아계와 중남미계 사람들이 모여 사는 한 동네에는 내가 즐겨 가는 공원이 있다. 여름이면 귤색으로 물드는 하늘을 보러 해 질 녘쯤 그곳으로 향한다. 중국계 아주머니들은 하루도 쉬지 않고 공원에 모여 춤을 춘다. 일몰로 대기가 타오를 듯 붉어질 즈음이면 하나둘 사람들이 더해지고, 머지않아 인종과 나이를 초월한 집단은 다 함께 몸을 움직인다. 할머니 할아버지가 손주와 손잡고 나타나면 모여 있던 사람들은 친숙하게 이름을 부르며 근황을 나눈다. 아주머니 몇 분이 광둥어로 자식 소식을 전하거나 후덥지근한 날씨에 불평하는 소리도 들린다. 사람들이 그린 원이 넓어지고 팔다리의 놀림이 거세진다. 박수 함에 맞춰 소리도 더욱 커진다. 연쇄반응처럼 서로를 따라 춤을 추니 누가 안무를 이끌고 있는지 알 길이 없다. 저쪽에서 짝, 박수치면 이쪽에서도 짝, 박수친다. 함께함에 대한 신뢰의 몸짓이다. 나도 원 어디쯤에서 같이 움직이다가 도로 벤치에 앉아 그들을 지켜본다.

　　설령 나와 비슷한 정체성을 가진 사람이래도 내가 그의 삶을 낭만화할 순 없다. 우리에게는 저마다 복잡한 사연이 있다. 하지만 공통분모를 가진 사람을 알아보았을 때 전해지는 기쁨은 이루 다 말할 수 없다. 공원에서 나는 인자한 미소, 서로 반기는 눈빛, 친밀함을 주고받는 신뢰를 보았다. 정확히 누구누구가 알고 지내는지는 몰라도, 이 모임이 특정한 사람에게만 허락된 것이 아니라는 건 명확했다. 서로 꺼리는 법이 없었고 다들 함께하고 싶어했다. 누구든 덥석 한 자리를 차지해 춤사위에 기운을 보탰고 넘치는 기운은 또 넘치는 기쁨을 낳았다. 나는 문자 그대로 공동체가 불어나는 모습을 직접 목격했다.

과거의 나와 내 가족이 음식, 언어, 문화를 공유하는 이웃들과 시간을 보냈더라면 그때의 삶이 얼마나 달랐을까 상상해본다. 창문 밖에 음악이 울려퍼지고 사람들이 왁자지껄 사투리로 대화하는, 다양한 문화가 어우러진 곳에 살았더라면. 사유재산에 대한 집착은 영혼에 둑을 쌓았다. 만약 우리 가족이 동네 주민들에게 환영받았더라면 그렇게 사무치게 외롭지만은 않았을 것이다. 어깨를 맞대고 더불어 살면 덕이 넘실넘실 오가고 기쁨은 배가 된다. 기쁨에 한계란 없다. 사랑의 선율은 널리 울려퍼진다. 그래서 춤을 추는 것이다.

우리가 함께라면 당장의 생존 너머 성장으로 뻗어나가는 무수한 가능성을 그릴 수 있다. 춤 모임은 열릴 때마다 구성원이 늘어났다. 우리의 화합이 너무도 강력한 나머지 누군가의 눈에는 위협으로 비칠지도 모른다. 그러나 우리는 단결된 목소리로 더욱 목청껏 노래한다. 누군가 공동체를 두려워한다면 실은 자기도 끼고 싶은 마음을 억누르고 있을 뿐이다. 사람들과 동행하면서 나는 저 혼자 독립된 개별 자아라는 개념을 접어두고, 나의 사랑을 모두의 사랑에 연결해 보인다. 이곳에선 나의 춤이 너의 춤이 되고 나의 노래가 너의 노래가 되며 우리는 함께 나아간다.

제9장

존재의 경이로움

기적

흔히들 생각하는 기적은 헤아릴 수 없이 커다란 축복을 내려주는 거대하고 불가사의한 사건이다. 기적은 신적이라거나 미신적이라 여겨진다. 사랑에 빠지고, 죽을 고비를 넘기고, 이뤄낼 수 없을 것만 같던 목표를 성취할 때 우리는 기적 같다고 말한다. 하지만 나는 기적이 다양한 크기와 형태로 나타난다고 믿는다. 기적인 줄 모르고 지나칠 때도 종종 있겠지만 말이다. 사소해 보이는 찰나의 기적조차 아끼며 살고 싶다. 아침에 눈을 뜰 때부터 밤에 눈을 감을 때까지, 하루를 채우는 모든 기적을 소중히 보듬으며 살고 싶다. 저녁놀이 기적이듯, 우리가 들이쉬고 내쉬는 숨도 기적이다.

하늘이 변덕쟁이가 되는 시간, 일몰의 기적 앞에 나는 수없이 눈물지었다. 언덕 꼭대기, 절벽 끄트머리, 해안가로 나가서 태양을 배웅한다. 몇 번을 본대도 저녁놀의 황홀경은 지겹지 않다. 제일 울컥하는 순간은 혼자 저녁놀을 지켜보다가 문득 옆에서 나만큼이나 넋을 놓고 있는 누군가를 발견할 때다. 십중팔구 입을 다물지 못한 채 사진을 찍고 사랑하는 사람과 영상통화를 하는 등 이 순간을 공유하고 기억하려 한다. 이 저녁놀이 그에게 어떤 인상을 남겼는지 모르지만 우리가 이렇게나 거룩한 순간을 따로 또 함께 보냈다는 사실이 그저 감사할 따름이다. 저녁놀은 늘 예상 밖의 모습을 뽐내기에 우리는 밭은 숨으로 그 등장을 고대하고, 존재하는지도 몰랐던 색채의 향연에 설레한다. 하루의 어느 순간에서건 누군가는 아침놀이나 저녁놀을 바라보고 있을 거란 사실을 생각하면 가슴이 절로 찡해진다.

    크고 작은 주변의 기적을 알아차리는 건 깊은 내면에 머문 어린아이의 작업이다. 기적은 우리가 잊고 살았던 순수한 호기심을 불러일으킨다. 외로운 아이였던 나는 별것 아닌 것에도 내처 들뜨곤 했는데, 특히나 삶으로 꿈틀대는 것들을 보면 유난히 즐거워했다. 애벌레를 나비로 키우고, 장대비 속을 뛰어다니고, 낙엽의 바스락거리는 소리에 유쾌하게 반응했다. 입에선 질문이 마르지 않았고 우렁찬 목소리로 감탄사를 내뱉었다. 그러다가 차츰 나이를 먹으면서 삶에 대한 불만과 경멸이 쌓여갔다. 자연에 대한 환상을 버렸고, 주변으로부터 거둔 시선을 휴대폰 속 세계로 단단히 고정했다. 불편한 진실을 하나씩 알아갈 때마다 영혼은 증오에 자리를 내줬고, 세상은 한때 나를 매료시켰던 모든 것에 별 관심 없다고 말하는 듯했다. 더 시간이 지나자 세상이

치켜세우는 기적이란 다 인간의 손으로 가공된 것들뿐이었다. 우리는 언제부터 지구의 경이로움을 놓친 걸까? 어째서 경이로움을 포착하던 눈이 멀어버렸을까? 줄줄이 터져나왔던 감탄사가 사그라든 건 왜일까?

해돋이와 해넘이 하나하나가 기적이며, 우리는 이를 매일 경험하는 호사를 누린다. 기적을 일상과 주변에서 발견하기 시작하면 우리 내면에 존재하는 기적들도 발견할 수 있다. 기적에 대한 새로운 정의와 함께함으로써 우리는 미시적인 기적에 깨어나고, 이들이 우리 삶에 상수로 남아 있음에 감사하게 된다. 기적을 일상에서 찾아내는 건 그것의 위엄을 깎아내리는 게 아니라 우리가 받아들이는 기적의 범주를 넓히는 것이다. 꽃이 필 때마다, 파도가 칠 때마다, 숨을 들이쉬고 내쉴 때마다 기적은 일어난다. 호기심에 다시 불을 지피고 세상을 바라보자. 기적이 우리 생활 면면에 흐른다는 걸 금세 알아차릴 것이다.

※

우리는 대부분 이른 나이에 호기심을 잃고 만다. 아이는 죽음과 폭력을 접하고, 잔혹한 환경에도 살아남을 수 있게 '철이 들며', 사회로부터 학습받은 욕구나마 채우며 살아간다. 살아 숨 쉬는 게 무슨 대수냐며, 의식주를 해결하고 인정받기 위해선 일이나 열심히 하라고 사람들은 말한다. 호기심은 쓸데없고 끽해야 어린아이들에게나 어울리며, 그 나이에도 경이로워할 힘이 남아도냐는 식으로 핀잔을 준다. 행복이 공산품이라도 되는 양 우리는 더 생산적인 사회인이 되면 더 많은 행복을 움켜쥐리라 착각한다. 또한 화면 너머 우주에 홀리고 가상의 삶에 설득당한 사람들은 정작 현실을 어떻게 살아야 하는지 잊어버린다. 디지털 시대에 우리는 사방에서 밀려들어오는 현혹의 메시지에 사로잡혀 소비에 눈독들이고 현상을 정확히 진단하는 힘을 잃는다.

지하철에선 다들 하나같이 거북목에 등이 굽어서 휴대폰만 만지작거리고, 역내 음악가들의 연주는 거들떠보지도 않는다. 고개를 들면 세상에 더 많은 것이 있는데 말이다. 호기심이 사라진 자리엔 망각이 들어서고 우리는 일상에서 자신을 잃어간다. 흩어져만 가는 매 순간의 소중함을 깨달아야만 당신이 살아남았다는 사실과 앞으로도 살아갈 것이라는 사실을 잊지 않을 수 있다.

X와의 관계에서 살아남은 뒤 나는 기적이라고 부를 만한 무엇에도 마음을 쉽게 주지 않았다. 애도의 꼭대기에서 죽고만 싶었다. 일을 나가거나 친구들과 만나기는커녕 잠을 자는 것도 밥을 먹는 것도 어려웠고 행동반경은 좁아질 대로 좁아졌다. 그저 하루를 견뎌내기가 과제였다. 앉아서 우두커니 창밖을 쳐다보다가 가까스로 기운을 차리면 집 근처로 가벼운 산책을 다녀왔다. 공중에서 부대끼며 낙하하는 나뭇잎들, 한목소리로 여름의 후렴구를 지저귀는 매미들, 코끝을 간지럽히는 달고 짠 향. 그런 것들에 이리저리 노출되며 오래전 억눌렀던 감성을 되살려냈고 점차 주변에서 더 많은 것들을 알아차리게 됐다. 맥도 못 추던 내

가 차츰 감각들을 벼렸고 호기심을 되찾았다.

걷다보면 서로 감싸안는 연인들과 마주쳤다. 그 모습이 심장에 비수로 꽂히다가도, 나의 절망조차 감싸안아줄 사랑의 힘이 도처에 있다는 사실에 퍽 감동을 받기도 했다. 그 사랑이 내 것일 필요는 없지만, 그건 여전히 나와 연결되어 있었다. 사랑의 증인이 될 수 있다는 게 정말로 행복했다. 두둥실 흘러가는 구름, 바람에 흩날리는 나무, 하루 내내 함께 움직이는 햇살, 이 모든 장면에서 나는 내가 자그마한 기적들과 삶을 나눈다는 데에 묵직한 감동을 받았다. 그리고 저 기적들과 끈끈하고 끈질기게 연결된 내 안의 기적을 치유 과정에서 만날 수 있었다. 죽음의 벼랑 끝이라고 단정지은 곳에서 기적 같은 삶을 발견하며 나는 다시 태어났다.

우리는 살면서 여러 차례 다시 태어난다. 나는 되살아남의 경험을 생생히 기억한다. 나는 극심한 고통과 절망적인 슬픔으로 모든 걸 포기하고 싶을 때 비로소 삶을 다시 시작했다. 더는 살아갈 이유가 없는데도 일단 삶을 버텨내자 호기심이 제자리를 찾았고 자연에 대한 경애심도 늘었다. 특히 호기심은 내가 지구와 돈독한 관계를 맺으면서 왕성해졌다. 어떤 날엔 해안가에 앉아 나의 숨결과 파도가 어떻게 평행한 균형을 맞추는지 지켜봤고, 또 어떤 날은 폭우가 쏟아지며 땅을 일구고 가뭄을 해소하는 모습을 감상했다. 그날의 빗방울 하나하나는 내가 흘렸던 눈물을 닮아 있었다. 그리고 기회가 될 때마다 찬란히 저물어가며 새로운 하루를 기약하는 저녁의 태양을 바라봤다.

엄밀히 말해 '기적'은 명사지만 이를 동사로 바꿔 생각해 보면 어떨까? 벨 훅스가 사랑을 동사형으로 적듯 우리도 기적에 동참한다는 뜻에서, '기적-한다miracle-ing'고 믿어보는 것이다. 아이에서 성인으로 커가면서 우리가 들이쉬고 내쉬었던 모든 숨이 다 기적 만들기의 실천이었다고 다시 생각해보면, 삶을 인정 투쟁의 장이 아닌 선물 꾸러미로 볼 수 있을 것이다. 우리가 스스로를 살아 있는 기적으로 바라볼 때 세상엔 어떤 일들이 펼쳐질까?

　　어릴 적처럼 호기심과 경애심을 느끼기 시작하자 나를 둘러싼 삶에 신비로움이 반짝였다. 별나거나 굉장하달 것은 없었지만, 내 관점을 벼릴 만큼 꽤 놀라운 소리와 장면들이었다. 하늘과 구름을 두 눈에 가득 담기 시작하자 머리 위로 펼쳐지는 세상의 무궁한 변화와 지구가 매일같이 자전을 거듭하며 지구 위 모든 생명체와 함께 돌고 있다는 사실이 다시금 놀랍게 다가왔다. 어린이들이 하늘이 왜 파란색인지, 잔디는 왜 초록색인지 유치한 질문을 던지는 건 자연의 신비 앞에 어리둥절해지기 때문이다. 나이를 먹으면서 그런 단순하고 명료한 질문을 하면 우스워지기 십상이라 생각하게 된다. 최근 들어 깨달았는데 나는 여전히 대부분의 질문에 답할 수 없었고, 그래서 다시 묻기 시작했다.

　　어릴 적 질문들은 과학이 대답해주곤 했다. 한 치의 오차도 허용하지 않는 사실과 각종 명명백백한 증거에 마음이 벅차기도 했지만 한편으론 경직된 답변만 늘어놓는 선생님들이 성에 안

찼다. 몇몇은 자연의 신비를 통계학적 수치쯤으로 치부했다. 세상은 원래 이런 식으로 굴러간다면서, 하늘과 잔디는 생태계 일부에 지나지 않는다고, 그게 파랑이고 초록인 데는 별다른 이유가 없다고 말했다. 선생님들의 밋밋한 설명에도 나는 여전히 자연이란 참 마법 같다고 생각했다. 과학의 언어로 우주의 미스터리를 번역한다 한들, 그 알쏭달쏭한 매력은 한 줌도 줄지 않는다. 어떤 질문에는 마땅한 답이랄 게 없고 또 어떤 비밀은 우리가 파고들지 못하도록 우주가 꽁꽁 싸매고 있는지도 모른다.

네가 궁금해하는 모든 게 기적이라고 아이들에게 가르치면 어떨까? 눈을 깜빡이고 코를 킁킁대는 것이 살아 있다는 증거이며 능동적인 '기적-하기'라고 가르쳐보면? 아이들은 내게 경이로움의 지혜를 알려주곤 했다. 한번은 해가 저물 무렵 이웃과 함께 산책을 나섰는데 그의 세 살배기 딸이 고사리 같은 손으로 하늘에 걸린 연분홍색 구름을 한 점 한 점 가리켰다. 새나 곤충이 날아들기라도 하면 환호성을 지르며 반색했고 동네 사람들의 이름을 빠짐없이 외워둬서 누구와 마주칠 때마다 반갑게 손을 흔들었다. 전염성 강한 아이의 호기심에 내 오감마저 자극됐다. 나는 그 아이가 거울에 비친 자신을 바라보면서도 똑같은 환희에 빠지기를, 스스로를 꽃처럼 강건하고 현명한 존재로 바라보기를 바란다. 꼬리에 꼬리를 무는 호기심이 우주에 퍼져나가는 선물이라는 것을 잊지 않길, 또한 우리 모두 그러기를 바란다.

내게 호기심의 중요성을 일깨워준 사람은 돌아가신 나의 친할아버지다. 매번 나와 질문을 주거니 받거니 했던 할아버지는 모범생의 표본이었다. 구순을 훌쩍 넘긴 나이에도 새, 벌, 식물, 사람 등 관심이 닿는 모든 것에 카메라를 들이댔다. 호기심에는 끝이 없고, 답을 내릴 수 있는지를 떠나서 우리의 모든 질문이 그 자체로 기적이라는 것을 할아버지는 몸소 선보이셨다. 우리의 대화는 둘 다 답을 모르는 질문으로 가득했지만 나는 그것마저도 좋았다. 질문을 멈추고 싶지 않다는 마음으로 우리는 단합했다. 할아버지는 우리 곁에 언제나 아름다움이 함께하고 있음을 가르쳐주었고, 나는 그 아름다움을 할아버지와 함께할 수 있었음에 감사했다. 삶을 공유하며 우리는 하나로서 '기적-했다'.

우리가 영영 알 수 없는 게 있는지도 모른다. 과거부터 오늘날까지 신과 종교를 운운하며 수없는 무력 다툼이 벌어졌다. 우리는 신앙심 때문에, 혹은 신앙심이 없다는 사실이 부끄러워서 종교를 입에 올리기 꺼린다. 사람들은 의견 충돌을 피하고 싶어 한다. 누구는 일신론자고, 누구는 다신론자다. 또 누군가는 거대하고 경이로운 우주를 믿는다. 무신론자는 창조주가 없다고 말하는데, 믿지 않는 것도 믿음이다. 불가지론자는 그 무엇도 정확히 알 수 없다고 말하지만, 그 또한 믿음이다. 교리적 차이보다 이 모든 믿음을 관통하는 한 가지 진리에 초점을 맞추어봤으면 한다. 우리 모두의 종교는 삶의 신비함에서 시작한다는 진리 말이다.

사람들이 종교를 가지는 이유는 삶의 대부분이 설명할 수 없게 느껴지기 때문이다. 이 느낌을 강조하는 건, 아무리 경험을 객관적으로 해석한대도, 우리의 온몸이 느끼는 감정은 설명하지 못하기 때문이다. 사람들이 신을 부를 때 나는 그들이 추상적이고 가변적인 진실을 좇는다고 생각한다. 저녁놀을 바라볼 때, 손끝으로 첫눈을 만질 때, 그리고 갓 태어난 아이의 울음소리를 들을 때 전해지는 감각은 이성의 영역을 훌쩍 뛰어넘는다. 그래서 우리는 삶의 원천을 찾아 헤맬 수밖에 없다. 우리 존재에 분명 심오한 이유가 있겠지만 그걸 내가 알 수 있다고 생각하지 않는다.

    인류사에서 종교는 편견, 조종, 통제의 수단으로 자주 동원됐다. 폭력과 식민지 억압은 강제적인 종교 전파에 사용되었고, 가치관의 차이는 피바람과 학살로 이어졌다. 어떤 종교들은 선과 악, 천국과 지옥에 선을 그었고, 사람 사이에 위계를 세우는 정당화의 도구로 기능했으며, 대학살과 인종주의, 전쟁 등을 낳았다. 우리는 인간이 탐욕으로 빚은 창조물을 식별해내야 한다. 종교를 명분으로 폭력을 행사하려는 사람들은 자신들이 생각하는 권력을 복제하려는 것뿐이다. 그들은 신이 곧 절대의 힘이라고 생각한다. 나는 신이 모든 생명에 대한 경의라고 생각한다. 우리가 스스로를 신격화하고 우상 행세에 매달릴수록 내면의 영성과는 멀어질 뿐이다.

    어떤 사람들은 위기가 닥쳐오거나 트라우마에 빠졌을 때 절망 너머의 희망을 믿고 싶어서 종교에 귀의한다. 나는 불교 신자로 키워졌지만 가톨릭 학교를 다녔던 퀴어 생존자로서, 폭행 이후 종교에 다양한 방식으로 의지했다. 다양한 여신을 섬기고,

여러 종교 서적을 읽고, 교회와 사찰과 성당을 다니는 이 모든 과정에서 지혜를 구할 수 있었다. 종교 단체 중에는 아직도 퀴어 혐오와 트랜스 혐오가 만연한 곳이 있어서 방문하기 꺼려지는 날도 있었지만, 타인의 고통을 대가로 삼는 법 없이 사랑과 치유를 구하는 사람들과 함께 기도할 때면 이보다 더 찬란한 장면은 없으리라는 확신이 들었다. 성스러운 공간에 머무는 사람들은 강력한 유대감을 나눠 가진다. 우리가 노래하거나 경전을 외우면 입 밖으로 내뱉는 음절마다 기적이 되어 투명한 불꽃으로 피어올랐다. 나는 언제 어디서든 사람들이 모여 사랑을 예찬하면 그게 곧 종교적 체험이라고 생각한다. 그건 숭고하다 못해 등골이 오싹한 일이다. "삶보다 거대하다larger than life"라는 관용어가 떠오르지만…… 인생은 거대하고 언제나 확장 중이기에 쓰기 망설여진다.

우리는 존재의 이유나 신의 정체를 따질 게 아니라 무엇이 우리를 기적의 감각에 가까이 다가서게 해줄지 질문해야 한다. 덧없고도 심오한 순간들을 당신은 기억하는가? 당신 몸 안의 무엇이 당신을 환희와 평온으로 채우는가? 옥타비아 버틀러의 『씨앗을 뿌리는 사람의 우화』에 등장하는 한 구절을 같이 읽고 싶다.

> 네가 만지는 모든 걸
> 너는 바꿀 것이야.
> 네가 바꾸는 모든 게
> 너를 바꿀 것이야.
> 변하지 않는 단 하나의 진리는

변화 그 자체야.

신은 변화란다.*

버틀러는 신이 모든 생명의 기호_signifier_라고 이야기한다. 모든 존재는 변화하고 변태하고 변신하는 힘을 지닌다. 신은 이런 농밀한 순간에 나타난다. 아름다운 노래에 복받쳐 울 때 나를 압도하는 감정에서, 새로 돋아나는 나뭇잎에서, 다채로운 옷을 갈아입는 하늘에서. 우리는 언제나 신의 가호 속에 존재한다. 특히나 영혼이 우리 몸을 울림통 삼아 존재를 알려올 때, 우리가 노래하고 춤추고 사랑에 빠지고 아름다움을 창조할 때, 우리는 신을 빼닮는다. 나의 불교는 신이 어디에나 깃들어 있고 신이 당신과 나를 포함해 우주에 존재하는 모든 형태로 나타난다는 믿음에 기초한다. 내가 숨 쉴 때, 당신이 깨어날 때, 우리가 깊은 잠에 빠질 때 우리는 곧 신이다. 서로를 사랑하는 능력에서도 신은 발현한다. 이 사실을 기억하면 나의 존재, 그리고 당신의 존재에 가슴이 뭉클해진다.

나의 생존은 기적이다. 내가 X와의 학대 관계에서 살아남았다는 것은 기적이다. 그동안 견뎌온 고통이 실은 내 몫이 아

---

* Octavia E. Butler, *Parable of the Sower*, 1993. 국내에는 『씨앗을 뿌리는 사람의 우화』(비채, 2022)로 번역 출간됐다.

니었음을 전면으로 받아들일 때 기적은 찾아온다. 가해를 당하기 전의 나도, 가해를 당하는 동안의 나도, 가해를 당한 다음의 나도 모두 온전하고 성스러운 존재임을 자각할 때 기적이 찾아왔다. 고통스러웠던 순간마저 하나하나 내 숨에 깃든 영성을 비춘다. 괴롭게 헐떡였던 호흡일지라도 당시의 들숨과 날숨이 모두 기적을 향해 있었다. 내가 여전히 살아 있다는 게, 내가 여전히 매일 사랑을 느낄 수 있다는 게 기적이다.

각박한 세상에서 우리 가운데 다수는 소모품 취급을 받는다. 우리는 서로를 운명을 나눠 갖는 공동체 일원으로서가 아니라 기계 부품 정도로 인식하며 산다. 제대로 작동하는지에 따라 사람의 가치가 매겨지는 사회에서 우리는 자신이 완전하다는 것을, 타인과 함께 완전하다는 것을 잊고 만다. 있는 모습 그대로 완전하다는 것을 잊으면서부터 우리는 기적을 갈망하게 되고, 기적이 나타나 우리를 구원해주기를 고대한다. 이미 기적은 우리 안에 있음을, 우리 존재 자체가 심오한 기적임을 간과하는 것이다. 호기심은 흐려지고 감탄사는 잦아든다. 그러다가 힘든 시련이 닥쳐오거나, 갈아치우면 그만인 소비재처럼 다뤄지는 순간, 우린 우리가 이 세상에 왔다는 기적을 깜빡한다. 마음챙김 호흡은 기적을 환기하는 강력한 도구다. 매 숨은 나를 탄생의 기적으로 끌어당겨주며 갓 태어난 내가 들이쉬었던 숨과 오늘의 내가 들이쉬는 숨이 하나로 엮여 있다는 사실을 상기시킨다. 숨은 그 존재만으로도 신성하다.

자아를 외부에서 오는 평가, 칭찬, 성과로 보완하겠다는 건 완벽의 화신이 되겠다는 말과 다르지 않다. 이와 반대로, 틱녓하인이 전하는 불교 가르침에 따르면 우리는 태어나기를 완전하게 태어났다. 처음 이 말을 들었을 때는 고개를 갸웃했다. 그렇다면 내가 무얼 하든 상관없고, 누군가에게 피해를 끼치거나 실수를 저지르더라도 책임지지 않아도 괜찮다는 소리인가 싶었다. 그럴 리가 없다. 온전한 존재로 태어났다고 해서 내가 약점, 트라우마, 고민거리로부터 자유롭다는 걸 뜻하지는 않는다. 우리는 모두 경험, 편견, 고통, 특권, 정체성에 영향을 받고 저마다의 성장통을 겪으면서 살아간다. 틱녓하인의 가르침은 당신이 지금 여기에 있으므로 당신의 존재, 당신의 살아 있음이 온전하다는 의미다.

지금 이 순간에 머물면, 당신은 재산이나 성과처럼 삶에 한자리하려는 것들을 초월해 당신의 존재라는 완벽한 진리에 가닿는다. 존재의 완전함은 실수를 저지른 적 없다거나 삶에 군더더기가 없다는 증거가 아니다. 다만 당신이 애초부터 존재한다는 진리다. 당신에게는 자신의 행동을 책임질 만큼 스스로를 충분히 사랑하는 의식이 있다. 존재의 완전함을 믿는다면 언젠가 삶에 떨어질 축복에 목말라하는 게 아닌, 삶이라는 축복 자체에 기뻐할 것이다. 불교 철학이 좀 소박해 보일 수 있지만, 사람들이 잊고 사는 것 역시 우리 존재의 소박함이다. 나는 소박한 기적을 믿는다.

치유를 '수리'쯤으로 생각했고, '나아지면' 흠 없는 나로 돌아가겠거니 생각했다. 하지만 흠 없는 나를 찾기 위해선 기억할 수도 없는 과거로 돌아가야 한다. 치유란 어떤 순수나 가식을 추구하는 과정도, 천국으로 향하는 길도 아니다. 비구니 페마 초드뢴은 『모든 것이 산산이 부서질 때When Things Fall Apart』에서 삶을 하나의 "여정"으로 묘사한다. 치유를 다 마친 상태라든가 일상으로 복귀한 미래 어느 시점 등, 물론 우리가 눈여겨둔 목적지는 있을 것이다. 하지만 삶 자체에 목적지란 있을 수 없고, 이 여정에서는 "마치 기차가 나아가는 방향의 반대편을 마주보고 앉은 사람처럼, 향하는 방향으로는 볼 수 없고 오로지 무엇을 지나쳤는지만 볼 수 있다"라고 초드뢴은 설명한다.* 지난날의 상처를 돌이켜보며 미래는 그보다 덜 힘겹길 바랄 수는 있겠지만 고통이 마법처럼 완벽히 사라지리라고는 기대할 수 없다. 그럼에도 이 치유 과정이 그 자체로 가치 있으며 우리에게 풍성하고도 기적 같은 가르침을 주리라고 신뢰해야 하는 이유는 "당장 벌어지고 있는 모든 일이 곧 지혜의 원천"이기 때문이다.** 치유란 끝없는 변화와 적응이며 우리 자신에게 내뻗는 연민의 손길이다. 치유란 가해 이전의 우리 모습에 매달리는 것이 아니라 우리가 태어나기를 완벽하게 태어났음을 기억해내는 과정이다. 치유는 우리가 언제든지 사랑받을 가치가 있다고 가르쳐준다.

이 여정은 험난했던 한편 사랑으로 차고 넘쳤다. 두 사실이 달콤쌉쌀하게 맞물린다. 스스로를 차츰 아낄 수 있게 되었을 즈음, 나는 다시 사랑에 빠질지도 모른다는 가능성에 마음을 열어야 했다. 나를 둘러싼 세상과 내 안에 펼쳐진 세상, 둘 다와 사랑에 빠져야 했다. 마음의 준비와 상관없이 갑자기 드러나버리는

---

*   Pema Chödrön, *When Things Fall Apart*, 1996.
**   Pema Chödrön, 위의 책.

진심은 우리를 당혹스럽고 초조하게 만들지만, 사랑에 빠지는 건 여전히 사람을 아리송하게 하는 마법 같은 사건이다. 내가 X와 사귀기 시작했을 때 우리는 이 관계의 기적에 집착하는 데만 시간을 잔뜩 보냈고 각자가 품고 있는 기적은 돌보지 못했다. 나는 치유가 날 천국으로 데려가주진 않는다는 것을 깨닫기까지 오랜 시간이 필요했다. 치유는 나를 나의 완전함으로 이끌어주는 여정이었다. 그리고 이건 오늘의 내가 감사와 자기 배려, 호기심을 품고 살아갈 수 있게 하는 끝나지 않는 여정이다. 누군가를 알아가는 건 두 기적이 만나는 일이고 누군가를 사랑하는 건 함께 '기적-한다'는, 그 신성하고 영원한 행위를 상상해보는 일이다.

※

폭행 이후 몇 년이 지나 캘리포니아를 찾았다. 그곳에서 6개월을 지내면서 내가 예전에 X와 함께 다녔던 장소들을 용기 내어 다시 방문했다. 가끔 그가 떠올랐지만 그 공간들은 더는 관계의 기억에 붙잡혀 있지 않았다. 나는 산, 바다, 숲을 거닐었고, 어떤 기적에서 이름을 따온 천연 온천에도 다녀왔다. 뉴욕에 돌아갈 때는 비행기가 아닌 기차를 타기로 결정했다. 이런 식으로 언젠가 꼭 한번 국토 횡단을 해보고 싶었던 터라, 창문 너머로 스쳐지나가는 변화무쌍한 풍경을 바라볼 생각에 기분이 들떴다. 캘리포니아에서 출발해 애리조나, 뉴멕시코, 콜로라도, 캔자스, 미주리 등을 따라 미국 서부에서 동부까지 죽 누비는 장장 66시간의 여정이었다. 나는 혼자 기차에 올랐다.

첫째 날, 같은 칸에 탄 탑승객들과 말동무가 되었다. 대부분 60, 70대였는데, 다들 앞으로 펼쳐질 여정에 들떠 있는 덕분에 쉽게 친해질 수 있었다. 나를 포함해 우리 4명은 옹기종기 앉아 긴긴 수다를 떨었다. 이야기는 저마다의 꿈과 희망에서 시작해 우리가 기차 여행을 선택한 이유로 흘러갔다. 각자 종착지는 달랐지만, 지구의 아름다운 경치를 기차에 앉아 편안히 감상하고 싶은 욕심은 같았다. 국토 횡단은 모두의 바람이었고, 다들 기적적으로 만난 것이었다. 우리는 해 질 녘 식사 칸에 금세 다시 모여 앉았다.

각자의 기구하고 요란한 사연을 털어놓으면서 저녁 식사 때도 열띤 대화가 이어졌다. 재치가 넘치는 데다 기지마저 번뜩이는 사람들에 둘러싸여 있으니 내 입에서도 이야기가 술술 나왔다. 우리는 특권, 인종, 계급, 거주지가 전혀 다른 인생을 살아왔고, 각자 방문한 국가나 목격했던 역사적인 순간, 경험했던 사회·정치적 상황까지도 다 달랐다. 지루할 틈 없이 이야기가 계속돼서 그런지 이제 꺼내지 못할 만큼 껄끄러울 주제는 없을 것만 같았다. 누군가 신앙을 언급하기 전까지는 말이다. 신을 주제로 이야기하자니 신앙을 둘러싼 견해들의 불가피한 차이를 들추기가 꺼려졌다.

하지만 몇 분 지나 다들 언제 그랬냐는 듯 주제에 달려들어 각자 생각을 솔직히 털어놓기 시작했다. 나는 절대적인 유일신 같은 건 없다고, 다만 신이 붓다이건 우주이건 간에 신은 우리를 포함한 모든 것에 깃들어 있다고 말했다. 신은 자그마한 순간들에조차 함께한다. 벽을 타고 오르는 덩굴에, 지저귀는 새소리에, 속이 훤히 비치는 투명한 물결에도 말이다. 모두가 동감한 것은 아니었지만 하나같이 내 의견을 숙고해주었다. 나는 "언제 신을 보거나 경험했나요?"하고 물었는데, 다들 미리 합을 맞추기라도 한 듯 창밖의 저녁놀을 가리켰다. 저마다 살면서 지켜봤던 노을의 황홀함을, 넋을 놓게 했던 형광색의 파노라마를 말과 사진으로 전하면서 우리는 저 멀리 장엄한 협곡 너머에서 떠오르는 새빨간 불덩이를 감상했다.

우리 넷 중에는 그랜드캐니언 국립공원으로 홀로 여행길에 오른 에티오피아인 남성이 있었는데, 그가 공유해준 일화는 잊지 못할 진한 울림을 남겼다. 그 일화를 지면에 싣도록 허락해준 그에게 무한한 감사를 전한다. 그는 그의 어린 시절 기억으로 이야기를 시작했다. 크면서 이런저런 고충을 겪었고 이렇다 할 애정을 받아본 적이 없었던 그에겐 "널 사랑한단다" 같은 흔한 말조차 낯설기만 했다고 한다. 그는 성인이 되고 새출발을 꿈꾸며 미국이라는 기회의 땅으로 가리라 결심했다. 부푼 희망을 품고 미국에 도착했고 전 재산을 털어 신형 차를 구입했다.

며칠이나 지났을까, 안타깝게도 교통사고가 일어나는 바람에 차는 복구 불가능 상태가 되었다. 금전적으로는 어마어마한 손실이었지만 다행히도 그는 무사했다. 그 절체절명의 순간, 그는 살아 있음을, 생존을 절감했고 그때 머리 위로 하늘이 열리기 시작했다. 주변을 둘러보자 환하게 갠 하늘에서 "널 사랑한단다"라는 말이 또렷하게 울려퍼졌다. 난생처음 사랑의 말을 들은 그에게 이 목소리는 번개처럼 뇌리에 꽂혔다. 이것이 신의 음성이라는 걸 단박에 알 수 있었다. 자신이 신의 보살핌을 받고 있고, 이 삶이 거룩한 사랑으로 가득하단 걸 깨닫고서는 행복에 눈물지을 수밖에 없었다고 한다. 이야기를 마치는 순간까지도 그의 입꼬리는 귀에 걸려 있었다.

모두가 감동에 젖어 숙연해졌고 대화가 잠시 멈췄다. 각자 마음속 사색의 오솔길을 걸었다. 그러다 고개를 든 그곳에서 또 다른 기적을 만났다. 황금빛을 머금은 햇살이 우리가 지나쳐 가던 적갈색 사막 협곡에 반사되어 창문 안쪽으로 깊숙이 쏟아져 들어오고 있었다. 나는 탁자에 둘러앉은 우리 모두의 기적을 감싸안아주는 그 노을을 빠짐없이 뜯어보았다. 어느새 눈물이 흘러 두 뺨을 적셨다. 이곳에서 우리가 함께 '기적-하고' 있음에 감사했다.

제10장

조건 없는 사랑의 품

사랑

짬이 날 때마다 하늘을 쳐다본다. 삶의 수칙처럼 기회가 되는 한 자주. 버스에 실려가는 중이거나 자투리 시간이 생기면 머리 위로 펼쳐진 세상을 관찰한다. 나는 저 드넓은 심연이 가르쳐주는 관점을 쉽게 잊곤 하고, 그러다가도 하늘에 걸린 푸른색 비단과 굽이치는 구름에 놀라워한다. 글을 쓰는 지금도 하늘을 바라보고 있다. 산뜻한 바람이 볼을 스쳐간다. 당신도 하늘을 바라보면 놀랄지 모른다. 고개를 젖히면서 숨을 깊게 들이쉬어보라. 당신의 그 소중한 순간에 내가 함께하고 있다는 걸 알아주길 바란다. 지금 여기는 보드랍고 따사로운 바람이 주변 나무들과 손뼉을 맞대면서 정다운 박수갈채를 보내오고 있다. 나무들은 우리가 성취해낸 것만이 아니라 우리의 살아 있음, 그 기적을 자랑스러워하고 응원해준다. 머리 위로 흘러가는 어떤 구름은 얄따랗고, 또 어떤 구름은 두껍고 폭신하고 빽빽하다. 구름을 보면 알 수 있다. 세상에 고정된 존재란 없으며 우리는 끊임없이 변화한다는 걸. 사막과 마찬가지로 하늘도 무수한 가능성이 자라나는 틈이다. 붙잡을 수도 움켜쥘 수도 없지만, 우리는 언제나 그 너른 팔에 안겨 있다.

  구름이 뭉쳐지고 흩어지는 모양새를 관찰하니, 정말이지 무엇 하나 가만있지를 않는구나 싶다. 구름을 저 모양 그대로 잡아채고 싶을 때가 종종 있다. 내 마음을 움직였던 그 순간 그 모양 채로 잡아다가 병에 담아두고 싶달까. 하늘을 나는 전갈과 용과 심장을 다 내 것 삼고 싶다. 나는 심호흡을 하면서 이 같은 소유욕 뒤편에 숨은 의도를 파악해본다. 이 욕심은 달라지는 상황을 너그러이 받아들이지 못하는 데서, 내 마음에 드는 것이라면 기필코 소유하겠다는 충동에서 시작한다. 살아 있거나 한때 살아 있었던 것으로 만들어진 내 주변 모든 것이 변화하는 주체다. 이들을 온전하게 사랑한다는 건 이들이 내 앞에 나타나 머무르며 나와 연결되었다가 사라지기까지의 전 과정에 증인이 되는 일이다. 나는 하늘이라는 캔버스에 펼쳐지는 풍경이 시시각각 달라지는 것을 바라보며 사랑의 색다른 얼굴과 선물을 발견한다. 아침 바람에 맺히는 이슬방울, 저 비옥한 심연에서 내리는 보송보송한 흰 눈, 둥지를 향해 날아오르는 새 들은 하늘에 새로운 기호로 등장한다. 틱 낫한의 명상법에서 배웠듯이 깊은숨을 들이쉰다. 그렇게 이곳에 도착한다. 그리고 깊은숨을 내쉰다. 나에게 도착한다.

  근 몇 년 동안은 숨조차 미심쩍은 눈초리로 의심해야 했다. 공기를 매개로 퍼지는 바이러스로부터 우리 자신과 타인을 보호하기 위해 마스크를 착용해야 했으니 말이다. 이러한 현실이 분명 안타깝지만 우리가 두려워하는 대상이 공기가 아니라 공기를 타고 전해지는 병이라는 것을 잊어서는 안 된다. 바이러스를 퇴치하려고 모두가 사력을 다했다. 개인적인 친분이 있건 없건 신경써 마땅한 공동체 동료들에게 간접적으로라도 피해를 주지 않기 위해 우리는 만남을 가질 때면 각별한 책임 의식을 갖고 행동했다.

공기와 마찬가지로 사랑은 우리가 불신하더라도 우리를 둘러싸고 있는 강력한 힘이다. 무수한 감각이 사랑이라는 경로를 통해 옮겨 다니고, 투영이나 트라우마나 좌절은 왜곡된 혼란과 공포와 고통을 낳는다. 우리가 두려워하는 게 사랑이 아님을 기억해야 한다. 우리는 두통처럼 찾아오는 방치, 배신, 폭력, 학대를 두려워하는 것이다. 사랑은 이미 우리 안에 깃들어 있다. 그러므로 우리는 사랑을 두려워할 수 없다. 폐를 부풀려 든든한 울타리를 제공해야만 공기가 숨이 되듯이 사랑도 우리를 경유해야만 가능태로 거듭난다. 사랑을 두려워한다는 건 실은 우리 자신을 두려워한다는 말과 다르지 않다. 우리는 사랑과 헤어질 수 없다.

숨만큼이나 사랑은 우리에게 필수적이다. 사랑은 주변을 가득 채우고, 우리를 너른 품으로 초대한다. 사랑은 우리 존재의 핵심 구성원이고 다양한 형태로 나타나며 신비롭게 존재한다. 사랑은 무려 선사시대부터 우리에게 기쁨, 웃음, 유대, 생명력을 나눠주며 존재해왔다. 이렇게나 유구한 역사를 가진 사랑을 인류는 제대로 정의하고 분석하기는커녕 심지어 이해하는 데도 실패하고 있다. 사람들은 저마다 경험을 덧칠하고 공포로 변형된 해석을 사랑에 덧붙인다. 사람들은 하루가 멀다 하고 사랑을 찾아 헤매지만 정작 우리 안에 사랑의 터가 세워져 있다는 점은 간과한다. 사랑을 재고 따지려들기보다 사랑이길 연습하는 편은 어떨까.

우리가 사랑을 헷갈려하는 것은 딱히 정의된 바가 없어서 그렇지 싶다. 사랑은 끝을 가늠하기 어려운 하늘처럼 원대하고 기묘하다. 이분법으로 만들어진 세상에서 우리는 사랑처럼 난해한 힘 앞에 당황하고 초조해한다. 사랑은 이해받고 싶어하는 것이 아니라 느껴지고 기억되고 싶어하는 것인지도 모른다.『보금자리Dwellings』에서 린다 호건은 사랑을 시적으로 풀이한다. "가끔, 우리가 충분히 고요하고 충분히 잠잠할 때, 우리는 사랑이란 불가사의, 그 영혼의 자리에 한 걸음 다가서기도 하지만, 사랑은 세상에 드러나고 싶지 않아하는 본성이 있다는 점을 명심해야 한다."* 사랑은 설명도 정의도 불가능한 미스터리다. 공기처럼 형체를 바꾸면서 수천수만 가지 진실을 품는다.

우리는 평생에 걸쳐 사랑을 경험할 것이다. 사랑은 우리 앞에 번쩍이는 빛으로 갑작스레 나타나 우리가 가꾸는 관계들에, 아름답고 두서없고 우연한 경험들에 우아하게 녹아들 것이다. 사랑은 드넓은 하늘 같아서 사람이 가질 수도 가둘 수도 없다. 사랑은 마르지 않으며, 우리를 살아가게 하는 원동력이다. 사랑은 대

---

*   Linda Hogan, *Dwellings*, 2007.

기권 너머의 우주만큼이나 가변적이고 형언할 수 없으며 신성하고 필수적이다. 우리가 사랑을 품는 것이 아니다. 사랑이 우리를 품는다. 사랑은 우리를 자유롭게 하며, 우리에겐 사랑할 자유가 있다.

※

　　　X는 내가 그를 무조건적으로 사랑해주지 않는다면서 항상 불평했다. 무조건적인 사랑이란 상황과 관계없이, 설사 자신이 폭력적으로 굴 때조차도 내가 그를 사랑해주는 것이라고 말했다. 나나 그나 비슷한 가치관을 가진 가정에서 자란 터라 이런 정서가 낯설진 않았다. 우리는 논쟁을 제대로 해결하는 방법을 찾지 않았고 비폭력을 가풍으로 만들겠다는 시도도 하지 않았다. 주먹다짐하다가도 "가족이란 원래 이런 거야. 싸울 땐 싸우더라도 언제나 든든한 아군이 되어주고 서로 아껴주는 법이지"라는 말로 분위기를 환기했다. 이런 식으로 사랑의 유효기간을 늘릴 수야 있겠지만, 해로운 행동은 번지르르한 말만으로 개선될 리 없다. 그런 변명은 결과적으론 아무런 변화도 이끌어내지 못하고 서로의 마음속 상처를 곪게 했다. X가 주장하는 무조건적인 사랑도 결국 가해를 지속할 권리에 다르지 않았다. 내가 떠나고 싶어할 때마다 그는 나를 심리적으로 조종하면서 내가 이 관계의 화근인 것처럼 느끼게 했다. 제 문제점을 반성하기보다는 내가 그를 충분히 사랑하지 않는다면서 꼬투리를 잡았다.

사랑의 정의를 확실히 해두지 않는다면 '무조건적인 사랑'의 정의 또한 미지의 영역으로 남아버린다. 태곳적부터 사랑은 정의 가능한 범주에서 미끄러지곤 했다. 시와 노래, 예술을 통해 사랑에 자신만의 독창적인 주석을 달아준 사람들이 고마울 따름이며, 나는 사람들이 내린 정의마다 사랑의 지혜를 한 조각씩 품고 있으리라 믿는다. 『사랑의 모든 것』에서 벨 훅스는 진정한 사랑을 실천한다는 게 무슨 의미인지 논한다.

> 사랑을 감정이 아닌 행동으로 사유하다보면 자연스럽게 사랑에 대한 책임감을 익히게 됩니다. 흔히들 '감정'은 어찌해볼 도리가 없다는 이야기를 듣고 자랍니다. 그렇지만 행동은 선택할 수 있고, 마음가짐과 의지에 따라 우리가 무엇을 할지가 달라진다는 데에 대부분 이견이 없습니다. 또한 우리는 행동에 결과가 따른다는 것도 인지하고 있습니다.*

훅스는 문단을 마무리하며 사랑의 여섯 가지 재료를 논한다.

> 사랑할 때면 우리는 돌봄, 애정, 책임, 존중, 약속, 신뢰를 숨김없이 당당하게 표현한다.**

---

*   Bell Hooks, *All About Love*, 1999.
**   Bell Hooks, 위의 책.

사랑은 선택의 열매다. 그게 혹스가 우리에게 남긴 교훈이다. 사람들은 저마다 다른 관계를 맺고 애정과 존중, 약속과 신뢰의 형태를 상상하고 발명한다. 연인, 가족, 친구, 지구, 무엇이 되건 어떤 대상과 관계 맺기로 결심했다면 우리에겐 사랑의 여섯 가지 재료를 잘 다듬을 책임이 있다. X가 나를 마음에 두었다고는 할 수 있겠지만 그가 행동으로 보여준 건 사랑과 거리가 멀었다. 그의 지배욕과 통제욕은 연인으로서 지켜야 했을 정도正道를 벗어나는 욕구였다. 사랑은 갈취하거나 구속할 수 있는 게 아니다. 사랑하는 관계라면 모든 구성원이 권력과 소유에 대한 기존 관념을 탈피하고 함께 자유로울 수 있도록 의식적인 선택을 내려야 한다. X는 나를 너무 사랑한 나머지 도저히 자기를 제어할 수 없다며 '정열'을 앞세워 자신의 행동을 변명했다. 설사 그가 한 말이 진짜일지라도 X는 나뿐만 아니라 그 역시도 다르게 대하기로 선택해야 했다. 결국 그가 내게 보여준 가장 절절한 사랑의 징표는 이별이었다. 어떤 관계는 시작과 끝이 분간할 수 없이 뒤얽혀 있어서 어쩌면 그 매듭을 절단하는 행동이 곧 사랑일 수 있다. 감정에 그치는 사랑으로는 모자라다.

사랑은 가뭄에 콩 나듯 느껴지는 것이 아니다. 사랑은 삶을 추동하는 지속적인 힘이다. 우리가 내리는 모든 선택에 사랑이 꿰여 있으니 우리가 바로 사랑의 샘인 셈이다. 사랑은 밀물과 썰물처럼 우리를 에워싸고 출렁이며 동시에 우리 영혼 안에 자리하고 있기도 하다. 세상은 우리 뜻대로 돌아가는 법이 드물지만, 관계에서만큼은 무엇을 추구할지 서로 뜻을 모을 수 있어야 한다. 미화된 폭력을 낭만으로 착각하지 않는 것이 가장 건강하면서도 사랑스러운 결정이다. 누군가와 관계 맺는다는 것은 곧 서로의 사랑의 샘을 잇겠다는 뜻이다. X는 다르게 생각했지만 무조건적인 사랑은 어떤 감정을 애써 보존하려고 관계에 매달리는 것이 아니라 통제, 소유, 지배 없이 상대방을 존중하고 배려하며 아끼기로 선택하는 것이다. 훅스를 통해서 나는 사랑이 지속적이고 활발한 실천이자 그게 곧 관계를 존중하는 일이란 걸 깨달았다.

흔히들 연인의 애정을 얻으려면 상대방이 바라는 이상적인 모습으로 나를 탈바꿈해야 한다고 말한다. 나는 내면을 정으로 깎아 모난점을 감추고 사랑하기 쉬운 둥그렇고 반질반질한 상을 만들었다. X와 함께할 때면 여성성을 뽐내는 동시에 그가 움츠러드는 법이 없게끔 내 자아를 적당히 표현하려고 조절했다. 그렇게 비현실적인 기대에 맞춰 나를 옥죄었더니 입체적이고 역동적인 내 진짜 모습은 납작해져버렸다. 사랑하는 이의 눈에 들기 위해 연기하다보면 나 역시 내 안에 심겨진 환상을 좇게 되기 마련이다. 마찬가지로 사회가 말하는 이상에 맞춰 스스로를 재단하다보면 자기기만에 빠져 고통스러워진다. 매번 가면을 쓰고 성대한 무도회를 열어야만 연인의 환심을 살 수 있다면 우리는 상상의 산물로서의 사랑밖에 모를 것이다. 이러한 관계에서 우리는 자유로울 수 없고, 규칙의 미로 안에서 점차 자신을 잃게 된다.

사람 사이의 거리를 진정으로 좁히려면 용감해져야 한다. 상대방을 하나의 온전한 존재로 받아들이고 문제가 생기거든 사랑과 지지로 극복해야 한다. 조건 없는 사랑이란 상대방과 우리 자신을 진정으로 이해하고 수용하는 일이다. 서로에게 관심을 가지고 배려하면서 공통점과 차이점을 알아가야 하며, 타인에게 솔직해지고 더불어 우리 자신의 침침한 진실을 들여다볼 용기를 내야 할 것이다. 사랑이란 관계를 지키는 다양한 방법을 모색하고, 세대를 넘어 전해 내려온 트라우마의 뿌리를 캐내고, 연인으로서 서로에 대한 책임을 다하는 것이다. 너와 내가 촘촘히 엮여 있다는 걸 환영하는 동시에 각자의 고유한 세계를 인정하는 것이다.

  X와 나는 서로에게 유일한 기쁨의 출처가 되고 싶어했고 상대방에게 무언가를 안겨주지 못하면 전전긍긍했다. 상대방 인생에서 전부가 되려들면서 각자의 세상은 좁아졌다. 영적인 결핍은 우리 관계에 악영향을 미쳤다. 서로의 유일한 행복이 되려 애쓰는 게 얼마나 지치는 일이던지. 앙투안 드 생텍쥐페리는 『비행사의 대모험 Airman's Odyssey』에서 이렇게 말했다. "사랑은 서로의 눈만 들여다보는 게 아니라 함께 한 방향을 바라보는 것이다."* 그 누구도 타인에게 유일한 안식처가 될 수 없다는 것을 인정할 때, 우리는 참된 사랑에 한 발자국 더 가까이 다가갈 수 있다. 환희의 함성을 함께 지를 수 있다는 것, 애도의 눈물을 함께 흘릴 수 있다는 것은 영광스러운 일이다. 세상은 사랑할 대상으로 차고 넘치며 사랑하는 관계는 곧 삶의 풍성함을 나누는 사이다. 이러한 사랑은 반드시 성적인 친밀감을 수반하거나 한 사람에게만 헌신하는 형태를 띠지는 않는다. 우리가 아끼는 사람들이 안녕하고

---

* Antoine de Saint-Exupéry, *Airman's Odyssey*, 1942.

행복하기를 바라면서 미소 지을 수 있다면 그게 사랑이다. 조건 없는 사랑은 상대방의 우주를 점하려는 과욕에서가 아니라 우리가 이 우주의 모든 것과 함께 존재한다는 사실에 대한 감사에서 시작한다.

무조건적인 사랑에 대한 교훈을 또 누구에게서 배울 수 있을까? 나는 틱낫한이 『참사랑 True Love』에서 제시한 명상법을 자주 참고한다. 첫 번째 만트라는 "사랑하는 이여, 나 당신을 위해 이곳에 있어요"다. 그리고 숨을 깊이 들이쉰다. 두 번째 만트라는 "사랑하는 이여, 나 당신이 이곳에 있음을 알게 되어 정말로 기뻐요"다. 그리고 또다시 숨을 깊이 들이쉰다. 지혜로운 어머니, 지구를 바라보면서 나는 그녀에게 이 만트라를 건네고 그녀가 나에게 같은 만트라로 화답하는 것을 듣는다. 수목 밑에 앉아 있을 때면 그들은 내가 여기에 있어 기쁘다고 말해준다. 바람결에 살랑이는 나무들은 그늘과 산소를 내어주면서 나를 존재 자체로 어여삐 여겨준다. 햇살이 부드럽게 내 몸에 입맞춤하면 나는 살아 있다는 것만으로도 사랑받고 있다고 느낀다. 우리의 생명력은 한데 어우러지고, 나는 태양이 무조건적으로 너그러이 내뻗는 열기를 흡수한다. 나는 사랑받아 마땅하기에 사랑받으며, 그 사랑을 당신과 어떻게 나눌지 고심한다. 존재한다는 그 단순한 이유만으로 서로를 애정하는 아름다운 출발점에 선다. 틱낫한은 이렇게 표현했다. "집중해서 마음챙김을 수행하다보면 꽃봉오리가 열리듯 상대방 마음의 문이 활짝 열리는 걸 볼 수 있습니다. 사랑한다는 건 존재를 인정한다는 것이고, 그건 하루에도 수차례 해볼 수 있습니다. 어렵지 않은 진정한 명상법이지요."* 연인, 가족, 친구를 온전히 보기 위해 노력하는 과정에서 우리는 언제나 감사의 태도를 사랑의 첫 번째 선택지로 고를 수 있다.

사람이 가질 수 있는 가장 성스러운 관계 중 하나는 자기 자신과 맺는 관계다. 타인과는 가까운 관계를 맺고 살아가면서 정작 자신에게 사랑을 듬뿍 주는 것을 잊어선 안 된다. 어쩌면 사랑의 샘을 자처해서 온통 퍼주기만 하고 받기는 사양할지도 모른다. 내가 만난 상담사는 사랑을 받는 것만큼이나 주는 것도 중요하며, 누구나 사랑의 발신인과 수신인 역할을 동시에 맡을 줄 알아야 한다고 일러줬다. 나를 지워버리지 않으면서 사랑을 대등하게 교환하는 관계가 필요하다. 벨 훅스의 여섯 가지 사랑의 재료를 살펴보며 하나하나 자문했다. 나 자신을 돌보고 존중하는가? 나를 신뢰하고, 나에게 친절과 애정을 베풀기를 약속하는가? 자문하는 과정 자체가 스스로를 향한 사랑의 베풂이었고, 그 사랑은 막혀 있던 가슴을 시원하게 열어줬다.

한참 자기애self-love 열풍이 불던 당시, 나는 이 개념을 오해했다. 자기애가 단지 이기적이고 초개인주의적인 행동이라 생각했고 이해가 부족했다. X와 헤어진 이후엔 자기애를 오직 나만

---

*   Thich Nhat Hanh, *True Love*, 1997.

신경쓰는 것으로 간주했다. 내가 나의 최우선이었고 다른 것은 눈에 들어오지 않았다. 내 장단에 '맞춰주지' 않는 사람은 쳐내면 그만이었다. 특히 다툼이 일어나면 가차없이 돌아섰다. 타인이 나를 맞춰줄 요량으로 존재하길 바라다니, 얼마나 폭력적인 일인가. 그때의 나처럼 나르시시즘을 자기애로 착각한 사람들이 하나둘 눈에 띄기 시작했다. 다들 마음에 장벽을 세우고 그 뒤에 숨어서 '자기애'를 운운한다. 나 또한 사람에 신뢰를 잃어버렸던 탓에 '내가 믿고 따를 수 있는 건 나뿐이야'라는 생각으로 장벽 너머 멀찌감치 친밀감이나 공동체를 구경하기만 했다. 내가 가진 사랑을 초개인주의에 쏟자 사랑이 확장되기는커녕 오히려 내가 연결되어 있던 모든 사랑의 연이 끊어져버렸다. 나를 사랑한다는 것은 섬에 갇혀 홀로 살라거나 그 여정을 홀로 걸으라는 것이 아니다. 하지만 당시 나는 우리의 희로애락이 서로 긴히 연결되어 있음을 잊고 살았다. 자기애는 자기밖에 모르는 이기심이나 그로 인한 고립과 다르다. 자기애는 우리 주변을 맴도는 사랑의 기운에 가 닿는 힘이다. 자기애를 통해 우린 자타의 경계를 초월할 수 있다. 우리 자신을 깊이 애정함으로써 타인을 향한 사랑도 샘솟는다.

  나 자신을 충만하게 사랑한다는 건 나의 정서 반응이나 방어기제 역시 내 몸이 직접 표출한 사랑 행위로서 받아들이는 것이다. 그것을 존중할 때, 우린 어떤 선택이 나 자신과 내가 아끼는 사람들을 존중하는 것인지 헤아릴 수 있다. 나에게 귀를 기울이고, 나의 생존 방식을 들여다보고, 내 행동의 기원을 탐색하고, 내가 양껏 헤맬 수 있도록 시간을 주는 이 모든 행위가 자기애다. 가해를 저질렀거나 당했을 때 나 자신을 보듬어보면 내 행동의 동기를 파악할 수 있다. 이 같은 연민에 기댈 때 나는 나를 적이 아니라 돌봄이 필요한 취약한 사람으로 다룰 수 있다. 자기애란 당신의 결함을 감추고 '사랑받을 만한' 면모를 개발하는 게 아니라, 당신이 지금 여기 존재한다는 사실만으로 사랑받아 마땅하다는 걸 깨닫는 것이다.

자기 자신을 사랑하는 일이 마냥 쉽고 유쾌한 일이기라도 한 것처럼 타인에게 강요할 수는 없다. 우리 중 다수, 특히 소수자 정체성을 가진 사람들은 자신을 사랑하라는 소리를 듣지 못하고 자랐다. 우리는 백인, 이성애자, 남성, 시스젠더, 비장애인, 부자 우월주의로 물든 위계질서를 선망하는 한편, 그에 맞추어 평생 자신을 낮추고 살라고 교육받아왔다. 자기혐오는 이렇게 배분되고 양산되며, 기업들은 한술 더 떠서 수백만 소비자에게 자기의심의 씨앗을 심고 그로부터 기업이득을 수확한다. 기업들은 자기애를 최신 유행 상품쯤으로 포장하더니 소비자들의 지갑을 열어젖힌다. 자기애는 기업들이 소비주의 상품으로 둔갑시킨 것과 달리 실제로는 탐욕스러운 것의 정반대에 있다. 자기애란 자신을 깊이 동정하면서 천천히 알아가는 지지부진한 과정이다. 내면의 어둠을 허우적거리고, 자신의 우스꽝스러운 면에 폭소하면서, 무조건적인 사랑은 의심부터 하게 했던 그 모든 굴레를 벗어 던지는 일이다. 자기애란 키우고 품는 것이지 단숨에 달성하는 것이 아니다.

고등학교 시절 나는 잘나가는 백인 여학생들을 부러워했

다. 그들은 나를 따돌렸고 내 가족을 조롱했고 내가 살던 노동 계급 동네를 비웃었다. 나 같은 애는 널리고 널렸다는 그들의 말을 나는 곧이곧대로 믿었다. 나는 백인 우월주의를 추앙하도록 배웠으며, 실현 불가능한 것을 갈망하라고, 내가 속한 문화와 가치를 지우고 가면을 쓰라고 배웠다. 그런 말을 듣고 자란 내가 이렇게 곧잘 주눅이 드는 건 예정된 수순이었다. 당시엔 그들이 자기애가 넘쳐서, 자기가 백인이라는 자부심에 도취돼서 내게 모질게 구는 줄 알았는데 돌이켜보면 그들은 백인이란 정체성 말고는 내세울 게 없었다. 그들의 '자신감'은 스스로 일구어낸 것이 아니었다. 약해빠진 자신감은 비백인의 불행을 먹고 자라야 했다. 그건 자기애가 아니다. 백인 영적 지도자나 기업은 우리더러 있는 그대로 자신을 사랑하라고 대수롭지 않게 제안한다. 그런데 대체 우리 중 누가 자기 자신을 있는 그대로 사랑하라는 격려 속에 자랄 수 있는지부터 따져봐야 한다. 자기애란 남과 비교하며 그로써 우월감을 느끼는 것과는 거리가 멀다. 나는 나 자신과 새롭게 사랑에 빠지면서, 오래도록 잊고 지냈던 내 안의 사랑의 샘을 다시 긷는 중이다.

X가 내 첫사랑이라고 믿어 의심치 않았는데, 사실 내 첫사랑은 내가 태어나기도 전부터 존재했다.『사랑에 대한 가르침 The Teachings on Love』에서 틱녓한인은 말한다. "당신의 '첫사랑'이 진짜 처음은 아닙니다. 여러 물줄기가 당신의 삶이라는 강을 떠받치고 있습니다. 첫사랑엔 시작도 끝도 없습니다. 그건 언제나 변화하는 중입니다. 당신의 첫사랑은 지금도 당신의 삶을 만들어

나가는 현재 진행형입니다."* 첫사랑을 끊임없는 변화와 성장의 동력으로 생각하니 X로 귀결되던 애착에서 자유로워지는 느낌이었다. 내가 X에게 첫사랑의 역할을 부여했기 때문에 우리 관계는 삐걱거렸다. 애착을 지키려고 버틸수록 그를 떠나보내기가 더 어려워졌다. 내가 그에게 언제고 다시 돌아갔던 이유 중 하나는 우리 관계의 상징성 때문이었다. 나는 첫사랑이 마지막 사랑이어야 한다는 낭만적인 관념에 사로잡혀 있었다. 사랑이 X로부터 시작하지도 끝나지도 않는다는 마음가짐은 내게 해방감을 안겨줬다. 사랑은 언제나 내 안에 보금자리를 두고 있다. 설사 건강한 첫사랑을 경험했다해도 그건 첫 번째 사랑이 아니다. 사랑 안에서 시간과 존재는 계보를 잇고, 역사의 한계를 뛰어넘는다. 사랑은 우주의 배꼽에서부터 흐른다. 그러니 관계에서 '첫사랑'을 기대하기보다 우리 내면에서 펄럭이는 사랑을 알아가보면 어떨까.

  내가 나에게 허락한 사랑은 곧 타인과의 사랑으로 이어진다. 내 선입견과 달리, 내가 나에게 쏟는 애정은 사랑의 샘을 동내지 않았다. 나에게 신경쓸수록 그 사랑은 더욱 풍요롭게 흘러넘쳤다. 나는 나를 근사한 곳에 데려가고, 간신히 내 마음을 달래 상담소를 찾아가고, 내가 아끼는 사람들에게 도움을 청하고, 정직하게 소통하고, 불편한 진실을 인정하고, 뙤약볕 아래서 책 귀퉁이를 접고, 지구에 열렬한 호기심을 열어뒀다. 나를 소중히 다루고, 나의 부모가 되고, 내게 사랑을 속삭이는 것 모두 내가 맺은

---

* Thich Nhat Hanh, *The Teachings on Love*, 1995.

관계들을 돈독히 했다. 나를 향한 사랑은 유아독존의 길로 빠지는 게 아니었다. 자기애는 나와 태초의 사랑 사이에 신성한 다리를 놓았다.

폭행 사건으로부터 2년이 지나고, X가 다른 나라로 떠났다는 소식이 들려왔다. 그와 헤어진 이후로 따로 연락을 주고받진 않았다. 나는 뉴욕에서 지내고 있었고 우리는 아주 멀리 떨어져 있었다. 그가 이사했다는 소식은 느릿한 충격으로 다가왔다. 그전까지는 슬픔에 잠겨 있던 터라, 소식을 듣고서야 X가 여전히 저 어딘가를 돌아다니고 있구나 싶었다. 그는 살아 있었다. 더는 같은 땅을 밟고 있지 않으니 물리적으로는 안전해졌겠지만 어쩐지 유쾌하지가 않았다. 돌연 불안이 치솟아오르더니 애도의 바퀴가 다시 돌아가는 듯했다. 그가 정말로 떠났다. 진짜 다 끝난 것이다. 아직 내 몸은 혼돈의 리듬에 중독되어 있었지만, 나는 그제야 내가 사랑의 불량한 허울을 좇고 있었다는 걸 알아차렸다. 치유 과정은 매우 버거웠지만 시간은 좋은 약이었고 내 몸은 그가 없는 환경에 조금씩 적응해갔다. 그는 꿈처럼 흐릿해졌고 날이 갈수록 나는 내가 우리 관계의 상징성에 얼마나 큰 의미를 부여했었는지를 깨달았다. 나는 그를 그로서 그리워한 게 아니라 내 첫사랑의 대상으로서 그리워했던 것이다.

일상에 찾아온 새로운 리듬이 처음엔 지루했다. 생기발랄

한 뉴욕 생활에 홀딱 반해버렸지만 그래도 X와의 난리법석에는 비할 바가 못 됐다. 밋밋하다고 해야 할까. 매일같이 지금 어디냐고 따져묻는 50통의 추궁 전화도 없었고, 함부로 몸을 굴렸다는 혐의로 일대일 청문회에 설 필요도 없었다. 싹수 노란 년이라며 쏟아지는 모욕에 가위눌리던 밤도 더는 찾아오지 않았다. 소란을 찾아서 파티에 들락거려봤지만 몇몇 행사는 놀라우리만치 건전했다. 유색인 퀴어와 트랜스 친구가 주최한 파티는 유난히 그랬다. 자리에 참석한 모든 사람이 안전하고 자유로울 수 있도록 서로를 진심으로 보살폈다. 혼돈을 기획해도 그 속에서조차 사랑이 피어오른 것이다. 나는 파티에서 사귄 친구들과 우정을 이어나가며 클럽 밖에서도 어울리기 시작했다. 이렇게 시작된 관계에서 나는 정성스러운 돌봄을 받았고, 그러면서도 통제당한다거나 감시받는 느낌은 없었다. 시시때때로 몸도 마음도 움츠러드는 나날들이었지만 그 갑갑한 삶에서도 나름의 자유를 만끽할 수 있었던 건 친구들이 탄력적인 울타리가 되어준 덕분이었다. 그렇게 내 삶에 흐르기 시작한 낯선 리듬에 내 몸은 기뻐하면서도 당황했다.

    X가 미국을 떠났다는 소식을 접한 밤, 나는 소란을 찾아 떠나는 대신 평소답지 않게 집에 있기로 했다. 불그스름한 조명 아래 앉자 거리의 시끌벅적함이 귓가를 간지럽혔다. 마음은 평온했고 앞으로 펼쳐질 일을 알 수 없대도 미래를 맞을 용기가 샘솟았다. 어디선가 들려오는 사이렌과 잠들지 않는 도시의 재잘거림에 귀 기울이던 중 울음이 터졌다. 살아 있음에, 이 삶의 찬란함에

눈물이 났다. 오래전에 잃어버렸다고 생각한 주체성이 되살아나는 게 사무치게 느껴졌고, 나는 이미 사랑스러운 새로운 선택을 내리고 있었다. X의 편의를 살피지 않고 결정한 사안 중 하나가 캘리포니아를 떠나 이곳으로 이사 오는 것이었다. 뉴욕에서 어엿하게 내 방이라 부를 수 있는 공간에 앉아 있다니, 스스로가 대견스러웠다. 환희에 차서 울부짖었다. "존나 힘들었지만 존나 후련해." 주문이라도 되는 양 족히 5번은 외친 것 같다. 창문을 내다보다가 지금 이 감정을 기록해두고 싶어서 컴퓨터를 켰다. 이메일을 확인하는데 정리 안 된 수신함에서 낯익은 이름이 눈에 띄었다. X였다. 마치 내가 나아가고 있다는 걸 알아차리기라도 한 걸까. 과연 인생의 불가사의였다. 그는 내가 기력을 되찾을 만하면 나타났다. 우주가 나를 시험에 드는 게 분명했다. 떨리는 손으로 이메일을 열었다.

> 짧게 할게. 내가 전하고 싶은 건, 이건 진심인데, 우리가 이 지경이 됐다는 게 아쉽단 거야. 사랑해, 잘 지내길 바라. 우리가 함께할 그날을 손꼽아 기다릴게.

나는 무엇을 느꼈을까. 나는 차분했고, 두려웠고, 분에 찼다. 내 안의 무언가가 달라졌음을 직감했다. 이메일을 읽고 또 읽을수록 사나운 분노로 방 안이 뜨겁게 데워질 정도였다. 화면 속 그의 사랑한다는 말에는 어떤 깊이도 품도 없었다. 그저 일종의 선언을 남기기 위해, 나를 감정의 물결로 쓸어버리기 위해, 반성의 기미라곤 찾아볼 수 없는 짤막한 사과문으로 죄책감을 덜기 위해 연락했다는 것이 눈에 훤했다. 심지어 건방진 끝인사에서 연락의 진짜 의도가 드러났다. 어떻게 해서든 내 삶에 다시 비집고 들어오고 싶다는 것이었고, 우리가 만날지 말지에 있어 내 마음 따위는 그의 안중에 없었다. 내겐 선택권이 없고 X만 나를 다시 만나겠다고 하면 그 결정대로 돼버릴 문제인 것 같았다. 나는 여전히 쉽게 구겼다 폈다 쥐고 흔들 수 있는 종이인형일 뿐이었다. 예전과 비교해봐야 달라진 건 없었다. 그의 이기적인 사과문은 여전히 내가 자기 멋대로 거두어들였다 버릴 수 있는 몸뚱어리에 불과하다고 말했다.

날 사랑한다는 그의 말을 몇 주에 걸쳐 두고두고 다시 읽었다. 100번쯤 읽었을까, 수정 구슬처럼 선명한 깨달음이 굴러왔다. 그는 나를 사랑하지 않는다. 이건 사랑이 아니다. X는 나와 의미 있는 관계를 꾸릴 준비가 안 됐으며 자기 자신 또한 사랑할 줄 몰랐다. 내가 오래도록 사랑인 줄 믿었던 것은 사랑이 아니었고, 마침내 그 선연한 진실을 직면하자 나는 해방됐다. 내면을 지켜보면서 나는 나와 한층 더 가까워졌고, 내가 아직도 나를 알아가고 있으며, 그의 가냘픈 상상력을 뛰어넘는 사람이라는 것을 깨우쳤다.

사랑의 진정한 의미가 신의 계시처럼 내리꽂혔다. X가 제 욕심을 채우고 싶을 때마다 입에 발린 표현을 갖다 붙인다는 것을 알아챈 순간 X의 말은 내게 무용지물일 뿐이었다. 이 순간 나는 그가 아닌 나 자신으로부터 깊은 사랑을 느꼈다. 무정한 그가 사랑의 대척점을 보여준 덕에 나는 내 사랑의 샘으로 좀더 가까이 가닿을 수 있었다. 나의 자유, 선택, 건강을 그는 중요하게 여기지 않았으며 그에게 나는 헛꿈에 지나지 않았다. 우리 연애를 찍어냈던 실크스크린에 구멍이 뚫렸다. 드디어 이 연애가 막을 내렸다. X가 나와 그 자신에게 내뱉었던 거짓말을 꿰뚫어보자 주체성이 되살아났고, X에게 나의 안녕이 중요하지 않다는 것을 알아차린 순간 그의 정서적 통제에서 풀려났다. 이메일에서도 '정열'의 흔적이야 찾아볼 수 있었지만 나는 그걸 더는 원치 않았다. 나는 해방됐다. 진실한 사랑을 기피하던 공포가 녹아 없어졌다. 그간의 치유 과정이 이룩한 핵심 성과였다. 나는 내가 원하는 게 무엇이고 내가 얼마나 값진 사람인지 명확하게 안다. 참 멀리도 돌아왔다. 존나 힘들었지만 존나 후련했다.

사랑을 생생하게 경험하는 순간이 있다. 그 순간을 뭐라 콕 집어 형언할 수는 없지만, 낯선 이와 나눈 단 몇 분의 순간일지라도 진득하고 진정한 사랑은 바로 알아차릴 수 있다. 본능과 직감의 영역을 말로 설명하기는 어렵다. 가령 이런 순간들을 떠올린다. 브루클린에서 가로수길을 산책하다 마주친 한 쌍의 연인이 멀리서 울려퍼지는 루이 암스트롱의 음악에 맞춰 흥겹게 춤을 추던 모습을. 또 벌새가 마치 나의 수호신이 된 듯 몇 주씩이나 내 방 창가를 맴돌던 것이나, 침대맡에 기대 『향모를 땋으며』를 읽다가 식물들의 끈끈한 우애에 감동받아 훌쩍였던 밤 같은 것. 영혼들의 광장인 강어귀와 내가 마침내 놓아버림을 익혔던 바다도 빼놓을 수 없다. 이모 삼촌들과 가무를 즐겼던 동네 공원, 베트남 승려들과 함께 명상했던 수도원, 작문 수업을 하며 만난 초롱초롱한 눈망울의 어린 작가들까지 모두 선명히 기억한다. 나를 축복하고 용서하는 법을 배웠던 매 순간을 기억한다. 모든 노을을 기억하고, 더 살고 싶어 불타오르는 마음을 기억한다.

첫사랑의 정령은 이런 순간들을 통해 우리에게 되돌아온다. 내 안의 무언가가 그 순간과 함께 활짝 피어오르고 나는 사랑의 새로운 가능성에 손 내민다. 햇볕 아래 노신사가 낮잠을 청하는 장면, 봄꽃이 만개하는 장면, 이웃집 두 살배기 꼬마가 우리 집 현관문 앞에 주황색 야생화를 남겨놓는 장면을 나는 본다. 친구들이 피떡이 된 나의 손발을 어루만져주는 장면, 엄마가 나와 가족을 위해 만두를 빚는 장면, 퀴어 친구들이 보름달 아래 월광을 쬐는 장면을 가슴 깊이 담는다. 내 마음의 문이 열리는 걸, 우주가 언제나 나를 품으려고 힘써왔다는 걸 느낀다. 숨을 들이쉴 때마다 세상과 하나 될 수 있기에 이제 나는 친밀감이 두렵지 않다.

고레에다 히로카즈 감독의 영화 「애프터 라이프」는 이제 막 죽음의 문턱을 넘은 스무 사람의 이야기를 들려준다. 영혼들은 하늘로 올라가기 전 독특한 업무를 담당하는 한 기관으로 보내진다. 이곳은 죽은 이들의 생전 제일 소중한 기억을 듣고 그를 바탕으로 영화를 만든다. 영혼들은 자신의 기억으로 만든 영화를 관람한 후 그 기억이 반복 재생될 내세로 떠난다. 모두들 지극히 평범했던 한때를 가장 아끼는 기억으로 회고했다. 한 남자는 소년 시절 등굣길 버스에서 창문 틈으로 불어온 미풍에 마음이 간지러웠던 날을 떠올린다. 또 한 남자는 공원 벤치에 앉아 아내와 이야기를 나누며 호탕하게 웃던 순간을 말한다. 어떤 노모는 봄 벚꽃잎이 눈송이처럼 바람결에 흐드러지던 때를 회상한다. 일상적이지만 사랑으로 가득한 기억들. 그 모든 순간이 삶을, 신비를, 변화를 비추는 거울이었다.

나는 돌아가신 친할아버지가 내게 클래식을 들려주던 때를 떠올린다. 할아버지는 내가 느끼는 모든 감정은 그 자체로 타당하고, 설령 내가 깨지고 금이 가도 사랑받을 자격이 있다고 가르쳐주었다. 할아버지는 내가 태어나던 순간부터 함께했고 내 삶을 언제나 기적처럼 소중히 다루었다. 유려한 피아노 선율이나 화려한 현악기 연주가 들려올 때면 자연스레 할아버지 생각이 난다. 내 삶이 그의 존재와 죽음에 연결되어 있음을 상기한다. 할아버지는 새소리, 보름달, 나비의 유유한 날갯짓에 머무른다. 그리고 바로 이곳에 나와 함께 머무른다. 사랑은 사라지는 법이 없고, 죽음은 끝이 아니다.

당신에겐 어떤 사랑의 순간이 있을까?

✦

4년을 나와 살다가 호주행 비행기에 올랐다. 하늘로 떠오르자 눈앞에 보드라운 백색 양탄자가 펼쳐졌다. 구름은 무리 지어 다니면서 허공이란 바다를 천천히 조밀하게 헤엄친다. 이 광대한 미지로 날아오르며 지금 여기가 내가 그토록 두려워했던 하늘임을 깨닫는다. 나는 파랑에 파묻혀, 그 어느 때보다 햇살 가까이에 있다. 태양은 지구가 공전하는 매분 매초, 우리가 보지 못하는 순간에도 환하게 불타오른다. 주변 어디든 변하는 것들뿐이다. 고향으로 향하는 비행기 안에서 지난 몇 년을 반추해본다. 나는 태어난 곳으로 돌아가고 있고, 내가 선택한 가족과 나를 돌봐준 모든 사람이 남긴 보석 같은 지혜를 품고서 더욱 완전한 내가 되어 있다. 다시 찾은 호주에서도 새로운 경험과 새로운 상처를 마주하고, 마침내 할아버지의 유골함 앞에서 그를 기릴 수 있을 것이다.

바깥 공기가 향수를 자아낸다. 가슴이 부풀어오르면서 절로 감성에 젖는다. 혈혈단신으로 거북이섬에 갔던 나는 성소수자 친구들과 경이로운 우정을 쌓으며 공동체를 이뤘다. 할아버지와의 경험을 곱씹으며 내 원가족과의 관계도 회복하리라 다짐해본다. 이 땅에서 함께하는 짧디짧을 뿐인 삶을 서로의 연결고리를 단단히 하는 데 전념하고 싶다. 불현듯 X가 떠오르지만, 내가 나를 점차 더 섬세히 알아갈수록 그는 낯선 이가 되어간다. 많은 시행착오 끝에 삶의 새로운 장에 들어서자, 사랑이 시작되리라는 확신이 대기를 반짝이며 수놓는다. 저 높은 하늘을 우러러보며 나는 이미 나의 살아 있음과 사랑에 푹 빠져 있다는 걸 깨닫는다.

X 이후로 아직 누군가와 연애를 한 적은 없다. 예전처럼 공허감을 달래려고 애정을 찾아다니진 않지만 내 마음은 로맨틱

한 사랑이 삶에 축복처럼 찾아오길 고대하고 있다. 나는 사랑을 다양한 형태로 경험해왔고, 사랑을 느끼는 데에 꼭 로맨스가 필요하진 않지만 그로써 얻는 시적인 감동에는 한껏 설렐 준비가 되어 있다. 인고의 시간 끝에 나는 이제 들뜬 마음과 활짝 뜬 눈으로 세상을 경험하려 한다.

사랑을 두려워하지 말자는 제안은 공포를 없애라는 게 아니라 그런 감정까지 품을 만큼 넓은 그릇이 되어보자는 것이다. 나는 내 존재의 겉과 속, 모든 겹을 사랑한다. 사랑에 벌벌 떨며 손가락질하기보다는 두려운 마음을 따스하게 들여다본다. 머리부터 발끝까지 고스란히 감정을 느끼고, 불쾌한 순간에도 나를 밀쳐내지 않으려고 연습한다. 사랑은 내 드넓은 멍함, 성스러운 숨에 깃든 분노, 껄끄러운 불안, 애도를 모두 품는다. 사랑이 진실을 밝힐 수 있는 건 사랑이 곧 진실이기 때문이다. 사랑에 대한 맹세는 끝없이 변하는 삶을 살아내겠다는 맹세와 같다. 사랑을 두려워해선 안 된다. 내가 곧 사랑이며 우리 또한 사랑이기 때문이다.

사랑은 얽히고설킨 인생에 보내는 경의다.

살아남은 나 자신에 깊이 감사한다.

감사의 말

　감사는 내가 꾸준히 단련하고픈 근육이니만큼 감사한 사람과 장소, 글 들에 지면을 바칠 수 있음에 마음이 들썩인다.
　먼저 나와 관계의 꽃을 피우고 열매를 맺은 나의 어머니 베티 웡에게 감사의 말을 전한다. 어머니는 나의 기나긴 글쓰기 과정을 응원해줬고 지혜로운 직관으로 나를 믿어줬다. 우리가 떨어져 지낸 시간마저 우리는 더욱 가깝고 돈독해졌다. 어머니는 이 지구에서 나에게 무조건적인 사랑과 돌봄을 가르쳐준 첫 번째 사람이다. 내 존재의 기적은 모두 당신에게서 시작했다.
　나의 형제 에드윈 주와 앨빈 주에게도 고마움을 전한다. 두 사람 모두 각자의 꿈에 성큼 다가서는 모습이 참 자랑스럽다. 에드윈, 너의 세계가 넓어지고 날개를 펼치는 걸 볼 수 있어서 무척 즐거워. 네가 자라는 모습을 지켜볼 수 있다니 영광이야. 앨빈,

너의 신념은 매일 좀더 선명해지고, 나는 너에게 매사에 혼신을 다하는 태도를 배울 수 있었어. 항상 날 돌봐줘서 고마워.

그리고 아버지 팀 주, 배움에 대한 깊은 열정을 나눠주심에 감사하다. 내가 이렇게나 열혈 독자이자 사색가가 될 수 있었던 것은 아버지 덕분이다. 나이를 먹고 되돌아보니 아버지께서 하루 종일 정원을 거닐며 사회주의 팟캐스트를 듣던 모습이 수긍도 되고 퍽 푸근하면서 웃기기도 하다. 내가 이토록 지식을 갈망하는 것도 예정된 일이었지 싶다. 언제나 내게 호기심을 나눠주신 덕분이다. 아버지의 정원과 함께 아버지 또한 피어오르는 모습을 지켜보는 것은 크나큰 축복이다.

2020년 8월, 영면에 든 나의 할아버지 예예, 시드니 찰스 스콧에게도 감사하다. 언제나 궁금증으로 가득차 열린 마음으로 세상을 바라보며 나를 이끌어준 빛, 당신은 내게 질문하는 방법과 삶이란 평생 배움의 길을 걷는 것임을 가르쳐주셨다. 세상이 좋다고 떠들어대는 사랑과는 완전히 다른 사랑을 내게 보여주셨다. 나는 매일 그 사랑을 품으며 살고 있고, 당신의 영혼이 영원하다는 것을 알고 있다.

저마다 다른 이민의 길을 걸으며 전 세계에 퍼져 있는 나의 생물학적 가족들에게 진한 사랑을 보낸다. 풍부한 계보를 그리며 뻗어가는 웡 씨 가문과 주 씨 가문에 사랑을 전한다.

곳곳에 걸쳐 있는 나의 선택한 가족들에게도 진심으로 감사를 표한다. 먼저, 베이에서 만난 나의 친족들에게. 그들이 없었더라면 내가 폭행에서 벗어나 상처를 치유하는 일은 없었을지도 모른다. 내게 퀴어 친족을 소개해주어서, 내 삶에서 가장 고통스러웠던 시기 동안 나를 지지해줘서 고마워. 특히나 내 곁을 든든히 지켜준 더할 나위 없는 전갈자리 친구들, 저니 델로니와 심 월리스에게 특별히 고맙다.

파이퍼 잭슨, 달린 앨버트, 레위나 베슈, 오드리 스튜어트, 에릭 토레스, 아로마, 한나 첸, 페이스 요노, 린지 로드리게스, 알로라 킹 빌라 르말루, 다이애나 킴, 살 트란, 아자 럭먼, 이저벨라 킴에게도 감사를 전한다.

나의 절친한 친구이자 인생의 동반자, 내가 앞으로 평생 알아가고 사랑해갈 새미 킴에게 사랑을 담아서 쓴다. 내가 고요함 속에 머물며 글을 쓰고, 동시에 퀴어한 기쁨과 보드라움, 자긍심에 둘러싸일 수 있었던 건 모두 네 덕분이야. 나를 끊임없이 응원해줘서, 로비네 옥상에서 노을을 바라보며 영원히 사랑하자고 약속해줘서 고마워.

뉴욕에 있는 선택한 가족에게도 지극한 사랑을 전한다. 너희 없이는 나는 미미 주가 아닐 거야. 뉴욕은 나 자신을 진정으로 받아들일 수 있을 만큼 마음의 안정과 자신감을 되찾았던 곳이다. 그곳에서 나는 울음을 터뜨렸고 해방을 맛보았다. 내 생각을 적고 공유하고 펴내라는 응원도 뉴욕에서 얻었다. 내가 내 안에 살고 있는 다채롭고 논바이너리적인 정체성들을 받아들였던 곳도, 너희가 보듬어준 온갖 광채를 내뿜었던 곳도, 관계를 새롭게 그릴 수 있는 배움의 기회와 풍성한 환희가 허락됐던 곳도 모두 뉴욕이었다. 우리는 살아 있음에 매일 환호했다. 내게 수많은 정보부터 예찬, 교차성, 애정을 가르쳐주었던 공동체와 기관들—반폭력 프로젝트, BUFU, 플럼 빌리지, 급진적 사랑 의식, 파피 주스, 윙 온 워, 에어스쉽, 디스케익스, 클럽 캐리, 아시안 아메리칸 라이터스 워크숍, 옐로 재킷 콜렉티브, 플레이그라운드 커피숍, 버블티, API 레인보우 페어런츠, 영 뉴요커스—에 고개 숙여 감사를 전한다.

여러 해에 걸쳐 나를 지지해주고 고무시키며 사랑해준 이름들을 하나하나 언급하고 싶다. 새미 킴, 체리 제임스, 유수프 시디키, 펠라 볼테르, 누르 살람(넌 나를 퀴어 세계로 이끌어준 사람이야), 로안 응우옌, 파리하 로신, 소니아 프라부, 니마 기테레, 무나치 오세그부, 로여 오포쿠, 코코 레인, 프란시스코 로드리게스, 샤이 존스, 샌디 터부, 에인절(닌파), 엑소(에투알 브라이트), 인드라 부디먼, 일레븐 라일리, 미나 르, 시틀랄리 구티에레즈, 로비 시, 프리니타 테바라자, 게이브 도르탈라 퐁텐, 치게 타페세, 캐서린 톰, 이렌 코언, 루이스 커랠레스, 아이카 칸, 아르슬란 메할, 모하메드 이만, 오스카 누네즈, 애덤 로즈, 빅토리아 포스터, 미첼 쿠가, 솜나트 바트, 베티 물랏, 테렐 빌리어스, ELSZ, 알렉산더 치, 미셸 링, 에스터 허, 파리사 린, 빈센트 총, 예림 최, 키트 리, 키트 얀, 스테프 라우, 보 서, 포피 류, 샌디 홍, 윤 나, 나브야 체루쿠루, 나탈리아 만티니, 케이 테베즈, 제일런 스트롱, 두네스카 수아네트 미셸, 제나트 베굼, 린 킴, 아라벨 시카르디, 제바 블레이, 이르사 데일리-워드, 앨리스 스파클리 캣, 타누 야쿠피티야지, 프란 티라도, 올리비아 맥케일라 로스, 메나 삭데브, 사지 가브리엘

아부데, 니키 프랑코, 애쉬 러커, 이지 웹, 애덤 인트레이터, 틴 마이, 코아 싱클레어, 크리스털 시몬, 트래비스 브라운, 케일라 콴, 프란세스 돌브리스, 네티 프리몬트, 시드 폴스, 로비 살루다레스, 멍 원 차오, 웨스트 다코타, 앤드루 응우옌, 딜런 토마스 (마더 테레사), 헨리 배, 지, 데어 텅, 저스틴 위, 샤오보 한, 루이스 도란테스, 니콜라스 앤더슨, 스티비 후인, 페드로 비달론, 폴 트란, 카를로 부에노 벨로, 클라라 루, 쇼 코니시, 그리고 끝으로 매기 제임스.

꿈을 이루고 싶냐고 덤덤하게 물어봐줬던 출판사의 클레어 마오에게도 깊은 감사를 표한다. 당신은 나를 (그리고 내가 알 수 있어서 영광이었던 여러 굉장한 예술가들을) 가장 원대한 꿈의 결실로 이끌어주었다. 첫 책 출판으로는 더할 나위 없는 경험을 선사해주었고, 당신의 애정 어린 손길에 나는 매우 안전하게 돌봄받고 있다고 느꼈다. 당신은 셀 수 없이 많은 퀴어 아시아인 예술가가 자유롭고 진취적으로 작업할 수 있게 기틀을 닦아주었다. 당신의 존재가 진정한 선물이다.

캘리포니아에서 미라클 핫스프링스로 가던 길에 출판 제안을 확인했다. 차에는 나의 친구 파티마 니에토와 무나치 오세 그 부부가 타고 있었고 우리는 끝없이 펼쳐지는 산맥과 청록색 밭을 지나던 중이었다. 그들에게 곧바로 소식을 공유했다. 두 사람은 동시에 눈물을 터트렸고, 얼떨떨해 있는 나를 꽉 끌어안아줬다. 그들의 축하와 응원에 마음 깊이 감동했다. (둘 다 사랑해.) 내가 미국 서부에서 책의 절반을 완성하는 동안 그곳에서 내게 응원을 보내준 소중한 친구들에게도 고마움을 전한다. 노아 팜(내가 한창 마음 아파하는 동안 네 집 소파를 내어줘서 고마워), 에드가 네리, 저스틴 카이코, 에런 림, 대니 응우옌, 진로, 재스민 커랠레스, 브린다 아이어, 수크프리트 퓨레왈, 카리 드라메, 가비 리처드슨, 코요테 파크, 말릭 D. 플로노이-후커, 라비나 오로라, 알렉스 시아, 리앤디 우, 에이미 리, 러비스 와이즈, 브리트 마르티네스-휴잇, 자스린, 루피타 커랠레스, 알렉사 데미, 멜라니 마르티네스, 포니 후르타도에게 사랑을 듬뿍 전한다.

  책을 편집해준 빅토리아 사반과 에이미 선에게 이루 다 말할 수 없는 감사를 전한다. 이 두 명의 아시아계 미국인 여성은 내게 큰 친절과 기지를 보여줬다. 나는 책 작업 초기, 빅토리아와 이야기를 나눈 그때부터 직감적으로 그녀를 신뢰했다. 우리는 일과 관련된 내용 외에도 인간관계와 문화, 가족에 대해 두루 이야기 나눴다. 작업을 시작할 수 있을 만큼 내가 안전하다고 느꼈던 건 당신 덕분이다.

  에이미는 책을 만드는 과정 내내 나를 살펴줬다. 나는 항상 그녀가 나를 세심히 이해하고 환영하고 아낀다고 느꼈다. 당신은 내가 정신없이 쏟아낸 모든 질문에 대답해줬고, 내가 혼란 속에 허우적거릴 때도 침착하게 기다려줬으며 언제나 나를 지지해주고 내 비전을 응원해줬다. 당신은 내 수호천사나 다름없다. 내가 당신의 애정 어린 손길 덕분에 이 책을 완성했다는 점이 더없이 기쁘다.

  이 책의 삽화를 함께 작업해준 솜나트 바트에게 감사를 전한다. 우리의 협업이 일사천리로 진행되었던 건 당신이 내 마음에서 솟구치는 창작 의지를 곧바로 알아봐준 덕분이다. 나는 의심의 여지 없이 당신을 믿었고 우리는 함께 매우 특별한 작업을 완성했다. 사랑과 자유에 대한 당신의 세심한 해석을 들려주어서 고맙다.

살아감의 성스러움을 가르쳐준 친애하는 상담사 아디티 바타차리아에게 진심에서 우러나오는 감사의 말을 전한다. 당신은 내 마음의 문들을 열어주었고, 내가 때때로 사랑을 미신처럼 느낄 때면 나만큼이나 안타까워해주었다. 당신은 내게 필요했던 질문들을 제시하고 나를 건강한 길로 이끌었다. 당신은 내가 마음에 새겨진 상흔과 퀴어함, 혼란을 헤쳐나가고 마침내 깨달음에 다다를 수 있도록 인도해준 안내자다.

나는 이 책을 (호주 브리즈번이라고도 알려져 있는) 민진Meanjin에서 완성했는데, 나조차 작가로서의 여정을 인식하기 전부터 나를 응원해준 친구들에게 깊은 감사를 전한다. 너희들이 있는 곳으로 돌아와서 행복해. 엘턴 청, 레이첼 청, 레이슨 청, 트리스트럼 젠킨스, 조세핀 응우옌, 코니 리, 케이틀린 로(첫 낭독회를 열어보라고 권해주어서 고마워!), 제러마이아 조지프, 폴 바오, 오언 깁슨, 자비에르 버틀러, 해미쉬 맥도널드, 안 응우옌, 엘레나 디메스키, 지나 매톡, 라자 아르덴, 메리 하름, 리사 응우옌, 리사 첸, 사이먼 당, 에비 파파도풀로우, 애덤 그리어, 타지 푸델, 그리고 잭 라 헤이.

내 마음을 열어주고 길러준 모든 작가에게 감사하다. 내 안을 깊이 탐색하는 데서 그치지 말고 세상과 능동적으로 관계하라고 일러준 것이 특히 고맙다. 그 덕분에 나는 끊임없이 내 그림자를 들여다보고 미지의 영역에도 발을 들일 수 있었다. 뉴욕에서 나를 품어준 작가 공동체가 있다는 건 큰 행운이다. 구체적으로 알렉산더 치, 파리하 로이신, 아라벨 시카르디, 니마 기테레, 제바 블레이, 이르사 데일리-워드, 앨리스 스파클리 캣, 미첼 쿠가, 앤드루 응우옌, 제나 워섬, 그리고 애덤 J. 커츠. 문학적 스승과 동료, 우상 들의 지혜로운 재능을 읽거나 청해 듣지 않았더라면 오늘날 작가로서의 나 또한 없었을 테다.

  사랑과 치유, 변화를 다루는 해방적인 글쓰기의 문을 열어준 흑인 페미니스트 작가들과 불교 수행자들에게 나는 큰 빚을 졌다. 내게 급진적인 시각을 선보이고, 우리가 서로와 또는 정부와 갖는 관계에 대한 내 관점을 바꾸어놓은 두 작가, 오드리 로드와 벨 훅스에게 형언할 수 없는 감사를 느낀다. 두 사람은 등불을 켜고 우리를 지켜봐주는 문학적 선조이며, 그들이 보여준 너그러운 베풂 덕분에 나는 그들의 작업에 대한 답변으로서 내 이야기를 써내려갈 수 있었다.

  이 책을 작업했던 성스러운 땅에도 감사를 표한다. 나는 글을 쓰는 시간 대부분을 정착민으로서 거북이섬의 비할양 영토인 레나페호킹과 통바섬에서 보냈다. 이 땅의 원주민 공동체들에 경의를 표하며, 상호연결된 관계를 통해 토착민의 지혜를 습득할 수 있었음에 감사하다. 책에 마침표를 찍은 곳은 내가 태어난 성스러운 국가의 민진이었고, 나는 이 땅의 명예로운 원주민들이 보여주는 지혜 앞에 겸허해진다. 원주민 자치권과 영토 반환을 위해 힘쓰는 일은 중요하고 필수적이다.

마지막으로 내게 삶을 선물해주고 나를 나라는 성스러운 존재로 이끌어준 조상들에게 감사를 전한다. 어느 날, 나 역시 조상이 될 테다.

자원 목록

도움이 필요한 사람 누구에게나 보탬이 되기를 바라는 마음으로 이번 장에는 접근 가능한 자원들을 모아봤다.

뉴욕 지역의 중요한 자원 몇 군데가 빠졌을 수 있다. 미국 내외로 도움을 얻을 수 있는 기관이나 자원들을 주기적으로 갱신할 예정이다.

핫라인

Anti-Violence Project: 212-714-1141
Call Blackline: 800-604-5841
Crisis Text Line: text "HOME" to 741741
National Domestic Violence Hotline: 800-799-SAFE (800-799-7233)
National Sexual Assault Hotline: 800-656-HOPE (4673)
NYC Well: 888-NYC-WELL
Safe Horizon:
    800-621-HOPE (domestic violence hotline)

212-227-3000 (rape and sexual assault hotline)
866-604-5350 (all hotlines)
Trans Lifeline: 877-565-8860

미국의 여러 도시에 다양한 도움을 제공하는 '경찰에 전화하지 마라' 웹사이트 (dontcallpolice.com)도 살펴보기 바란다.

치료와 상담

Anti-Violence Project
Asians for Mental Health
Ayana Therapy
Black Men Heal
Inclusive Therapists
Latinx Therapy
Loveland Foundation
National Queer and Trans Therapists of Color Network
NYC Well
Open Path Collective
South Asian Therapists
Therapy for Black Girls

자원 안내서와 상호부조 연락망

BUFU Cloud 9 Mutual Aid
Don't Call the Police
Herbal Mutual Aid Network(HMAN)
NYC Community Fridges
Solace by Natalia Mantini
Studio Ānanda

풀뿌리 콜렉티브와 지역사회단체

BUFU
CAAAV NYC
Community Action Teams(CAT-911)

CORPUS NYC
Disability Justice Culture Club
For the Gworls
Guan ábana NYC
Playground Coffee Shop
PFLAG NYC
People's Programs
Public Assistants
Red Canary Song
Radical Love Consciousness
Sanctuary for Families
Seeding Sovereignty
Soar Over Hate
Survived+Punished
The Okra Project
Weaving Our Paths

후원할 서점과 독서 클럽

1418 Fulton
1804 Books
Bluestockings Cooperative
Eastwind Books of Berkeley
Eso Won Books
The Lit. Bar
Marcus Books
Mil Mundos Books
Noname Book Club
Playground Annex
Reparations Club
Venus Roots book club
Yu and Me Books

추천

읽어보거나 청취해볼 만한 것들을 추렸다. 책에 언급한 것도 있고 그렇지 않은 것도 있다. 모두 내게 영감을 준 감사한 자료들이다.

서적 및 읽을거리

Akomolafe, Bayo, *These Wilds Beyond Our Fences*
Butler, Octavia E., *Parable of the Sower*
Chee, Alexander, *How to Write an Autobiographical Novel*
Cheng, Anne Anlin, *Ornamentalism*
Davis, Angela Y., *Are Prisons Obsolete?*
Fern, Jessica, *Polysecure*
Gilmore, Ruth Wilson, *Golden Gulag*
Haines, Staci K., *The Politics of Trauma*
Hanh, Thich Nhat, *The Heart of the Buddha's Teaching*
Hanh, Thich Nhat, *Teachings on Love*
Hogan, Linda, *Dwellings*

hooks, bell, *All about Love*
hooks, bell, *Communion*
hooks, bell, *Killing Rage*
hooks, bell, *The Will to Change*
Kaba, Mariame, *We Do This 'Til We Free Us*
Kimmerer, Robin Wall, *Braiding Sweetgrass*
Lorde, Audre, *A Burst of Light2*
Lorde, Audre, *Sister Outsider*
Ma, Ling, *Severance*
Machado, Carmen Maria, *In the Dream House*
Mingus, Mia, Leaving Evidence(블로그)
Montgomery, Nick, and carla bergman, *Joyful Militancy*
Mohapatra, Mon, Leila Raven, Nnennaya Amuchie, Reina Sultan, K Agbebiyi, Sarah T. Hamid, Micah Herskind, Derecka Purnell, Eli Dru, Rachel Kuo, #8toAbolition (다운로드 가능)
Odell, Jenny, *How to Do Nothing*
Owens, Lama Rod, *Love and Rage*
Piepzna-Samarasinha, Leah Lakshmi, *Care Work*
Prechtel, Martín, *The Smell of Rain on Dust*
Róisín, Fariha, *Who Is Wellness For?*
Russell, Legacy, *Glitch Feminism*
Somé, Malidoma Patrice, *Ritual*
Thom, Kai Cheng, *I Hope We Choose Love*
Vuong, Ocean, *On Earth We're Briefly Gorgeous*
Wang, Jackie, *Carceral Capitalism*
Yunkaporta, Tyson, *Sand Talk*

팟캐스트

Emergence Magazine, 「Emergence Magazine Podcast」
Franco, Niki, 「Getting to the Root of It with Venus Roots」
Hemphill, Prentis, 「Finding Our Way」
Tippett, Krista, 「On Being」
Young, Ayana, 「For the Wild」

옮긴이의 말

아마 우리는 쉽게 보이지 않는,
어딘가 서투르고 설익은 기쁨의 후계자가 될 것이다.

기묘한 우연이었다. 첫 번역 작업으로 내가 거주하는 도시 오클랜드가 배경인 회고록을 맡을 줄이야. 제목이 내비치는 결연한 다짐과 산뜻한 당부에 매료되기도 잠시, 본문을 읽다보니 제도권의 서사에서는 쉽게 보이지 않는, 어딘가 서투르고 설익은 문장 구조와 논리가 종종 눈에 밟혔다. 본격적으로 번역을 시작하기 전 두 선택지 사이에서 한참 갈등했다. 생경하고 껄끄러운 운율을 하나의 고유한 문체로 포착하는 직역을 추구할까. 독자의 편의를 고려해서 가독성과 읽는 재미를 좇는 의역을 지향할까. 나는 독자들이 반복되는 상투어를 싱거워하지 않을까 우려한 나머지 아예 원문을 초월하는 메타포를 창작해 버무려 넣는 방향도 진지하게 검토했다. 미미 주가 '속이 상해서 울었다'라고 쓰면 '영혼의 둑이 터지면서 그간 소화하지 못했던 감정들을 눈물과 함께 방류했다' 같은 표현으로 대체하고픈 욕구가 솟구쳤다. 그런데 시간이 흐를수록 확실해졌다. '우려'는 실은 옮긴이 나 자신의 내적 공황이고, '창작'은 독자에 대한 배려나 복무를 가장한 작가에 대한 검열이자 기만이라는 것이.

『사랑을 두려워하지 말기』는 아프면 아프다고, 힘들면 힘들다고 곧이 말한다. 작업 초반엔 이런 직설법이 여러모로 당황스러웠다. 신출내기 작가의 글을 다루는 신출내기 번역자인 나는 그런 단순명료한 문장들이야말로 손이 제일 많이 든다는 점에 번번이 놀라워했다. 한편, 미미 주와 나란히 퀴어 아시아계 이민자인 처지에서 보아도 내 손에는 자꾸 땀이 찼다. 소수자 인생의 비포장도로를 울퉁불퉁한 모습 그대로 보여줘도 된다고? 마음의 우여곡절을 기름진 은유로 튀기지 않고 달달한 설탕옷도 입히지 않고 냅다 식탁에 올렸다가는…… 아무도 원치 않을 텐데? 미심쩍음에도 불구하고 이 책은 엄연히 존재한다. 영미권 서점가에서 나름의 성과도 거두었다. 아무도 원치 않으리라는 의구심은 객관적인 조바심이 아니라 지극히 주관적인 선입관이었다. 잠깐이나마 작가의 원문을 세공하려 들었던 나의 부당한 강박은 『사랑을 두려워하지 말기』의 당당함이 불안하고 심지어 불만스러웠던 까닭에서였지 싶다.

왜일까. 내가 옮긴이기에 앞서 미미 주의 경험적 동료, 즉 학대 생존자라는 이유가 컸을 것이다. 흔히 생존자에게 글쓰기란 불우한 사연을 새롭게 의미화하는 자기긍정의 최면술이자 삶을 문학으로 승화시키는 자기창조의 연금술이다. 나는 우울의 우물에서 문장력이라는 세련된 두레박으로 가련함을 길어 올린다. 그리고 이따금 블로그에 글을 올리면서 익명의 방문자가 누른 하트를 두고 내 뼈아픈 기억의 건재한 호소력, '유통 가치'를 확인한다. '속이 상해서 울었다'같이 헐벗은 문장은 멀찍이 피하게 됐다. 그래도 막상 번역할 때는 도를 닦듯이 창작 충동을 잘 다스려야 했다. 작가가 아프면 아프다고, 힘들면 힘들다고 곧이 옮겼다. 옆자리 단짝에게 근황을 전하듯 개인사를 읊어주는 미미 주를 그렇게 한 줄 한 줄 한국어로 만났고, 꾸밈없이 속내를 얘기해주는 친구가 생긴 느낌에 어느덧 그의 목소리에 공감하고 이입해 있었다.

갑자기 깨달았다. 내가 무의식적으로 설정해둔 한국어 독자의 기본값은 말을 술술 걸어도 되는 독자와는 거리가 멀어도 너무 멀었다. 그도 그럴 것이, 1만 킬로미터나 떨어져 있어 실재의 감각도 요원하기만 한 한반도의 독자는 최면술이나 연금술 정도는 부려야 간신히 실루엣이나마 소환해볼 수 있는 가상 인물과 다름없으니까. 어쩌면 나는 독자의 구체적인 존재를 감각하고픈 심정을 대신해 문장을 만지고 또 만지는지도 모른다. 다만 한 가지 분명한 사실은 이런 못된 손버릇이 내가 글로써 전달하려는 경험의 본질을 흐리고, 있는 그대로의 나를 받아들일 담력과 나 자신을 그대로 받아쏠 박력까지 흐너뜨린다는 점이다.

애써 포장하려들지 않고 사실을 기록하는 힘. 그런 진솔한 작문법을 미미 주는 어떻게 익혔을까? 그는 "감사"라는 "꾸준히 단련하고픈 근육"을 키워준, 그리고 앞으로도 키워줄 수많은 친구에게 공을 돌린다. 생존담인 동시에 퀴어 우정에 대한 헌정서인 이 책은 본문 어느 장에서보다도 감사의 말에서 그 진가가 반짝거린다. 150명을 훌쩍 넘기는 목록은 미미 주가 시련을 딛고 일어서는 전 과정을 지켜보고 손수 도왔을 친구들의 두툼한 실체를 공개한다. 이들은 미미 주를 작가로 길러준 퀴어 독자-친구들이다. 가해자들이 그러듯이 언제 떠난대도 이상하지 않을 불특정 다수가 아니라, 서로 얼굴과 이름을 알고 자신을 전폭적으로 아껴주는 특정 다수를 마음속 독자로 상정하는 작가는 훨씬 더 여유로운 태도로 글쓰기에 임할 수 있다. 쓰라린 경험을 완곡어법으로 오목하게, 또는 화려한 필치로 볼록하게 만들 의무감이 덜하기 때문이다. 실제로도 미미 주의 자기 용서는 '속이 상해서 울었다'고 이실직고했을 때 묵묵히 경청해주는 치유의 동반자들 품에서 이루어졌다. '영혼의 둑이 터지면서 그간 소화하지 못했던 감정들을 눈물과 함께 방류했다' 같은 성대하고 성숙한 슬픔이 아니라 서투르고 설익은 슬픔이 치유의 시발점이었다.

그래서일까. 작가는 지면이라는 무대에 일단 나선다. 주류사회의 환심을 사거나 비퀴어 인구의 비위를 맞추거나 인용법의 관습에 얽매이지 않고, 독자를 전적으로 사랑하되 독자에게 절대로 구애하지 않는다. 돌이켜보면 같은 퀴어 아시아계 이민자로서, 동료 생존자로서, 그리고 무엇보다도 작가 지망생으로서 나는 그 배짱이, 그 믿음의 도약이 불안하고 심지어 불만스러웠던 것이리라. '어떻게 저럴 수 있을까' 괘씸해하는 마음은 작업을 계속하면서 차츰 '어떻게 해야 나도 저럴 수 있을까' 동경하는 마음으로 바뀌었다. 치유의 키워드를 '단절'에서 '연결'로 바꾸고,

삶의 새로운 지향점을 모색하고, 생활 공동체를 꾸린 작가는 아직 내게 부족한 담력과 박력으로 마침내 회고록까지 펴냈으니까. 미지의 독자에게도 아득한 심리적 거리감을 해소하는 맹렬한 친밀감으로 다가섰으니까.

　『사랑을 두려워하지 말기』는 '우리는 연결될수록 강하다'는 표어의 살아 있는 예시다. 책에서 생존자 작가는 독자-친구들로부터 받은 진득한 돌봄의 경험과 생존자들의 상호부조를 논한다. 이후 책은 그 자체로도 이민자 작가를 미국 사회에 더욱 깊숙이 안착시키는 연결고리로 거듭난다. 이처럼 한 인간이 회복되는 구조와 논리가 삐뚤빼뚤하다는 점을 책 안팎으로 곱씹자 문장 구조와 논리상의 얼기설기한 연결고리까지도 과감히 그리고 마땅히 옮겨야 했다. 졸역의 책임을 전부 각오하면서도, 이게 동료 생존자에 대한 의리와 무엇보다도 한국 독자에 대한 도리를 지키는 길이라고 확신했다. 작가는 글쓰기에 대한 사랑을 두려워하지 않았고, 제도권의 서사에서는 쉽게 보이지 않는 독자 당신과 연결되고 싶다는 강한 의지를 가감 없이 드러냈다. 독자를 사랑하는 일 역시 두려워하지 않기 때문이다.

　"어느 날, 나 역시 조상이 될 테다." 듬직한 포부와 함께 감사의 말은 막을 내린다. 이 잡종 우정의 족보를 고집스레 써내려간 작가의 정성이 귀감이 된바, 최근 나는 새로운 친구를 3명이나 사귀었다. 미미 주가 지금도 오클랜드에 거주한다면 직접 만나 나의 네 번째 친구가 되어달라 청하겠건만, 아쉬운 대로 이곳 지역사회의 퀴어 이민자 네트워크에 참여하는 방식으로 그 무형의

혈통을 계승해 나가겠다. 아마 우리는 쉽게 보이지 않는, 어딘가 서투르고 설익은 기쁨의 후계자가 될 것이다. 조상이 되어준 동료 생존자 미미 주에게 진심으로 감사를 표하면서 옮긴이의 말을 맺는다.

사랑을 두려워하지 말기

초판인쇄 2025년 4월 18일
초판발행 2025년 4월 28일

지은이 미미 주
옮긴이 류진오
펴낸이 강성민
편집장 이은혜
편집 양나래
마케팅 정민호 박치우 한민아 이민경 박진희 황승현 김경언
브랜딩 함유지 박민재 이송이 김희숙 박다솔 조다현 김하연 이준희
제작 강신은 김동욱 이순호

펴낸곳 ㈜글항아리 | 출판등록 2009년 1월 19일 제406-2009-000002호

주소 경기도 파주시 문발로 214-12, 4층
전자우편 bookpot@hanmail.net
전화번호 031-955-8869(마케팅) 031-941-5161(편집부)

ISBN 979-11-6909-383-5 (03840)

잘못된 책은 구입하신 서점에서 교환해드립니다.
기타 교환 문의 031-955-2661, 3580

www.geulhangari.com